Barcelona con Guía Oficial

巴塞隆納，不只高第
跟著中文官方導遊深度行

〔疫後最新增訂版〕

王儷瑾／著

巴塞隆納，不只高第【疫後最新增訂版】
——跟著中文官方導遊深度行

作　　者	王儷瑾
執 行 長	陳蕙慧
總 編 輯	曹　慧
主　　編	曹　慧
美術設計	比比司設計工作室
行銷企畫	陳雅雯、林芳如
出　　版	奇光出版／遠足文化事業股份有限公司
	E-mail: lumieres@bookrep.com.tw
	粉絲團：https://www.facebook.com/lumierespublishing
發　　行	遠足文化事業股份有限公司（讀書共和國出版集團）
	http://www.bookrep.com.tw
	23141新北市新店區民權路108-4號8樓
	電話：(02) 22181417
	郵撥帳號：19504465　戶名：遠足文化事業股份有限公司
法律顧問	華洋法律事務所　蘇文生律師
印　　製	成陽印刷股份有限公司
四版一刷	2023年2月
四版二刷	2023年7月27日
定　　價	450元
I S B N	978-626-7221-10-5
	978-626-7221112（EPUB）
	978-626-7221129（PDF）

有著作權・侵害必究・缺頁或破損請寄回更換
歡迎團體訂購，另有優惠，請洽業務部（02）22181417分機1124、1135

國家圖書館出版品預行編目（CIP）資料

巴塞隆納，不只高第：跟著中文官方導遊深度行＝
Barcelona con Guía Oficial/王儷瑾著. – 四版. ~
新北市：奇光出版，遠足文化事業股份有限公司，2023.02
　面；　公分
ISBN 978-626-7221-10-5（平裝）

1.CST：旅遊　2.CST：西班牙巴塞隆納

746.19　　　　　　　　　　　　　　　111020936

線上讀者回函

Contents

我在西班牙度過人生一半以上的歲月，剛開始是住在西班牙南部的度假區——太陽海岸，在那裡接觸到西班牙友善好客的人情、快樂開朗的人生觀和懂得享受的生活態度。後來北上潘普隆納（Pamplona）讀書，在那裡認識到另一類直爽粗獷的西班牙人。最後，我落腳於巴塞隆納，在美侖美奐的舊建築和新奇創新的當代建築之間，有大城的喧囂、古城的沈悠和現代都市的活力。在這裡，我知道什麼叫百看不厭，可以天天經過聖家堂，天天驚歎，也可以天天經過名建築師設計的當代建築，看它們是怎樣一磚一瓦地建造起來。

就這樣，一轉眼，我在高第的城市住了15年。

住在高第的城市是一種榮耀，以玩維生更是一種享受，因為，我的職業是中文官方導遊。整個巴塞隆納城就是我的工作空間，我可以說是進去聖家堂最多次、以中文為母語的人。

身為通過國家導遊考試的官方導遊，打從好幾年前起，我就成為遊客和西班牙之間的橋樑，因為旅遊不只是玩一玩、照照相而已，在每個景點的背後，有她的歷史故事，有她的民俗風情，有她的文化背景；巴塞隆納除了高第，還有一磚一石的故事、稀奇古怪的百年老店、特別的市集、與眾不同的餐廳和不能錯過又別具特色的巴塞隆納生活體驗！

一年前，出版社邀請我以官方導遊的身分寫書，和大家分享「只有在地人才知道的巴塞隆納」，在這個寫書的過程中，我更加體驗到西班牙的熱情、巴塞隆納人的好客和台灣親友團的支持。

書還沒有出版，就已要感謝好多人了！

透過臉書相認的國中老同學蔡心語是第一個幫忙的人，感謝她耐心地跟我這個對中文法律名詞完全沒有概念的人，解釋合約裡的每一條每一項。

而家人朋友的鼓勵和體諒，更是我這幾個月一邊帶團一邊寫書的生活中不可或缺的精神支柱。遠在台灣的父母常常關心地問：「書寫好了嗎？」弟媳婦三不五時寄小姪女的照片給我，讓我在忙碌焦慮中因小姪女燦爛的笑容而能保持歡樂的心情。連家裡的寵物們都知道我很忙，很認命地忍受冷落，乖乖待在一旁不敢吵。

巴塞隆納的許多景點都有影像版權，不是自己帶專業相機進景點拍照就可。在米

拉之家、加泰隆尼亞音樂廳等更有特別聲明，可以照相留念，不能有商業意圖，任何商業行為都必須申請他們的許可；而這次為了出書，我當然守法地申請許可。

在巴塞隆納的製作人Roser Salvadó的幫忙下，巴塞隆納畢卡索美術館、米拉之家、巴塞隆納當代藝術博物館、城市歷史博物館、波布雷特修道院等允許我刊用景點內部的照片；市政府城市環保服務局允許我刊登所有公園綠地的照片；巴塞隆納市政府和加泰隆尼亞地圖學院提供地圖；攝影師Rafael Caballero提供照片；聖家堂的檔案館提供教宗來訪的照片、教堂的平面圖和空拍影像；巴塞隆納疊人塔協會提供壯觀的疊人塔照片。而加泰隆尼亞音樂廳、桂爾紡織村、密斯‧凡德羅基金會、城市歷史博物館等看到我的照片之後，竟然說，他們有更好更棒的照片可以給我！

在「高第之友」（Amics de Gaudí）的祕書長兼聖家堂建築團隊建築師Jose Manuel Almuzara的幫忙下，我如願採訪到2012年10月剛退休的聖家堂首席建築師波內特（Jordi Bonet）先生，真是「聽君一席話，勝讀十年書」，聽波內特先生講聖家堂，比讀遍家裡二、三十本關於高第和聖家堂的書還有收穫。

就連在旅遊界以大牌出名的「四隻貓餐廳」（4 Cats）都很有人情味，在集團經理Silvia Ferré的幫忙下，主廚Simó Tomas特別為了書上的加泰隆尼亞美食那一篇做了滿滿一桌佳餚讓我拍照。Marina Moncho's餐廳的經理Xavi Creus和Jose Antonio Novo也親切地讓我去拍他們以海鮮飯團餐出名的海鮮飯和海鮮麵。

在寫書期間，好友Mb不但陪我到處照相，還幫我畫了幾幅精美插畫。完稿之後，好友周彥慧（Yenhuei Chou）更在百忙中抽空幫我校稿，甚至書稿還沒交，好友吳彩娟（Lilia Wu）就已一口答應要幫我審視編排後的內容，而書還沒出版，名廚王嘉平也熱心地提供他的餐廳來當新書座談會的場地。

雖然巴塞隆納和巴黎、羅馬等觀光大城一樣，有不少專業小偷扒手，但是，就像沒人會因為車禍頻傳而不出門一樣，我們不能因為巴塞隆納的治安而失去欣賞建築藝術、體驗生活、品味美食的機會，只要小心，一定可以開心平安地玩一趟巴塞隆納，因為有很多東西需要親身體驗才能真正的感動，就像街頭樂手一樣，他們的音樂無法用筆墨形容，要親耳聽到才能體驗到這種無法言喻的感覺。

在此，感謝我的家人朋友和巴塞隆納熱情的人們，也歡迎大家到巴塞隆納經歷熱情和藝術的洗禮，或是舊地重遊，體驗「只有在地人才知道的巴塞隆納」！

我在2013年出了《巴塞隆納，不只高第》的初版，到現在，已過了十年，這十年間，我於2015年又出了第二本書《西班牙，再發現》，於2020年再出了第三本書《西班牙，不只海鮮飯》，以官方持照導遊的專業身分寫西班牙旅遊，因為我堅信，旅遊不只是玩玩、拍拍照而已，在每個景點的背後，有它的歷史故事，有它的民俗風情，有它的文化背景。

事實上，我從寫部落格，到成立臉書粉絲頁，再到出書，都是被網路、坊間不正確的中文資料「逼」出來的。

我於1989年隨家人搬到西班牙讀高中，最後在西班牙完成高等教育。1996年我開始做中西文口譯，2007年我考到中文官方導遊執照，開始以中文官方持照導遊的身分帶團導覽。

就像英國有藍牌導遊一樣，歐洲國家都有導遊執照的制度，在西班牙，導遊是專業，有通過官方考試的官方導遊才能在景點內導覽，沒有執照在景點講解會被取締罰款。

我的導遊執照是2007年考到的，先考筆試，再考口試，當時的考題分成三部分。

第一部分是最簡單的，是帶團導覽常識和技巧，包括溝通技巧、非語言溝通、態度和情緒指標、帶團技巧、預防衝突、意外事件的處理準則、團體預定、排定行程、跨文化接觸、旅行團的管理、諮詢和協助等。

第二部分是最複雜的，即當地的藝術、歷史、傳統、博物館、音樂、戲劇、歷史遺產、農牧特產、佳餚美食、傳統節慶、節慶相關美食、農牧產品、農牧市集、傳說、天然景觀、保護區、國家公園、觀光資源和行程的訂定等。

第三部分是當地目前的政治、經濟、社會和文化，包括自治組織、自治法規、政治組織、民間文化體育娛樂團體、企業和工會組織、經濟、媒體、旅遊業、航空運輸、交通網絡、語言等。

當年的官方導遊考試的規定是，要先通過筆試後才可以參加口試的考試。

口試是讓人最緊張的，因為是由六位主考官組成考庭，考問一個考生，並且口試只考最複雜的第二部分。考生必須在所有考試主題中抽籤，抽到主題之後，主考官再從這個主題的一疊考券中隨機抽一張給考生，可能是圖案也可能是一段文字。考

生有15分鐘可以準備，但是不能看書籍筆記，只能自己在白紙上寫個大概的敘述結構，然後要在20分鐘內有系統、結構和邏輯地表達出清晰流暢的口述解釋。

不過，筆試和口試不是官方導遊考試的全部，這只是知識部分的考試，考完知識部分後，還有語言考試，以確定是否有足夠的語言程度，當某種特定語言的官方導遊。

所以，在我們的導遊證的後面會寫上語言，例如英文、法文、德文、義大利文、葡萄牙文、丹麥文、捷克文、希伯來文、希臘文、挪威文、羅馬尼亞文、俄文、烏克蘭文、土耳其文、阿拉伯文、中文、日文、韓文等。

也就是說，如果沒有通過嚴格的導遊考試，無法拿到導遊執照，無法在景點內導覽。

當初，為了準備導遊考試，讀了很多西班牙文書籍，從歷史、地理、建築史、藝術史到美食、政治、民情、節慶、音樂等學了很多東西。帶團之後發現，團員因為網路或坊間不正確的中文資料，而對西班牙有錯誤的認知，因此我於2007年開始

▲ 聖保羅醫院。

▲ 蘭布拉大道上的街頭藝人。

　　寫「西班牙旅遊，跟著官方導遊認識巴塞隆納」這個部落格，在家裡電腦所有軟體都是西班牙文的時候，很辛苦地打中文、用中文跟大家分享正確的西班牙資料。後來，在2009年12月28日（西班牙的愚人節）在臉書成立了「認識西班牙～跟著官方導遊走！」這個粉絲頁。

　　如今，這個擁有23萬粉絲的「認識西班牙～跟著官方導遊走！」成為西班牙各地旅遊局朋友眼中的「奇蹟」，因為，連西班牙各地旅遊局的臉書專頁都沒有如此龐大的讀者群。而每個讀者和臉書網友的支持都代表大家對正確資訊的重視，代表大家還是知道分辨網路資訊的真偽，也代表大家排斥錯誤、以偏概全、東拼西湊、換句話說的資料。

　　或許，網路上、坊間那些誤導讀者的錯誤資料雖然不是我的責任，但是我覺得，住在西班牙超過三十年，身為官方持照導遊，我有義務擔任文化的橋樑，讓大家認識西班牙，了解它的歷史傳承、語言文化、風俗節慶等。

　　2012年，主編曹慧找上我，跟我談出書的事。因為我很忙，沒有辦法馬上回email，她非常有耐性地跟我email來email去，一年後出了第一本書《巴塞隆納，不只高第》，還很榮幸地邀請到吳念真導演幫我寫推薦序，之後與主編曹慧共出版了三本暢銷又長銷的西班牙深度旅遊書。

匆匆十年過去，這十年間的前七年，我還是繼續帶團，繼續在臉書上分享我眼中的西班牙，繼續回答讀者的問題，繼續闢謠解惑，繼續我在西班牙巴塞隆納的生活，直到2020年疫情爆發為止。疫情讓旅遊業停了三年，真是前所未見。

雖然，《巴塞隆納，不只高第》每次再刷我都會更新資訊，但是，這十年來，巴塞隆納有更多變化，我對旅遊的看法越來越講求慢遊和深度，我對美食的見解也越來越精緻創新。疫情後徹底改變很多商業形式，不少餐廳和百年老店因此熄燈關門，所以，跟主編討論之後，決定增加一些新內容，刪除一些過時的資訊，將《巴塞隆納，不只高第》全面修訂增補，做成疫後最新版。

全球創意城市網絡（Creative Cities Network）屬於聯合國教科文組織（UNESCO）全球多樣性文化聯盟的一部分，成立於 2002 年，旨在通過成員城市的交流促進文化發展，達到宣導和維護文化多樣性的目標。全球創意城市網絡分成七項：文學（Literature）、電影（Film）、音樂（Music）、民間手工藝（Crafts and Folk Arts）、設計（Design）、媒體藝術（Media Arts）及美食（Gastronomy）。西班牙有10個城市列入全球創意城市網絡，巴塞隆納則列為「創意城市文學之都」。所以，我在新版中特別加入一些「文學景點」。

聖家堂的部分是這次增訂篇幅最大的：2018年10月聖家堂與巴塞隆納市政府簽約，解決建築許可的問題；2020年9月宣布，2026年無法如期竣工；2021年底完成聖母馬利亞塔，2022年底完成代表馬可和路加的高塔等。這些都是最近這幾年來的聖家堂「新聞」。

書末的附錄新增了近年來最流行的高空酒吧（Rooftop Bar或Sky Bar），以及普立茲克建築獎得主在巴塞隆納的作品。

在此，感謝我的家人朋友和巴塞隆納熱情的人們，希望大家喜歡這本新面貌的《巴塞隆納，不只高第》。歡迎大家到巴塞隆納經歷熱情和藝術的洗禮，或是舊地重遊，體驗「只有在地人才知道的巴塞隆納」，喜歡上這座城市，並上了巴塞隆納的癮！

Part 1 | 風情掠影

大家對巴塞隆納的印象可能是1992年的奧運，
可能是她成績傲人的足球隊，也可能是她奇幻繽紛的高第建築。
但是，在巴塞隆納兩千年的歲月裡有傳說軼聞，也有歷史事蹟；
在巴塞隆納人的生活中，有美食佳餚，也有節慶活動，
要認識這個城市，可以從這裡開始。

1-1
城市簡述：
從傳說到現在

巴塞隆納是西班牙的第二大城，也是國際化的歷史古城。連西班牙文豪塞萬提斯都借唐吉訶德之口，讚頌她為「人文禮儀之邦，異鄉人的避難所，窮人的醫院，勇士的國度，堅定友誼的薈萃之地」。

「巴塞隆納」這個名字的起源

| 赫克力士（Hércules）的神話故事 |

相傳，希臘神話裡的大力士赫克力士是巴塞隆納城的建造者。

話說，美女皮瑞內（Pirene）香消玉殞之後，赫克力士傷心異常，把她的遺體放在山頂上，從各地的高山搬移巨石沙土來建造一個高至穹蒼的巨大墓地，頂上常年積雪，就是現今的庇里牛斯山（Pyrenees），而山名正是源自於皮瑞內之名。

據說赫克力士建完墓園之後，抵達了現今巴塞隆納所在之地，興起在此建城的念頭。但是後來因為一直忙著他的英雄偉績，無法完成這個心願，直到他帶領九艘船隻穿過地中海去尋找金羊毛。

船隊在加泰隆尼亞海岸附近遭遇風暴，其中一艘船因此下落不明，只剩下八艘。但是，船上的水手僥倖逃過海難，就在現今巴塞隆納所在的平原定居下來。後來，赫克力士找到這第九艘船，如願建城，並以「第九艘船」（Barca Nona）命名，而巴塞隆納（Barcelona）就是從Barca Nona這個詞演變而來。

｜迦太基人的故事｜

　　傳說中，出身名門望族的迦太基人阿尼巴·巴爾卡（Aníbal Barka）在羅馬帝國的勢力還未擴展到埃布羅河以北之前，建立了巴塞隆納城，並以他的姓氏取名為新巴爾卡（Barka Nova），因此也有人說，Barcelona是由Barka Nova演變而來。

｜Colonia Iulia Augusta Paterna Faventia Barcino殖民地｜

　　兩千年前，羅馬帝國在現今巴塞隆納的塔貝爾山丘（Monte Táber）設置軍事據點，在西元前15年左右正式成立一個名為Colonia Iulia Augusta Paterna Faventia Barcino的殖民地，簡稱Barcino（巴基諾），讓退伍的羅馬帝國士兵在這個靠海、氣候溫和、適於農耕的地方成家立業。

　　後根據史學家，Barcelona之名是由Barcino演變而來。

巴塞隆納的新廣場上的Barcino七個字母的公共藝術。

巴塞隆納城的主保聖人

在中國民間信仰裡，門有門神，灶有灶神，保佑當地風調雨順的是土地神，守護城池的是城隍；而在西班牙，土地神和城隍合而為一，就叫主保聖人（Patrón或Patrona）。每個城鎮都有主保聖人，而且最好不只一個，以保平安。

聖艾伍拉莉亞（Santa Eulàlia）

聖艾伍拉莉亞生於西元289年，是從小接受基督思想的牧鵝姑娘。

當羅馬皇帝戴克里先頒布迫害天主教徒的法令，聖艾伍拉莉亞的父母趕緊舉家遷至巴塞隆納近郊，怕年僅13歲的她惹上麻煩。可是，她竟偷偷溜去找城市長官大西安諾（Daciano）辯證上帝的存在。最後，被惹火的大西安諾把聖艾伍拉莉亞關進牢裡，並以13件酷刑折磨她，直到聖艾伍拉莉亞於304年2月12日釘死在十字架上為止。

相傳，其中一件酷刑是把赤裸的聖艾伍拉莉亞關進滿是跳蚤的雞舍。從此相傳在2月12日那一天，巴塞隆納的跳蚤特別大且兇。

據說，赤裸的聖艾伍拉莉亞釘在十字架上時，天上突然下起大雪，把她赤裸的身體掩埋在白雪底下。此後，巴塞隆納在2月12日那一天從不下雪。

後來，聖艾伍拉莉亞不但被天主教和東方正教封為聖人，還成為巴塞隆納城的第一個主保聖人。

聖艾伍拉莉亞的聖骨在1339年安置在巴塞隆納主教座堂的聖壇之下，這個主教座堂便以她的名字命名，又稱聖艾伍拉莉亞主教座堂 。

▲ 巴塞隆納的聖艾伍拉莉亞主教座堂。

| 聖梅爾塞（Santa Mercé）|

　　雖然巴塞隆納城已奉聖艾伍拉莉亞為主保聖人，不過，主保聖人不嫌多，才能避免天災人禍和戰亂蟲害。於是在17世紀，巴塞隆納又封聖梅爾塞為第二個主保聖人。

　　聖梅爾塞是聖仁慈聖母（Mare de Déu de la Mercè）的簡稱。傳說在1218年9月24日，祂在國王交馬一世、聖伯多祿諾拉古和聖雷孟面前顯靈，請求他們成立修會，以拯救當時被回教人俘虜的天主教徒。最後在國王支持下，成立聖梅爾塞修會，簡稱馬利亞贖虜會或俘虜修會，因為成員必須宣誓自己願意成為人質，換回被俘虜的人。

　　1687年，巴塞隆納慘遭蝗害，眾人束手無策，覺得聖艾伍拉莉亞可能年紀太輕，法力不夠，因此在絕望之餘轉而求助於聖梅爾塞。後來，巴塞隆納城有驚無險地度過難關，市議會就把聖梅爾塞封為這個城市的主保聖人之一。

▼ 聖梅爾塞節的慶祝活動。照片提供：巴塞隆納疊人塔協會。攝影師：Salvador Pons Ballester。

1868年，教皇正式封聖梅爾塞為巴塞隆納的主保聖人，開始慶祝這個節慶。今天，它已成為城裡一年一度最大的傳統節慶。

每年9月24日慶祝聖梅爾塞節時，天上都會下點綿綿細雨，傳說是因為巴塞隆納城的第一個主保聖人聖艾伍拉莉亞認為大家遺忘了她，暗自傷心哭泣。

下次大家到巴塞隆納歡度聖梅爾塞節時，不妨看看是否有下雨！

加泰隆尼亞自治區的主保聖人

西班牙採君主立憲制，國家中央行政權由國會決定，中央政府執行。全國行政區又劃為17個自治區，每一自治區有1至8個省，共50個省。自治區基本行政權由自治區議會決定，自治區政府執行。

巴塞隆納屬於加泰隆尼亞自治區，巴塞隆納有主保聖人，加泰隆尼亞自治區當然也有主保聖人，而且也是多多益善，一是聖喬治（Sant Jordi），一是蒙瑟拉特山（Montserrat）的黑臉聖母（La Moreneta）。

▲ 聖喬治畫像。插圖繪製提供：Mb。

| 聖喬治 |

　　根據當地傳奇故事，在巴塞隆納南邊的孟布蘭克（Montblanc）村莊附近有一隻會噴火的惡龍，到處獵殺人畜，燒毀農作物。

　　後來，為防止它繼續危害人畜莊稼，人民跟惡龍達成協議，每天獻上食物給惡龍，它就不必到處獵食，騷擾村民。這個權宜之計持續不了多久，村裡牲畜相繼被惡龍吃光，大家只能每天獻上一個村民，用抽籤決定生死。

　　有一天，公主不幸抽到籤，將成為惡龍的大餐。聖喬治適時出現，聽到惡龍危害人畜，便決定為民除害。最後，在一場驚心動魄的廝殺中，聖喬治殺了惡龍，救了公主，還採了由龍血變成的紅玫瑰送給公主，最後娶公主為妻。

　　這樣一個標準的英雄救美的故事當然以「從此以後過著幸福快樂的生活」結束，聖喬治也因此成為加泰隆尼亞地區的主保聖人！

| 黑臉聖母 |

　　相傳在880年，一群牧童在巴塞隆納西北38公里外的蒙瑟拉特山上看見神光顯現。隔天，好奇的大人們也跟著上山，成為神蹟的見證人，沒多久連主教也親自上山探個究竟。

　　主教和隨行人員上山搜尋，在山洞裡發現一尊古色古香的木質聖母像。主教看到這尊聖母像孤零零在荒山上的山洞裡，便想把聖母像請下山，供奉在城裡。但是當一群壯丁剛搬動聖母像，就發現聖母像突然變得沉重無比，抬不起來。主教直覺聖母想留在山上，便下令在此建造小教堂，供奉這尊木質聖母像。

　　蒙瑟拉特山從此染上濃濃宗教氣息。1025年，本篤會的蒙瑟拉特修道院在此成立。而從中世紀起，這座山就成為世人的朝聖之地。

　　傳說中880年發現的聖母像沒有史實可證，唯一能證實的是，供奉在蒙瑟拉特修道院的聖母像是12世紀的仿羅馬藝術、多彩鍍金木雕，95公分高，因為亮光漆變質和蠟燭煙燻，所以聖母的臉部

▲ 黑臉聖母像。

和手部及懷中的小耶穌的臉部和手部均呈黑色，因此當地人稱蒙瑟拉特的聖母為黑臉聖母。

據說這個黑臉聖母極為靈驗，引起許多民間傳說。1881年，教皇利奧十三世封她為加泰隆尼亞地區的主保聖人。

加泰隆尼亞的歷史

加泰隆尼亞地區有兩千多年歷史，首府巴塞隆納在兩千多年裡歷經戰亂、航海貿易、饑荒、黑死病、戰敗、工業發展、文藝復興，這些歷史也造就了今天的巴塞隆納！

| 加泰隆尼亞語的起源 |

自從羅馬帝國統治伊比利半島，羅馬文化就在這裡生根，加泰隆尼亞地區從此深受羅馬法律、市鎮體制、天主教信仰和拉丁語的影響。而通俗拉丁語隨著時間的演進，在八至十世紀之間形成「加泰隆尼亞語」。

如今，加泰隆尼亞地區通行兩種語言，一是西班牙語，一是加泰隆尼亞語，這兩種語言都是從通俗拉丁語發展而來。

| 伯爵城（Ciudad Condal）之名的由來 |

西班牙被羅馬帝國統治了將近500年，接著被西哥德王國統治近300年。西元711年，摩爾人由直布羅陀登陸，西哥德人節節敗退。最後，巴塞隆納也淪為回教人的領土。

不過，80年後，法國查理曼大帝與摩爾人交戰，巴塞隆納主動投降。查理曼大帝因此把加泰隆尼亞北區（南區仍在摩爾人的勢力範圍內）分成幾個郡（伯爵領地），由受封的伯爵管理。

到了870年，西法蘭克王國的國王「禿頭查理」封「多毛威爾弗雷德」為加泰隆尼亞地區數個郡的伯爵，後來又加封他的繼承人為巴塞隆納和吉容納郡（Girona）的伯爵，因此展開了巴塞隆納伯爵的統治時期。

現在西班牙人通稱巴塞隆納城為伯爵城，就是因為加泰隆尼亞地區最早的統治者是巴塞隆納伯爵家族，最早的首府是巴塞隆納，最早的行政稱謂是「巴塞隆納伯爵領地」（Condado de Barcelona）。

| 加泰隆尼亞旗幟的由來 |

加泰隆尼亞的旗幟是黃色的底、四道紅條紋，根據傳說，也跟西法蘭克國王禿頭查理和多毛威爾弗雷德伯爵有關。

據說，當時這位伯爵勇猛善戰，立下不少戰功。有一次，國王在戰役結束後召見負傷的伯爵，看到伯爵身上還不斷淌血，遂把手指沾着伯爵身上的鮮血，在他贈予伯爵的鍍金盾牌上用四隻手指畫出四道紅痕，現今加泰隆尼亞的旗幟就由此而來。

| 聯姻之後的地中海海上強權 |

985年，摩爾人攻打巴塞隆納城。當時的巴塞隆納伯爵波瑞二世（Borrell II）向法蘭克王國求救，但對方沒派援軍來，巴塞隆納伯爵因此與法蘭克王國決裂。他雖然沒有自己封王，仍以伯爵頭銜管理加泰隆尼亞地區。

到了12世紀，巴塞隆納伯爵拉蒙貝倫格爾四世（Ramón Berenguer IV）和鄰國阿拉貢（Aragón）公主佩特羅妮拉（Petronila）結婚，加泰隆尼亞就成為阿拉貢王國的一部分了，他們的兒子同時繼承兩個頭銜，以阿拉貢國王的名義統治阿拉貢王國，以巴塞隆納伯爵的名義統治現在的加泰隆尼亞地區。

而阿拉貢王國和巴塞隆納伯爵領地聯合之後，越來越強大，先是從摩爾人手裡收復加泰隆尼亞南部地區，接著攻占其他地區，使得疆域北達現在法國普羅旺斯地區的胡西庸（Roussillon），南至阿利坎特（Alicante），西接卡斯提亞（Castilla），東抵現今義大利的薩丁尼亞島、西西里島、拿坡里、希臘的雅典等地，成為地中海的海上強國。

| 改朝換代 |

到了15世紀初，阿拉貢王國的馬丁國王（Martí l'Humà）未婚無嗣的獨子於

加泰隆尼亞的旗幟。

西元1409年去世，因此馬丁國王於西元1410年去世後，阿拉貢王國的王位就無人繼承，最後，馬丁國王嫁到卡斯提亞王國的妹妹的次子費蘭王子（Ferran）於1412年被阿拉貢、瓦倫西亞、加泰隆尼亞的人民代表們選為阿拉貢國王，成為阿拉貢的費爾南多一世國王，而卡斯提亞王國的特拉斯塔馬拉家族（Casa de Trastámara）因此入主阿拉貢王國。

| 加泰隆尼亞的自治機構 |

早在13世紀末，阿拉貢-加泰隆尼亞王國就和巴塞隆納伯爵領地（加泰隆尼亞地區）的「三權」（軍隊、教會和民眾）共同召開宮廷議會，管理這一地區。

1289年的宮廷議會指定，每次進貢前要成立一個特別委員會，進貢後就解散。但是，14世紀時天災人禍連年，臨時性的委員會於是成為永久性的。15世紀初，這個永久性的委員會就從原本主管財稅的機構，逐漸具有自治區政府的雛形，國王必須經過自治區政府的授權才可以增加稅收。

1469年，阿拉貢-加泰隆尼亞王國的王子費南多（Fernando）和鄰國卡斯提亞王國的公主伊莎貝爾（Isabel）聯姻。婚後他們分別繼承王位，聯軍南打摩爾人，於1492年1月2日敗摩爾人於其首都格拉納達。西班牙因此統一成為天主教國家，而加泰隆尼亞地區雖然還有自治政府，卻也因為費南多國王的婚姻而成為西班牙的一部分。

16世紀中期，西班牙喪失海上強國的地位，國庫空虛，為了彌補財政赤字，西班牙的稅收負擔不斷加重。加泰隆尼亞地區因為自治政府不配合國王增加稅收，國王也沒給加泰隆尼亞地區任何好處，基於這個原因，當時歷任的西班牙國王均禁止加泰隆尼亞地區與美洲的殖民地通商。

| 加泰隆尼亞人要獨立的導火線：西班牙王位繼承戰爭 |

1700年，西班牙最後一位哈布斯堡王室的國王去世，引起西班牙王位繼承戰爭。

去世的國王在遺囑裡宣明傳位於其姐和法國國王的次孫、波旁家族的菲利普（Felipe de Anjou），而奧地利的哈布斯堡王室卻認為王位應由查理大公爵

（Archiduque Carlos）繼承，因此和當時反對法國王室入主西班牙的英國、荷蘭、葡萄牙、神聖羅馬帝國等結盟，與支持法國王室的西班牙和巴伐利亞等國宣戰。

　　加泰隆尼亞地區剛開始宣誓效忠法國的菲利普，後來因為奧地利王室給的條件比較優渥，轉而加入奧地利的陣營。

　　西班牙王位繼承戰爭在歐洲從1701年打到1714年。剛開始，雙方各有輸贏，但自1711年查理大公爵繼承神聖羅馬帝國的帝位之後，情勢驟轉。英國反對神聖羅馬帝國皇帝和西班牙國王是同一個人，因此開始獨自與法國進行和談，在1713年簽訂和約，後來法國又與奧地利簽訂和約。

　　加泰隆尼亞地區對和約毫不知情，孤軍對抗法西聯軍，巴塞隆納城遭圍城近14個月，最後在1714年9月11日城陷。從此西班牙王位由哈布斯堡家族轉到法國波旁家族手中，菲利普繼位為西班牙的菲利普五世（Felipe V）。

▲ 從蒙居意克山上鳥瞰巴塞隆納。

西班牙王位繼承戰爭從此成為加泰隆尼亞人永遠的憾事。

1714年大敗後，加泰隆尼亞的自治權遭到廢除，加泰隆尼亞語被禁止，從此，加泰隆尼亞人懷恨在心，認為西班牙人聯合法國人欺負加泰隆尼亞人。所以加泰隆尼亞人說，他們不是西班牙人，他們是加泰隆尼亞人。

阿拉貢地區和瓦倫西亞地區也在後來支持查理大公，而且，國王菲利普五世對較早戰敗的阿拉貢地區及瓦倫西亞地區實施的法令比後來對加泰隆尼亞地區實施的法令還要嚴苛，因為阿拉貢地區和瓦倫西亞地區剛好遇到國王在氣頭上，等到加泰隆尼亞地區戰敗之後，氣頭已過，法令反而較為寬鬆。

不過，現在阿拉貢地區和瓦倫西亞地區早忘掉這件事，而加泰隆尼亞人卻還懷恨在心。

如今9月11日是加泰隆尼亞地區的「國慶日」，又稱Diada，紀念300年前的戰敗日，每年在埋葬當年圍城中死難者的桑樹坑廣場（Fossar de les Moreres）附近舉辦紀念活動。

不過，這個獨立的導火線其實對現在21世紀的加泰隆尼亞人來說，沒有很深的影響。因為，根據人口統計，巴塞隆納在1714年只有37000人，西班牙王位繼承戰爭之後發展工業而造成人口大幅增加，從西班牙各地湧來成千上萬的勞工到巴塞隆納找工作，到了1791年有125000人，到了1877年則有250000人，這些來自西班牙各地的非加泰隆尼亞人稱為xarnego。而現在只有少數的加泰隆尼亞人是當年西班牙王位繼承戰爭戰敗者的後代，絕大多數都是18、19世紀來自西班牙各地的xarnego勞工的後代。也就是說，他們的祖先跟巴塞隆納圍城、西班牙王位繼承戰爭戰敗後的恥辱沒什麼關係。

| 文藝復興時期與加泰隆尼亞現代主義 |

18世紀以前，歷任西班牙國王均禁止加泰隆尼亞地區與美洲殖民地通商。西班牙王位繼承戰爭後，新國王菲利普五世雖然廢除加泰隆尼亞地區的自治權，禁止加泰隆尼亞語和當地傳統藝術文化，卻解除了禁止與美洲殖民地通商的法令。因此，這地區開始發展以紡織業為主的工業，巴塞隆納更成為西班牙第一個工業化城市。

▲ 精緻迷人的甜點。

　19世紀後，這裡成為西班牙最富裕的地區，因工業致富的資產階級轉而資助加泰隆尼亞的藝術文化發展，開啟了加泰隆尼亞的「文藝復興」時期。文學的復甦使得加泰隆尼亞語一點一滴地提升其文化地位，文學家和劇作家開始以加泰隆尼亞語來創作。

　而在這個時期，為了強調此地區與西班牙不同，並加強其民族主義的發展，加泰隆尼亞人積極吸收歐洲正風行的新藝術主義（Art Nouveau），還把當地的傳統藝術和民族主義象徵融入其間，所以在加泰隆尼亞地區的新藝術主義稱為加泰隆尼亞現代主義（Modernisme Català）。

　加泰隆尼亞現代主義表現在不同的文藝創作上，從繪畫、雕塑、裝飾藝術、文學、音樂到建築，都可見其痕跡。當時的藝文界人才濟濟，大家耳熟能詳的建築師高第、音樂家格拉納多斯（Enrique Granados）和阿爾班尼士（Isaac Albéniz）、畫家卡薩斯（Ramon Casas）和魯西紐爾（Santiago Rusiñol）等，都是加泰隆尼亞現代主義的佼佼者。

| 褪色的20世紀前期 |

　到了19世紀末和20世紀初，巴塞隆納的社會問題因發展工業而日益嚴重。勞工飽受剝削，貧富差距有如天壤之別，而政府與教會卻和資產階級站在同一陣線，因而引起勞資危機，工人運動開始成型，無政府主義和反教會思想開始蔓延。1909年，西班牙向摩洛哥宣戰，資產階級有特權不上戰場，從巴塞隆納開航的戰船上全是城裡的窮困人家，憤怒的人們罷工抗議。最後，失控的人群燒毀稅捐機構和無數教堂、修道院，引起軍隊鎮壓，造成一百多人死亡的暴動事件，在歷史上稱為「悲慘週」（Semana Trágica）。

聖家堂。

巴塞隆納雖然在1929年舉行萬國博覽會（今稱世博會），但是她的繁華已逐漸褪色。1936年，內戰爆發，巴塞隆納飽受轟炸摧殘。沒人能知道在西班牙內戰死了多少西班牙人，但是，估計死亡人數在50萬左右，除了死於戰場的軍人、死於轟炸的老百姓之外，左派右派總共處死了大約15萬平民，總計有11萬人失蹤。

1939年西班牙內戰之後，佛朗哥掌權，雖然表面上是合法的逮捕、審判、處決，但是，實際上只是佛朗哥剷除異己的工具，佛朗哥獨裁的殘暴迫害殺戮是西班牙全國性的，不是只針對加泰隆尼亞地區，西班牙南部安達魯西亞是西班牙內戰／佛朗哥時期亂葬崗密度最大的地區，遠超過加泰隆尼亞。

在佛朗哥統治期間，加泰隆尼亞語被禁止，加泰隆尼亞民族主義被壓抑，但是不少巴塞隆納人私底下依舊支持共和主義和加泰隆尼亞獨立思想。儘管如此，加泰隆尼亞仍是西班牙內戰後西班牙最有前途的地方之一，從1955年開始，佛朗哥大量投資加泰隆尼亞和巴斯克地區的工業發展，從西班牙各地湧入的移民和當地人共同努力，重建戰後的巴塞隆納城。

| 起飛的20世紀後期 |

1975年，佛朗哥去世。1978年，西班牙行憲，加泰隆尼亞自治區政府成立，加泰隆尼亞語的地位恢復了，加泰隆尼亞語在學校受到的重視更甚於西班牙語。

巴塞隆納再度重生。80年代起，開始其國際化的路程，1982年舉辦世界盃足球賽，1992年舉辦奧運，巴塞隆納因此漸漸恢復國際名聲。

| 國際化的21世紀 |

歷史造就了現在的巴塞隆納，然而，巴塞隆納也超越歷史，在21世紀譜寫自己的故事。

2004年的世界文化論壇是巴塞隆納進軍國際會議和展會的踏腳石。現在，巴塞隆納是個國際化的觀光城市。在她100平方公里的市區裡，住了166萬人，其中超過五分之一是外籍人士，2019年有1197萬名外國觀光客，主要來自法、英、美、德國，只有一半的觀光客是第一次造訪巴塞隆納，另外一半的觀光客來過不只一次。

左：加泰隆尼亞現代主義建築。　右：巴塞隆納的羅馬遺跡。

　　如今的巴塞隆納是個多元化的大都會，有終年燦爛的陽光，有連綿4.58公里的海灘，其中還有六個是被認證的藍旗海灘；有兩項舉世聞名的世界遺產，其中包含高第的6棟建築和多梅內克的2棟建築；有重要的國際會議和展會，以及將近70個博物館和展覽空間；有地中海最重要的遊輪港、千年的古蹟、多采多姿的藝文活動；還有超過400家旅館、20家以上米其林星級餐廳、走到哪吃到哪的誘人甜點、西班牙最著名的甜點師傅；更有加泰隆尼亞現代主義建築、優閒的露天咖啡、世界名牌、歐洲年輕人最愛的夜生活、百年老店，以及麥爾（Richard Meier）、磯崎新、伊東豐雄、赫佐和德梅隆（Jacques Herzog & Pierre de Meuron）、蓋瑞（Frank Gehry）、福斯特（Norman Foster）、努維爾（Jean Nouvel）、佩洛特（Dominique Perrault）、卡拉特拉瓦（Santiago Calatrava）、米拉耶斯（Enric Miralles）、西塞（Álvaro Siza）等當代建築大師的作品。

　　從21世紀起，巴塞隆納的光芒就不斷吸引全球的目光。

| 世界手機之都 |

　　巴塞隆納除了是觀光大城之外，還是國際會展之都，每年超過2000次的國際會議和大型展會在此舉行，而從2006年起，連年舉辦的世界手機大會（Mobile World Congress）更是其中最著名的展會。

　　世界手機大會是規模數一數二的國際電信展，每年參加的廠商超過1000家，最近兩年來的與會人士超過十萬名，不但替巴塞隆納帶來超過四億歐元的收入，更把會議產業提升為巴塞隆納的重要產業。旅館、餐廳、附司機的賓士車、導遊等都早在一年前就被訂下來，全西班牙附司機的賓士車不夠用，還得從法國調車過來。大會舉辦前後，旅館和餐廳大漲價。大會期間，有兩三百次私人飛機的起降，各大公司不惜成本花錢做公關，在米其林星級餐廳宴請賓客，租畢卡索美術館、利塞奧大歌劇院（Gran teatro del Liceu）或其他具歷史藝術價值的場地舉辦晚宴。

　　巴塞隆納則因為連年舉辦世界行動通訊大會，在2011年贏得「世界手機之都」（Mobile World Capital）的封號，打響國際名聲。

　　目前主辦單位已跟巴塞隆納簽約到2030年，也就是說，世界行動通訊大會每年在巴塞隆納舉辦，一直到2030年（有可能再續約）。

| 創意城市文學之都 |

　　全球創意城市網絡（Creative Cities Network）屬於聯合國教科文組織（UNESCO）全球多樣性文化聯盟的一個部分，成立於2002年，旨在通過成員城市的交流促進文化發展，達到宣導和維護文化多樣性的目標。全球創意城市網絡分成七項：文學（Literature）、電影（Film）、音樂（Music）、民間手工藝（Crafts and Folk Arts）、設計（Design）、媒體藝術（Media Arts）及美食（Gastronomy）。西班牙有10個城市列入全球創意城市網絡，巴塞隆納列為「創意城市文學之都」。

　　巴塞隆納有166萬居民，這城市與文學有很深的淵源，自19世紀以來就公認是西班牙文學和加泰隆尼亞文學的出版中心，不但擁有獨立的出版業，更深受跨國出版集團的歡迎，在此出版的書籍甚至銷售到拉丁美洲，而巴塞隆納的文學出版更透過國際書展如Liber而蓬勃發展。巴塞隆納的公共圖書館在過去20年中數量增加了一倍，而市政府為進一步培養創意，更是提供資金贊助文學活動，甚至還有為書籍而舉辦的節慶：聖喬治節。

　　國際文學巨擘曾造訪巴塞隆納，例如塞萬提斯、羅卡（Federico García Lorca）、安徒生、喬治·歐威爾等，諾貝爾獎得主馬奎斯和尤薩（Mario Vargas

Llosa）甚至曾在此居住過。哥倫比亞文學家、拉丁美洲魔幻寫實主義文學代表人物馬奎斯於1967年（《百年孤寂》出版的那一年）搬到巴塞隆納，在此住了八年，從默默無名的作家變成世上最著名的小說家之一。自1975年以後，他的主要出版社就一直在巴塞隆納，所以，雖然他1975年搬離巴塞隆納，但是每年都會造訪這座城市，後來還買了公寓，這樣他每次到巴塞隆納就有個「家」可以住。祕魯作家兼詩人尤薩在1970年搬到巴塞隆納，在此住了四

▲ 四隻貓餐廳不只是畢卡索少年時常去的酒館，也出現在卡洛斯·魯依斯·薩豐的「遺忘書之墓」四部曲《風之影》中。

年，跟馬奎斯當鄰居，兩人不但常一起出遊，還打入當時巴塞隆納的藝文界，更認識了他寫作生涯最具決定性的兩個人，主編Carlos Barral和文學經紀人Carmen Balcells（她也是馬奎斯的經紀人）。

　　最近這一、二十年更有不少暢銷小說以巴塞隆納為背景，例如《風之影》、《天使遊戲》、《天空的囚徒》、《靈魂迷宮》、《海上教堂》、《聖殿指環》、《高第密碼》、《解剖師的祕密》等，更讓這座城市充滿文學氣息。

| 加泰隆尼亞人想獨立的近因：西班牙經濟危機 |

　　300年前在西班牙王位繼承戰爭的敗仗種下加泰隆尼亞人想要獨立的種子，而佛朗哥在1939到1975年又大力打壓加泰隆尼亞的文化語言，更引起當地人不滿。

　　佛朗哥去世後，西班牙於1978年行憲，把西班牙分成17個自治區，給予加泰隆尼亞自治區相當大的自主權，加泰隆尼亞語和西班牙語併行為兩個官方語言，而事實上，加泰隆尼亞自治區政府和教育界更加重視加泰隆尼亞語，學校均以加泰隆尼亞語授課，政府公文均以加泰隆尼亞語撰寫。

　　雖然加泰隆尼亞自治區已有相當大的自主權，加泰隆尼亞語的使用甚至稍微高於西班牙語，但是，歷史的傷痕仍在，而2008年的經濟危機更引起了強烈的獨立意識。

　　雖然從1996到2011年之間，加泰隆尼亞地區是西班牙中央政府投資最多的地區，占總投資的14.53%。但是，在經濟危機期間，西班牙的失業率高達25%，西班牙政府因為拯救面臨倒閉的銀行和支付天文數字的公共工程建設而開始國債問題，無力再繼續投資加泰隆尼亞地區，再加上歐盟要求縮減預算，原來就吊歐盟車尾的西班牙貧瘠的福利更因此被砍得七零八落。許多加泰隆尼亞人在這非常時期失業，而這一連串的經濟問題讓加泰隆尼亞人覺得，他們繳的稅都拿去補助西班牙的貧困地區，非常不公平，政客煽動的舊恨加上經濟危機引起的不平，獨立的聲浪就越來越響了。

　　2014年11月，當地政府舉辦諮詢投票，投票率只有三分之一，其中80%贊成獨立，20%反對獨立，而三分之二擁有投票權的人沒去投票。

| 加泰隆尼亞近年的政黨歷史 |

　　自從西班牙1978年行憲之後，西班牙總共有17個自治區，加泰隆尼亞是其中一個。加泰隆尼亞自治區有自治區主席和加泰隆尼亞議會，而加泰隆尼亞自治區底下還有四個省分，其中一個最有名的是巴塞隆納省，巴塞隆納省的省會是巴塞隆納市。

　　加泰隆尼亞自治法規（Estatut d'autonomia de Catalunya）是加泰隆尼亞議會的議員投票表決出來的規範，以訂定加泰地區和西班牙政府的關係以及加泰政府的

職責及權限。根據加泰隆尼亞自治法規第222條,如果要修改加泰隆尼亞自治法規,必須要有超過三分之二的同意票數才能修改,光是超過半數是不行的,也就是說,加泰隆尼亞議會有135席,任何非常重大到需要修改加泰隆尼亞自治法規的事件必須要有 90席的議員同意(90票)才可以。

2015-2017年加泰隆尼亞議會總共有9個不同的政黨:

▲ 凱旋門前的街頭藝人和追逐泡泡的孩童。

1. 加泰隆尼亞歐洲民主黨(Partido Demócrata Europeo Catalán,PDeCAT),溫和右派,支持獨立。

2. 左派共和(Esquerra Republicana de Catalunya,ERC),溫和左派,支持獨立。

3. 加泰隆尼亞民主黨(Demócratas de Cataluña),溫和右派,支持獨立。

4. 左派運動(Moviment d'Esquerres),溫和左派,支持獨立。

5. 公民黨(Ciudadanos-Partido de la Ciudadanía,Cs),溫和右派,反對獨立。

6. 加泰隆尼亞社會主義黨(Partido de los Socialistas de Cataluña,PSC),溫和左派,反對獨立。

7. 加泰隆尼亞是可以(Catalunya Sí que es Pot,CSQP),非常左派,支持獨立/反對獨立/中立(立場曖昧)。

8. 加泰隆尼亞人民黨(Partido Popular de Cataluña,PPC),溫和右派,反對獨立。

9. 人民團結候選黨(Candidatura de Unidad Popular,CUP),極左派,支持獨立。

　　這些政黨各有不同的政見，沒有一個黨可以獨自執政。事實上，2015-2017年是聯合了五個支持加泰隆尼亞獨立但是政見不同的政黨才能執政的。

　　在2015年之前，加泰隆尼亞自治區最大的政黨是彙聚及聯盟黨（Convergencia y Unión，CiU），這是1978年時聯合了兩個溫和右派政黨——加泰隆尼亞民主彙聚黨（Convergencia Democrática de Cataluña，CDC）和加泰隆尼亞民主聯盟黨（Unión Democrática de Cataluña，UDC，或簡稱 Unió）而成的，所以叫做彙聚及聯盟黨（Convergencia i Unión）。除了1999-2006年之外，彙聚及聯盟黨是加泰隆尼亞地區從1980到2015年的執政黨，算是2015年之前加泰隆尼亞地區最強勢的政黨。

　　2010年的加泰隆尼亞的執政黨是彙聚及聯盟黨，該黨占議會135席次中的62席，而當時加泰隆尼亞自治區主席是加泰隆尼亞民主彙聚黨的黨魁馬斯（Artur Mas）。因為在2010年後馬斯開始強烈主張獨立，在彙聚及聯盟黨內部引起衝突，最後馬斯決定提前大選。結果，在2012年的大選後，彙聚及聯盟黨反而丟了12個席次，只贏了議會135席次中的50席，雖然馬斯當上加泰隆尼亞自治區主席，但是，彙聚及聯盟黨在議會的重要性大減，而且內部衝突不斷。最後，在2015年，加泰隆尼亞民主聯盟黨就與加泰隆尼亞民主彙聚黨分家，而從加泰隆尼亞民主彙聚黨又另外分出一支新的政黨，叫做加泰隆尼亞民主黨。

　　2015年底，馬斯看到彙聚及聯盟黨四分五裂，優勢不再，他自己要連任加泰隆尼亞自治區主席也有困難，因此聯合四個支持獨立的政黨——加泰隆尼亞民主彙聚黨、左派共和、加泰隆尼亞民主黨和左派運動，以他為首，以Junts pel Sí（聯合為是）的名義參選，希望能拿到過半席位，繼續擔任加泰隆尼亞自治區主席，然後宣布獨立，成為加泰隆尼亞共和國的第一任總統。而2015年大選結果是：

- 以票數來說：投給反對獨立的四個政黨的總票數占51.7%，投給支持獨立的五個政黨的總票數占有47.7%。
- 以席次來說：以Junts pel Sí的名義參選的四個支持獨立的政黨合起來沒有過半，需要加上第五個也支持獨立的政黨人民團結候選黨合起來才能過半數。

　　人民團結候選黨是極左派政黨，反資本主義，反歐盟，近於共產思想，但是，因為Junts pel Sí沒有拿下過半的席位，如果要執政，一定要聯合第五個人民團結

候選黨才能有過半的席位，才能組成加泰隆尼亞自治區議會，選出加泰隆尼亞自治區主席。

Junts pel Si在選舉前就推舉跟貪污案牽扯不清的馬斯連任加泰隆尼亞自治區主席，但是，人民團結候選黨不願意讓有汙名的馬斯當加泰隆尼亞自治區主席，要求Junts pel Si推舉別人才肯跟他們共同執政，Junts pel Si堅持不改人選，雙方一直沒有談和，後來是在人民團結候選黨的堅持下，馬斯下台，換加泰隆尼亞民主彙聚黨的普伊德蒙（Carles Puigdemont）上台（但是馬斯還是加泰隆尼亞民主彙聚黨的黨魁），Junts pel Si（聯合為是）才能跟人民團結候選黨組成聯合執政，往獨立邁進。後來，在2016年加泰隆尼亞民主彙聚黨解散，黨魁馬斯另組政黨，叫做加泰隆尼亞歐洲民主黨。

所以2017年獨立公投事件牽連了五個支持獨立但政見不同的政黨，非常複雜。

| 2017 獨立公投事件 |

自從2015年開始，加泰隆尼亞議會由五個支持獨立但是政見不同的政黨控制，但是，他們的席位只有過半，沒有加泰隆尼亞自治法規第222條規定的90票。

根據加泰隆尼亞政府於2017年9月發布的民調結果，49.4%的加泰隆尼亞人反對獨立，41.1%的加泰隆尼亞人贊成獨立，兩派人馬勢均力敵。2017年10月1日加泰隆尼亞政府舉辦違憲公投，贊成獨立的人全數出動，排隊投票，反對獨立的人不願因為投票而成為變相支持違憲公投，所以放棄投票。而公投當天，中央政府派警察阻止人民投票，引起雙方的衝突，再加上俄國的介入，造成2017年動盪的10月。

因為歐盟已宣稱，加泰隆尼亞獨立之後就不屬於歐盟，所以加泰隆尼亞企業深怕獨立後引起的法律及通商問題，金融業如加泰隆尼亞第一大銀行（西班牙第三大銀行）CaixaBank和加泰隆尼亞第二大銀行（西班牙第五大銀行）Banco Sabadell帶頭宣布搬家，接著引起一股企業出走風。從2017年10月1日到2017年底，已有超過3000家企業申請搬離加泰隆尼亞地區。

10月1日公投的警民衝突引發10月3日的大規模抗議遊行。接著，反對獨立的民眾也開始在10月發起抗議遊行，甚至連從不上街頭遊行抗議的企業家也跟著反對獨立的民眾上街頭。不過，抗議歸抗議，都是非常和平歡樂的遊行，兩派人馬互

▲ 格拉西亞散步大道上的巴特由之家和阿馬特耶之家。

相拿不同的旗幟上街頭，對觀光客是一種新鮮事。不過，因為抗議遊行而封街也造成一些不便。

　　10月1日公投的投票率是43.03%，90%的選民支持獨立，7.8%的選民反對獨立，因此加泰隆尼亞自治區主席普伊德蒙於10月10日宣布獨立，但是8秒鐘後暫停獨立，希望跟西班牙中央政府商談。但是，西班牙總理拉霍伊（Mariano Rajoy）堅持只在符合西班牙憲法的法規內商談。

　　最後加泰隆尼亞議會於10月27日星期五投票，因為加泰隆尼亞議會的諮詢律師團認為獨立投票不但違反西班牙法律，也違反加泰隆尼亞自治區法（Estatut d'autonomia de Catalunya），所以，幾個不支持獨立的政黨以退席抗議，最後以70票贊成、10票反對、2票棄權，宣布獨立，成立加泰隆尼亞共和國。

　　但是，加泰隆尼亞共和國宣布獨立之後並沒有掌管邊境、海關、中央銀行、國稅局等，10月28日到10月30日之間入境巴塞隆納機場還是蓋西班牙海關的章，在加泰隆尼亞自治區政府大樓上還是飄揚著西班牙國旗。10月29日星期日，強烈主張獨立的左派共和和加泰隆尼亞歐洲民主黨的33位在西班牙國會（眾議院和參議院）的議員也宣布，他們還要繼續到西班牙國會開會，繼續代表加泰隆尼亞，繼續領西班牙國會的薪水。

▲ 加泰隆尼亞自治區政府大樓飄揚著西班牙和加泰隆尼亞旗。

10月30日，西班牙政府實施憲法第155條，解散自治區議會，加泰隆尼亞自治區政府主席普伊德蒙逃到比利時，西班牙股市大漲。

10月30日，西班牙政府實施憲法第155條，解散加泰隆尼亞自治區議會，於2017年12月21日重新舉行選舉。選舉結果是：52.1%的人（票）投給反對獨立的幾個政黨，47.5%的人（票）投給贊成獨立的幾個政黨，城市選票大都反對獨立，鄉鎮選票大都贊成獨立，因為席位的計票方式強調鄉鎮選票，所以，所有反對獨立的政黨合起來只拿下65個席位，所有贊成獨立的政黨合起來拿下70個席位。

鑑於這個投票結果，反對加泰隆尼亞獨立的人也開始「塔巴尼亞（Tabarnia）獨立運動」了。

塔巴尼亞（Tabarnia）代表塔拉戈納（Tarragona）和巴塞隆納（Barcelona）要從加泰隆尼亞獨立出來，用Ta代表塔拉戈納，用bar代表巴塞隆納，用nia代表加泰隆尼亞。塔巴尼亞的支持者認為大部分住在塔巴尼亞的人在2017年12月21日選舉中投給反對獨立的政黨，因為這兩個地區靠金融、貿易、旅遊為業，如果獨立就做不成生意，而且，加泰隆尼亞自治區議會選舉計算席位的方式非常公平，巴塞隆納人在議會贏得一個席位需要四萬六千張選票，列伊達（Lleida）鄉下地區的人卻只需要兩萬張選票就可以贏得一個席位，變成鄉下人主導城市人的現象。而且，巴塞隆納人繳給加泰隆尼亞自治區政府的稅裡面有32%被用到加泰隆尼亞的貧窮地區，沒有回饋到巴塞隆納，所以，反對加泰隆尼亞獨立的人覺得塔拉戈納和巴塞隆納必須從加泰隆尼亞獨立出來。

| 巴塞隆納的未來 |

　　巴塞隆納雖然在2017年因為獨立事件而歷經動盪的10月，但是，事實上沒有影響到當地人的生活，當地人還是照樣工作、生活、吃喝玩樂，就連外國觀光客也不受影響，將近1200萬觀光客於2019年造訪巴塞隆納就是最好的證明。

　　2020年的疫情嚴重影響巴塞隆納的服務業，尤其是旅遊業和餐飲業，很多商號不得已關門熄燈，但是2022年已恢復85%的觀光客，95%的觀光收入。不論是動盪還是疫情，巴塞隆納一直是地中海沿岸一顆閃亮的明珠，畢竟，在她兩千年的歷史中，巴塞隆納歷經無數次戰爭、蟲害、黑死病等天災人禍，即使面臨各種嚴重問題，也無法掩蓋她的光芒，她會再度克服困境，浴火重生。

▲ 當地人在巴塞隆納主教座堂前跳Sardana民俗舞蹈。

1-2
狂歡盛宴：
巴塞隆納的節慶

西 班牙的民風樂天好玩，每個大小城鎮都有數不清的節慶。所以到巴塞隆納旅遊，可以趁著節慶期間好好認識一下當地的風俗民情。

三王節（Día de Reyes）

日　　期：1月5日下午，1月6日

地　　點：巴塞隆納市中心，加泰隆尼亞廣場四周

慶祝方式：遊行，互送禮物

應景糕點：三王蛋糕（Roscón de Reyes）

▲三王蛋糕。

　　根據《聖經馬太福音》，耶穌出生時，東方三王（又稱「東方三博士」從天上升起的明星探知了聖嬰降生的方位，便帶著黃金、乳香和沒藥去朝聖，長途跋涉後於1月6日見到耶穌，獻上禮物。

　　因此，1月6日是西班牙的三王節，又稱主顯節（Epifanía），是傳統西班牙人送耶誕禮物的日子。孩童會寫信給東方三王，報告自己的表現以及希望得到的

1月5日晚上的遊行。

禮物，到了1月6日，乖的人有禮物，不乖的小孩只能收到木炭黑糖（carbón de caramelo）！

西班牙各大小城鎮在1月5日傍晚都有三王遊行，隊伍裡有各式卡通、神話、童話故事的人物。東方三王和助手沿途不斷撒糖果，把西班牙的耶誕節帶到最高潮。

三王節的應景糕點是Roscón de Reyes，是個以水果或果乾裝飾的普通糕點，上面擺個紙皇冠，糕點裡藏一個小人偶，吃到的人一整年將好運不斷。在加泰隆尼亞地區，還會藏兩件小東西，一是國王（rey）小人偶，一是扁豆（haba），吃到扁豆的人要請吃Roscón de Reyes糕點，吃到國王的人則可戴上紙皇冠。

聖艾伍拉莉亞節（Fiestas de Santa Eulàlia）

日　　期：2月12日，以及前後一兩天
地　　點：巴塞隆納市中心
應景甜點：聖艾伍拉莉亞十字型甜麵包（Aspes de Santa Eulàlia）

紀念巴塞隆納主保聖人聖艾伍拉莉亞的節日，又稱萊亞（Laia），或冬季節慶（fiesta de invierno）。每年1月12日在城裡的街巷廣場都有大人偶遊行、加泰隆尼亞地區的民俗舞蹈sardana、奔火遊行（correfoc），以及「疊人塔」（Castells）等。奔火遊行是個驚險的慶祝活動，裝扮成惡魔的人拿著噴著火花的煙火在街上狂奔，巨龍偶從嘴裡噴出火花在街上掃射，滿街都是火花，熱鬧驚險。而疊人塔則是當地最傳統的民間文化之一，最大型的疊人塔活動是在9月底的聖梅爾塞節時舉行。如果聖艾伍拉莉亞節2月12日剛好在週末前後，慶祝的活動通常會延長到2月12日前後一兩天。聖艾伍拉莉亞節的應景甜點Aspes de Santa Eulàlia呈X的十字狀，相傳聖艾伍拉莉亞就是在X狀的十字架上殉教的。

狂歡節（Carnaval）

日　　期：2～3月（每年的日期不同）
地　　點：巴塞隆納市中心
慶祝方式：化裝打扮，飲酒作樂

應景美食：沒有限制，盡量大吃大喝，
肉蛋香腸（Butifarra de huevo）

狂歡節是在大齋期（Cuaresma，又稱
「四旬期」）之前舉行的天主教慶典，
前身是酒神節或農神節，隱含「趁著大
齋期來臨之前趕緊飲酒作樂」的心態，
所以人們狂歡無制，化裝打扮一番後巡
遊慶祝，飲酒作樂，直到大齋期為止。

▲ 桂爾公園（Park Güell）咖啡座的服務生在狂歡節期間的造型。

在這期間造訪巴塞隆納，可以看到裝扮成各種電影、神話、古代人物造型的店員、路人和小朋友，跟著大家遊行慶祝，飲酒作樂，還可以嘗到傳統的應景食物「肉蛋香腸」。

在西班牙，狂歡節的最後一天有個「埋葬沙丁魚」（Entierro de la sardina）的儀式。大家在聖灰星期三（Miércoles de Ceniza）這天組成「送葬隊伍」，化裝遊行，把一條象徵性的魚用「火葬」方式燒掉，代表燒盡大家在狂歡節期間的惡習，埋葬放蕩狂歡，迎接禁食刻苦的大齋期。

聖週（Semana Santa）

日　　期：3～4月（每年的日期不同）
地　　點：巴塞隆納市中心，主教座堂前的廣場附近
慶祝方式：棕枝主日（Domingo de Ramos）那天帶著棕枝去教堂祈福
應景美食：大齋期是鹽醃的大西洋鱈魚（Bacalao）和西班牙甜甜圈（Buñuelos）
應景糕點：復活節是彩蛋蛋糕（Mona de Pascua）

狂歡節之後就是大齋期，是復活節前40日的準備期。信徒以禁食、祈禱、奉獻、刻苦等方式彌補自己的罪惡，準備復活節的來臨。

大齋期間不能吃肉，世人為了補充蛋白質，把「不能吃肉」解釋為「不能吃有血的動物」，但可以吃魚，所以自古以來就以海鹽醃過、方便保存和運送的大西洋鱈魚為大齋期的應景食物。因此，不論西班牙的海邊或內陸都有各式的鱈魚料理，有香煎的、有焗烤的、有加番茄燉煮的、有加生菜當沙拉等等。

1-2

狂歡盛宴 ◆◆◆ 巴塞隆納的節慶

1 3 4 　　1. 市場賣的大西洋鱈魚。　　2. 糕餅店賣的西班甜甜圈Buñuelos。　　3. 聖家堂旁的棕枝攤位。
2 　 5 　　4. Escribà做的法貝熱彩蛋造型的Mona de Pascua。　　5. 傳統用水煮雞蛋裝飾的Mona de Pascua。

　　在加泰隆尼亞地區，大齋期間還有一個應景甜點Buñuelos，也就是西班牙甜甜圈，比普通甜甜圈更綿密鬆軟，用麵粉、牛奶、奶油和雞蛋做成的麵團油炸而成。

　　大齋期最後一週就是聖週（Semana Santa，英語為Holy Week），其中又有幾個重要日子。

　　棕枝主日（Domingo de Ramos）是聖週的第一天。據《聖經》記載，耶穌在這天騎驢入耶路撒冷，民眾持棕櫚樹枝歡迎。如今在棕枝主日這天，大家都買棕枝到巴塞隆納主教座堂（大教堂）祈福，認為這個「加持」過的棕枝擺在家裡是「求福避凶」的吉物，可以為家人帶來好運。

　　聖週星期四（Jueves Santo）紀念最後的晚餐。

　　聖週星期五（Viernes Santo）紀念主受難日，這天在巴塞隆納有聖週星期五遊行。

　　聖週星期六（Sábado Santo）紀念耶穌安息。

　　復活節（Domingo de Pascua）是耶穌死後第三天復活的日子。在加泰隆尼亞地區，復活節的應景糕點是Mona de Pascua。最早是用水煮雞蛋裝飾的糕點，後來演變成用巧克力雞蛋裝飾的糕點。再來，就成為巧克力糕點，現在巴塞隆納的巧克力大師可以把Mona de Pascua做成巧克力城堡、巧克力足球場、巧克力卡通造型人物等等。

　　西班牙語有個說法de Pascuas a Ramos，de是「從」的意思，a是「到」的意思，de Pascuas a Ramos就是從復活節到隔年的棕枝主日，意指「頻率很少」、「很難等」。

　　復活節是每年春分月圓之後的第一個星期日，所以這些節慶每年的日期都不一樣！

聖喬治節（Sant Jordi）

日　　期：4月23日

地　　點：巴塞隆納市中心

慶祝方式：男士送女士一朵紅玫瑰，女士送男士
　　　　　一本書

應景糕點：聖喬治糕點（Pastel de Sant Jordi）
　　　　　和聖喬治麵包（Pan de Sant Jordi）

▲ 聖喬治雕像。

　　聖喬治是加泰隆尼亞地區的主保聖人，他的忌日4月23日是聖喬治節。從15世紀起，騎士就在這一天獻上玫瑰花給女士，之後就漸漸變成情人節，是男生送紅玫瑰給女生的日子。

　　不過，這一天不但跟聖喬治和玫瑰花有關，也和文學有關。

　　4月23日是塞萬提斯和莎士比亞的忌日，也是其他著名作家的生日或忌日。早在1926年，這一天就定為「書節」（Dia del Libro）。1976年起，西班牙文學界的最高榮譽「塞萬提斯獎」（Premio Miguel de Cervantes）也在這天頒發。1995年，聯合國教科文組織也定這天為「世界圖書與版權日」。

　　每年4月23日，加泰隆尼亞人就將玫瑰花和書湊在一起，以「男士送女士一朵紅玫瑰，女士送男士一本書」來慶祝聖喬治節。這天，加泰隆尼亞地區的大街小巷都擺滿賣花賣書的攤位，擠滿買花買書和看熱鬧的人，情侶們手牽手漫步街頭，享受春季的陽光、馥郁的玫瑰花香和書籍散發的文藝氣息。而糕餅業也

▲ 人們買書和紅玫瑰。

為這一天設計出帶有加泰隆尼亞旗幟顏色的聖喬治糕點和聖喬治麵包，強調一下加泰隆尼亞的民族主義。平時門禁森嚴的巴塞隆納藝文協會（Ateneu Barcelonès）、巴塞隆納市政府和加泰隆尼亞自治區政府等機關都在這天開放參觀。

基督聖體節（Corpus Christi）

日　　期：5、6月（每年的日期不同）
地　　點：主教座堂，市政府附近
慶祝方式：看雞蛋跳舞

　　基督聖體節是天主教規定恭敬耶穌聖體的節日。西班牙各地都有不同的慶祝活動，在巴塞隆納的傳統慶祝活動則是遊行和「雞蛋跳舞」（l'ou balla）。

　　「雞蛋跳舞」的起源無可考據，只知道從1637年起，人們就掏空雞蛋，放在主教座堂迴廊的噴泉上，泉水把雞蛋噴在半空中跳起舞來。這個慶祝活動從此未曾中斷，還延伸到各個宗教和政府機關的噴泉。

▲ 雞蛋跳舞。

　　基督聖體節這一天，巴塞隆納市政府和其他機關會對外開放參觀。

聖若翰洗者之夜（Noche de San Juan / Nit de Sant Joan）

日期：6月23日晚上
看熱鬧的地方：海邊，街上
慶祝方式：升火堆，放煙火和鞭炮
應景糕點：聖若翰洗者蛋糕（Cocade Sant Joan，簡稱Coca）

▲ Coca。照片提供：ESCRIBA 甜點店。

　　6月23日是一年中夜晚最短的一天，所以那一晚被認為是最神奇的一夜。自古以來，天主教徒就把民俗、異教節慶與聖若翰洗者誕辰節結合在一起，在這一夜以太陽、火、水為元素，慶祝夏天的來臨，甚至還有東方的「過火」儀式！

　　在加泰隆尼亞地區，人們在這一夜和親戚朋友聚餐，在各個大城小鎮的街頭、廣場都升起火堆，放煙火和鞭炮慶祝。還有人認為這一夜有奇特的神力，趁機採收草藥來治百病。

　　這個節慶的應景糕點是Coca，是一種以麵粉、糖、蛋、檸檬等做出來的甜點，傳統上有果乾口味（Coca de fruta y piñones）、奶黃內餡（Coca de crema）等。

釀酒葡萄豐收節（Fiesta de la Vendimia）

日期：9～10月（每個葡萄酒產地的節慶日期每年不同）
地點：葡萄酒產地和酒莊

　　Vendimia這個字是西班牙文的葡萄酒專業用語，意指「採摘釀酒的葡萄」。葡萄收成之後，一定要好好大肆慶祝一下，於是便有了採摘釀酒葡萄的節慶。現在這些節慶也成為觀光號召之一，許多酒莊接受預約，讓人參觀採摘釀酒葡萄的過程和釀酒方式。

聖梅爾塞節（La Mercè）

日　　期：9月24日前後
地　　點：巴塞隆納市中心，市政府附近

▲ 遊街的大人偶。

　　紀念巴塞隆納主保聖人聖梅爾塞的節日。每年9月底一連四、五天，城裡大街小巷廣場都有不少慶祝活動，包括大人偶遊行（Gegants）、音樂、舞蹈、音樂煙火秀，以及熱鬧驚險的奔火遊行等，而這些慶祝活動的壓軸戲則是在2010年被聯合國教科文組織列為非物質文化遺產的「疊人塔」（Castells）。

　　疊人塔早在1801年就有文字記載，是從瓦倫西亞地區的Moixiganga演變而來，以舞蹈開始，疊羅漢結束。後來加泰隆尼亞人刪除舞蹈部分，把注意力集中在疊人塔，人塔越高越好，從此成為這裡最傳統的民間文化之一。

　　參與疊人塔的人身上都綁著寬腰帶來保護背部，以傳統的管樂旋律來設定節奏。在基座的方陣裡，大家一齊向中心推，托起第二層的人，接著再一層一層往上搭，越往上面，成員的個子越小，體重越輕，塔尖一定是小孩，叫enxaneta。登頂成功後，要伸出四個手指頭揮舞一下，象徵加泰隆尼亞旗上的四道紅條。

　　人塔經過正確無誤的「疊」和「拆」，就是完美的表演。而在巴塞隆納，就以聖梅爾塞節的疊人塔最盛大完美。

La Mercè

Castells
PATRIMONI DE LA HUMANITAT

疊人塔。照片提供：巴塞隆納疊人塔協會（Castellers de Barcelona）。攝影師：Malinalli Garcia。

諸聖節前夕（la castañada）

日 　期：10月31日～11月1日
地 　點：家庭聚會
應景食物：烤地瓜、烤栗子、麝香葡萄
酒（moscatel）和杏仁甜點（panellets）

　　原始民間信仰裡，11月1日是慶祝秋
收冬臨的節慶，也是死神允許亡靈返鄉
和子孫溝通的日子。後來教會融合原始
民間信仰和基督理念，把紀念殉難聖者
的日子訂在這天，成為諸聖節（Día de
Todos Los Santos），紀念所有列入聖品的
聖人。

▲ 路邊的烤栗子和地瓜攤。

　　在加泰隆尼亞地區，10月31日晚上是
家人朋友聚會的la castañada，應景食物有

▲ 杏仁甜點。

烤地瓜、烤栗子，麝香葡萄酒和特殊的杏仁甜點（panellets）。11月1日則是追思
死者的日子，也就是西班牙的掃墓節，人人帶著鮮花到墓園祭祀死去的家人。

耶誕節

日 　期：12月
地 　點：巴塞隆納市中心，主教座堂前的廣場附近
應景食物：大燉鍋（Escudella de galets i carn d'olla）、肉捲（Canelones）
應景甜點：牛軋糖（Turrón）、杏仁糖糕（Mazapán）、杏仁糕（Polvorón）、
杏仁糕（Mantecado）

　　巴塞隆納的耶誕氣氛從街頭和商家的耶誕燈飾開始，而正式揭開節慶序幕的則
是超過200年歷史的耶誕市集「Feria de Santa Llúcia」。
　　每年從11月底到12月22日，巴塞隆納主教座堂和聖家堂前的耶誕市集，都會販
賣各式各樣的耶誕裝飾。

西班牙傳統的耶誕裝飾是耶誕樹和耶穌誕生布景（Belén），但在加泰隆尼亞地區，還有便便人偶（Caganers）和耶誕人偶（Tió de Nadal）。

便便是農業社會的天然肥料，象徵豐收。所以從18世紀起，一個脫褲子半蹲著便便的人偶就出現在耶穌誕生布景裡一個不起眼的角落，最初是傳統的加泰隆尼亞農人的造型，後來就有各式名人的便便人偶，例如足球明星、各國總統、首相等，讓耶誕節傳統裝飾憑添不少趣味和幽默。

以前，加泰隆尼亞地區的小孩會選一段用來生火的大木頭當作耶誕人偶，從12月8日聖母純潔受孕日（Inmaculada Concepción）起，每天以餅乾或麵包「供養」，最後在耶誕夜時，一家人圍繞著耶誕人偶邊唱歌邊棒打它，強迫它把糖果、Turrón牛軋糖等小禮物「大」出來。現在這個耶誕人偶不再是一段大木頭，還多了手腳，成了木頭做的耶誕老人！

耶誕市集結束的那一天，就是西班牙傳統的耶誕彩券開獎的大日子。

西班牙的耶誕彩券屬於國家彩券之一，歷史悠久。第一次開彩在1812年12月18日，目前固定在12月22日開獎。因為獎金特高，總獎金高居全球之冠，受到高度關切。在西班牙，還真有人排隊等九個小時，就為了買耶誕彩券呢！

耶誕彩券開獎時還有一個有趣的「唱獎」習俗，由馬德里San Ildefonso學校的學生人手拿著小金球，用「唱」的報出中獎號碼和金額。

左：商店燈飾。照片提供：攝影師Rafael Caballero。　右：耶誕市集Feria de Santa Llúcia。

　　在西班牙，每個公司行號在耶誕節前還有兩種特別習俗，一是類似台灣尾牙的公司耶誕晚餐，一是在耶誕節前送給公司員工的耶誕禮盒。這種禮盒通常以食品為主，裡面有火腿、各式醃肉、葡萄酒、香檳、乳酪、餅乾、罐頭、巧克力、以及耶誕節的應景甜點如杏仁糖（Turrón）、杏仁糖糕（Mazapán）、杏仁糕（Polvorón）、豬油糕（Mantecado）等。

　　杏仁糖（Turrón）是西班牙最有名的聖誕節應景甜食，是用烤過、去殼的杏仁加入蜂蜜或糖，甚至還加上蛋白，製作而成的長方磚形或圓片狀甜點，有軟有硬，還有各種不同的口味。西班牙最有名的杏仁糖有兩種，一種是「硬杏仁糖」，叫做Turrón de Alicante或Turrón duro，有點像我們的牛軋糖，可以看到一顆顆完整的杏仁；另一種是「軟杏仁糖」，叫做Turrón de Jijona或Turrón blando，看不到一顆顆的杏仁，因為是用磨碎的杏仁製作而成，有點像花生糖泥的糖磚。此外，不同的杏仁糖還有不同的打開方法。如果你買的是硬杏仁糖，因為太硬，用刀子不好切，建議在還沒打開塑膠包裝之前，直接拿硬杏仁糖敲打桌面，等到硬杏仁糖在未開封的塑膠袋裡碎掉後，再打開塑膠袋。如果先打開塑膠袋再敲碎，硬杏仁糖會滿天飛；如果你買的是軟杏仁糖，可以打開再用刀子切。如果以法定產區來辨識，「Agramunt」是加泰隆尼亞自治區中受到法定產區保護制度的杏仁糖產區。

1 2 3

1. 傳統的便便人偶。
2. 耶誕人偶。
3. 櫥窗裡的Turrón牛軋糖。

　　現在，除了傳統的硬杏仁糖和軟杏仁糖之外，較常見的口味還有焦糖蛋黃、巧克力、椰子等。另外還有傳統和創意的組合，西班牙名主廚亞德里亞（Ferran Adrià）的弟弟亞伯特（Albert Adrià，2016年全球最佳糕點師）替Agramunt法定產區的杏仁糖品牌Vicens開發出很多創意新口味的Turrón，例如鳳梨雞尾酒杏仁糖（Turrón De Piña Colada）、提拉米蘇杏仁糖（Turrón de Tiramisú Adrià Natura）、白松露杏仁糖（Turrón de Trufa blanca de Alba Albert Adrià）等。

　　杏仁糖糕（Mazapán）：杏仁糖糕的主要成分是杏仁和糖，對愛吃甜食的螞蟻來說，杏仁糖糕是甜食聖品，杏仁香味非常棒，但對許多台灣人來說，有點過甜，要搭配咖啡才能算是剛剛好。杏仁糖糕的來源無可考據，相傳是在13世紀的托洛薩的拉納瓦（Navas de Tolosa）戰役之後，托雷多城沒有小麥糧食，聖克雷門得修道院的修女就用廚房僅有的杏仁和糖做出糕點給城裡挨餓的人。在聖誕節的應景甜點中，還有幾個從杏仁糖糕變化來的，例如：

- Pasteles de yema（蛋黃餡杏仁糖糕）：外面一層杏仁糖糕的薄皮，內有蛋黃內餡的甜點。

- Pasteles de Gloria（番薯餡杏仁糖糕）：外面一層杏仁糖糕的薄皮，內有番薯泥內餡的甜點。

- Mazapán relleno（有內餡的杏仁糖糕捲）：杏仁糖糕捲不同內餡的甜點。

- Pan de Cádiz（加的斯麵包）：雖然叫做加的斯麵包，其實是有內餡的大型杏仁糖糕，內餡種類不少，有果醬、番薯泥、糖漬水果等。

杏仁糕（Polvorón）：如果有人覺得杏仁糖和杏仁糖糕太甜，可以試試另一種著名的西班牙聖誕節甜點杏仁糕，它的甜度對我們來說剛剛好。

豬油糕（Mantecado）：豬油糕和杏仁糕的外表看起來很像，也是用麵粉、奶油或豬油、糖和肉桂等（有些還加上磨碎的杏仁）製成的，但是，杏仁糕用的麵粉比例較高，而豬油糕用的奶油或豬油比例較高，成分裡還加上蛋白。

在加泰隆尼亞自治區，耶誕夜沒有12月25日耶誕節重要，耶誕節重要到連12月26日也是假日，叫「聖斯德望節（Sant Esteve）」。以前交通不便時，大家千里迢迢在12月25日回家團圓，以傳統的醃肉製品和「Escudella de galets i carn d'olla」來慶祝耶誕節。

Escudella de galets i carn d'olla是「大燉鍋」，把牛肉、豬肉、雞肉、肉丸子等熬成濃湯，加上馬鈴薯、紅蘿蔔、芹菜、番茄、蒜、白蘿蔔、南瓜等各式蔬菜，最後再加上大貝殼麵，煮成一大鍋，一鍋兩吃，大貝殼麵湯可以當前菜，湯裡撈出來的肉當主菜，十分方便。

吃完耶誕大餐，需要一天的時間趕路回城裡準備上班，所以加泰隆尼亞人發明了「節上加節」的聖斯德望節，讓大家有時間從遠方故鄉回到工作居住地。通常，不趕路回城的人會繼續吃團圓大餐，並利用前一天吃剩的肉做成肉捲（Canelones，即義大利的Cannelloni）。

跨年（Fin de Año）

日　　期：12月31日
地　　點：巴塞隆納市中心
應景食物：12顆葡萄、香檳

在西班牙，除夕大餐後才開始跨年活動。
講究的人先用粗鹽洗澡，洗掉前一年的晦氣，再穿上紅內衣、禮服，拿著12顆

葡萄和酒杯裡有金戒指的西班牙香檳，等著「鐘聲12響，一響吞一顆葡萄」的跨年重頭戲。相傳，誰能順利把12顆葡萄在「最後一聲跨年鐘響」前吞下，就會為下一年帶來無盡的好運。

這個「吞葡萄」的習俗可說是100年前的最佳行銷策略。上個世紀初，因為葡萄大豐收，聰明的加泰隆尼亞商人想出「一人吃12顆葡萄，會為新的一年帶來好運」的促銷點子來解決葡萄過剩的問題，漸漸演變成西班牙人的新年祈福傳統。

在戶外跨年的人通常是到各廣場教堂前「望鐘吞葡萄」。馬德里的太陽門（Puerta del Sol）廣場是最著名的跨年場所，每年除夕廣場上擠滿人手12顆葡萄和香檳的人群。西班牙電視台的鏡頭也對準廣場的鐘樓，現場轉播，所以每年年底市政府一定要好好檢查那座名鐘，否則鐘不響就有人要整年挨罵啦！

在家跨年的人則是拿著準備好的葡萄，看電視的現場轉播，「望電視吞葡萄」，因此12點鐘響前的電視廣告費最貴，鐘響後的電視廣告費次貴，只有最有錢的大企業才付得起。

敲完鐘，吃完葡萄，一起跨年的親朋好友會舉杯喝香檳，互親臉頰，互道恭喜！接著就是新年派對。去派對前還有人會在鞋裡塞些紙鈔，據說會帶來財運。

西班牙人夜生活豐富，年輕人在新年除夕玩通宵，不醉不歸，玩到隔天早上七八點吃完熱巧克力佐油條（Churros con Chocolate）當早點才回家睡覺！

▲ 12月31日，市場裡一定賣葡萄。

1-3
風味佳餚：
巴塞隆納的美食

名廚篇

英國《餐廳雜誌》（*Restaurant Magazine*）每年公布聖貝勒格利諾（San Pellegrino）全球最佳餐廳榜，而西班牙每年都有三、四家入選十大最佳餐廳。

在這些西班牙餐廳中，以elBulli最負盛名，曾勇奪六次冠軍。主廚亞德里亞（Ferran Adrià）被譽為最具創意的廚師，還被聘請到哈佛開課，並獲榮譽博士學位，西班牙料理也因此走紅全球美食界。

自從elBulli於2012和2013年連休兩年、之後將餐廳改為基金會形式，由羅卡（Roca）三兄弟所共同經營的El Celler de Can Roca就成為西班牙美食界的龍頭。大哥喬安（Joan Roca）是主廚，老二喬瑟（Josep Roca）是侍酒師，老三喬迪（Jordi Roca）是甜點師。這家餐廳在全球餐廳排行榜年年攀升，從第26名晉升為第五名，再從第五名升為第四名，2011年晉升為第二名，2012年仍保持第二名，2013年登上冠軍寶座，2015年再度勇奪冠軍。

▲ El Celler de Can Roca 三兄弟。

左上：女主廚魯斯卡萊達（左）。　左下：El Celler de Can Roca餐廳。　右：Sant Pau餐廳。

　　魯斯卡葉達（Carme Ruscalleda）則是世上少見的女主廚，也曾是全世界唯一擁有米其林七顆星的女名廚。根據2018年的米其林指南，她在巴塞隆納北邊濱海小鎮聖波爾德馬爾（Sant Pol de Mar）的Sant Pau餐廳有三星，在巴塞隆納的Moments餐廳有兩星，在東京的Sant Pau餐廳有二星，後來2019年「退休」，把三星的Sant Pau餐廳關了，但是，巴塞隆納的Moments餐廳仍在營業，老饕們千萬別錯過女主廚的廚藝。

　　享譽國際的名廚費朗・亞德里亞，他的elBulli餐廳還是培養明星新主廚的搖籃。前面提到的羅卡三兄弟中的大哥喬安跟老三喬迪都出於elBulli餐廳，國際上的知名餐廳如丹麥Noma餐廳的主廚René Redzepi、義大利Osteria Francescana餐廳的主廚Massimo Bottura、美國Alinea餐廳的主廚Grant Achatz、曼谷Gaggan餐廳的主廚Gaggan Anand等，也都曾在elBulli餐廳工作，甚至連在美國闖出一番成績的西班牙主廚José Andrés（The Bazaar和Jaleo Disney等餐廳的主廚）也出身於elBulli餐廳。

而西班牙的米其林餐廳，諸如Mugaritz餐廳的主廚Andoni Luis Aduriz、Nerua餐廳的主廚Josean Alija、Dos Palillos和Dos Pebrots餐廳的主廚Albert Raurich、Estimar餐廳的主廚Rafa Zafra、Castell Peralada餐廳的主廚Xavier Sagristà，以及其他西班牙名廚Sergi Arola、Pere Planagumà、Eduard Bosch、Marc Cuspinera等，全都是出於elBulli餐廳的「同門師兄弟」。

　　而自從elBulli餐廳2012年停止營業之後，elBulli餐廳最後的班底Mateu Casañas、Oriol Castro及Eduard Xatruch三位主廚先在2012年在達利故居所在的卡達蓋斯開Compartir餐廳，後來又於2014年在巴塞隆納開Disfrutar餐廳。Disfrutar開幕一年後即拿到第一顆米其林星星，2018年升等兩星，不愧是elBulli餐廳訓練出來的。

　　2022年夏初又開了Compartir Barcelona，開幕半年就拿到米其林推薦。

　　2010年，名廚亞德里亞宣布elBulli餐廳將於2012年停止營業，便與弟弟亞伯特在巴塞隆納城內合開餐廳，從2011年的Tickets開始一系列叫做elBarri的餐廳，包括Tickets、Pakta、Bodega 1900、Niño Viejo、Hoja Santa和Enigma。

　　很不幸的，在疫情期間，除了Enigma之外，elBarri系列的餐廳都不得不關門熄燈，而那些關門餐廳的廚師班底都各自到別的餐廳去發展。

　　Hoja Santa的前主廚Paco Méndez出來在原先Hoja Santa的店面開了一家新餐廳，叫做COME by Paco Ménde，創下他在Hoja Santa的紀錄，開幕六個月即勇奪米其林一星。

　　Tickets、Pakta的前廚師Jaume Marambio，以及Hoja Santa和Niño Viejo的前廚師Vicky Maccarone聯手，開了Alapar，現在是米其林推薦餐廳。

　　Tickets關門之後，在原地開了Teatro Kitchen & Bar，裡面有不少以前Tickets班底的廚師，現在是米其林推薦餐廳。

　　我們可以說，繼elBulli餐廳之後，elBarri系列餐廳也成為培養明星新主廚的搖籃，繼續把elBulli的創意精神發揚光大。

　　受疫情影響，巴塞隆納有不少好餐廳關門熄燈，2021年加泰隆尼亞地區少了六顆米其林星星。不過2022年開始，又開了不少家新餐廳，除了上述幾家，出身elBulli的主廚Rafa Zafra原本只有Estimar這家餐廳，現在還有Estimar Madrid和Amar Barcelona，三家都是米其林推薦餐廳。

美食篇

| 當日套餐（Menú del día）|

西班牙人一般吃三道式西餐，包括：一道前菜，主要是素食蔬菜類；一道主菜，主要是魚或肉；之後還有甜點和咖啡。而巴塞隆納很多餐廳在週一到週五非假日的中午有便宜的當日套餐Menú或Menú del día，算是商業套餐。一份大約在10-20歐元，含三道式西餐、麵包及飲料（有些地方還包括咖啡），而且，菜色的選擇還滿多的。餐廳通常提供3-6道前菜、3-6道主菜及3-6道甜點，讓顧客任選一道當前菜、主菜和甜點，算是物美價廉，是節省餐費的好方式。

▲ 餐廳門口擺著當日套餐的菜單。

| 西班牙三明治Bocadillo |

Bocadillo可說是西班牙三明治，又稱Bocata，可以當早餐、點心、午餐、晚餐、宵夜來吃，是最平民化的西班牙飲食。做法是把烤過的法國麵包切一半，塗上番茄汁、橄欖油或是美乃滋，然後在裡面著夾各式食物，冷的Bocadillo夾乾酪、鮪魚罐頭或各式臘肉（Embutido），熱的可以夾各式肉片、香腸、蛋、煎烤過的蔬菜、生菜等。

▲ 巴塞隆納最富盛名的Conesa西班牙三明治餐廳提供的各式三明治。

| 下酒小菜Tapas |

西班牙人的用餐時間較特別，下午兩點吃午餐，晚上九點吃晚餐，所以傍晚六、七點下班後，習慣約朋友到酒吧聊天，吃點Tapas（下酒小菜）。

Tapas是「蓋子」的複數，它的來源有三種說法：

1. 13世紀時，西班牙國王阿方索十世以葡萄酒治病，為避免空腹喝酒，御廚準備小菜搭配。國王病癒後就下令，酒館不能單賣葡萄酒，必須佐小菜「蓋住」酒精的影響。

2. 15世紀時，西班牙天主教雙王的車夫每次從酒館出來就酒後肇事，因此天主教雙王規定，酒精類飲料一定要配小菜，以小菜「蓋住」酒精的影響。

3. 19世紀時，加地斯（Cádiz）的酒館主人端出當地名產雪莉酒給西班牙國王阿方索十三世品嘗時，怕風沙掉進酒杯，便拿一片火腿蓋在杯口，成了酒杯的「蓋子」。國王喝完後，很欣賞這種吃法，又要一杯「有蓋子」的雪莉酒，「蓋子」因此成了「小菜」的通稱。

以前，酒館會附贈小菜給客人配酒，讓客人先墊點食物在胃裡，酒才會喝多點。發展到現在，小菜的種類越來越多，演變成一種主食了。

西班牙各地下酒小菜的烹調方法各有特色。西北部地區著重海鮮，東南地區則是蔬菜，南部以油炸的魚類為主，中部地區則是香腸或肉類製品，而北部巴斯克地區更是特別，以小型串燒方式呈現，底下墊麵包，叫做Pintxos。

Tapas的吃法是一小碟一小碟的「點菜」，而Pintxos的吃法則是「自助式」的，自己取用吧台上的冷Pintxos，服務生會把廚房裡不斷做出來的熱Pintxos拿到你眼前，有興趣的就自己取用。吃完後，串Pintxos的木籤要留著，因為最後是以木籤的數量來結帳。

Tapas和Pintxos都用複數，因為通常都會點好幾碟，拿好幾串，最常見的有：

♦ 冷的下酒小菜
- 醃菜：橄欖（Aceitunas）、小黃瓜（Banderillas）
- 醃肉：火腿（Jamón）、臘腸（Chorizo）
- 醃魚：醋醃鯷魚（Boquerones en vinagre）、醃小鯷魚（Anchoa de La Escala）
- 乳酪（Quesos）
- 麵包：番茄麵包（Pan con Tomate）
- 生菜沙拉：海鮮沙拉（Salpicón de Marisco）、俄羅斯沙拉（Ensaladilla rusa）

◆ 熱的下酒小菜

- 烤肉串或魚串：烤蝦串（Brochetas de langostinos）、各式醃肉串（Pincho Moruno）

- 青紅椒：炸小青椒（Pimientos de Padrón）、紅椒塞魚或肉（Pimiento del piquillo relleno）

- 香菇：香煎蕈菇（Setas a la plancha）

- 蔬菜：香炸朝鮮薊（Alcachofas fritas）

- 炸海鮮：炸魷魚（Calamares fritos）、炸小魚（Pescaditos fritos）

- 不同口味的炸肉球（Croquetas）

- 煎炸臘肉：炸臘腸（Chistorra / Chorizo frito）

- 各式海鮮：香辣蒜蝦（Gambas al ajillo）、加利西亞風味章魚（Pulpo a la gallega）、清蒸淡菜（Mejillones al vapor）、香煎墨魚（Sepia a la plancha）、香煎蛤蜊（berberecho a la plancha）

- 馬鈴薯：馬鈴薯蛋餅（Tortilla de Patatas）、蒜蓉馬鈴薯（Patatas alioli）、辣味炸馬鈴薯（Patatas Bravas）

- 其他：餡餅（Empanadillas）、小三明治／小串燒（Montadito）、炒麵包屑（Migas）

1. 吧台上的各式Pintxos。　2. 海鮮沙拉。　3. 香辣蒜蝦。
4. 辣味炸馬鈴薯。　5. 炸小青椒。　6. 加利西亞風味章魚。

1	2	4
		5
	3	6

▲ 西班牙火腿。

▲ 用伊比利黑蹄豬做的火腿。

▲ 用普通的白蹄豬做的火腿。

▲ 橡果。

| 西班牙火腿Jamón |

在這些下酒小菜中，以西班牙火腿最具代表性。外表是金黃誘人的色澤，內部是緋紅的細膩紋理，食用時用特製長刀切下薄薄一片，入口滋味甘甜誘人，細膩的油脂像雪花般融化在舌頭上，滿口生香，令人難忘。

事實上，西班牙火腿是依據豬的品種、豬腿的種類、飼養的方式和醃製的時間來細分的。

◆ 豬的品種有兩種：

• 黑蹄的伊比利黑蹄豬（Cerdo Ibérico）：膚色比較黑，產量少，比較珍貴，價格也較貴，這種豬做的後腿出來的火腿叫做 Jamón Ibérico（伊比利火腿），因為是黑蹄（pata negra）的伊比利豬做出來的火腿。不過，根據法規，伊比利豬還細分為三種：

　· 100％伊比利豬：豬媽媽豬爸爸都是100％黑毛伊比利豬，只有這種100％伊比利豬才可稱為pata negra。

　· 50％伊比利豬：豬媽媽是100％黑毛伊比利豬，豬爸爸是100％紅毛杜洛克豬（duroc，美國品種，毛色帶紅，顏色比普通白豬深）。

　· 75％伊比利豬：豬媽媽是100％伊比利豬，豬爸爸是 50％伊比利豬。

• 非黑蹄的伊比利黑蹄豬：不是黑蹄的豬，皮膚顏色跟伊比利豬比起來比較

▲Dehesa牧地的日出。　　　　　　　　　▲放養在Dehesa的伊比利黑蹄豬。

白，產量多，價格也較便宜，根據法規，只要不是伊比利豬的後腿出來的火腿就叫做 Jamón serrano（塞拉諾火腿），非黑蹄的伊比利黑蹄豬還可以細分為不少品種，例如杜洛克豬、Landrace、Large White、Pietrain、Blanco Belga、Hampshire、Chato Murciano 等。西班牙著名的 Jamón de Trevélez 和 Jamón de Teruel 就屬於 Jamón serrano（塞拉諾火腿），不是用伊比利豬製造的。

◆飼養的方式有三種：

• Bellota：每年秋天下了第一場雨，綠草開始長出來（西班牙的夏天很乾，草都黃掉了），伊比利黑蹄豬群就被帶到長滿橡樹和軟木的Dehesa牧地去放養。豬群的密度經嚴格控管，讓牠們可以自由地奔跑、生長、覓食，吃野草、香草、橡果（Bellota）及橄欖，因此牠們的肌肉在天然環境下能自然發育。橡果讓伊比利黑蹄豬的肉質有股特殊風味，產生出滲透到豬肉全身組織的脂肪，形成大理石般的細膩紋理。這種飼養方式的肉質風味特別，口感細膩，香氣濃郁，而這種火腿帶有高含量單元不飽和脂肪酸，醫學證明能降低血液中的低密度脂蛋白膽固醇，並提高體內有益的高密度脂蛋白膽固醇，是相當健康的食品。

• Cebo de Campo：算是自由放養的豬隻，不但以牧場（Dehesa）的橡果（Bellota）、野草、香草以及其他天然食物為食，還被餵以飼料和穀物，生活空間有受法律保障，一頭110公斤的豬隻享有最少100平方公尺的空間。

• Cebo：只吃飼料和穀物，被圈養在農場的豬隻，豬群從沒生活在天然的環境裡，也沒吃過橡果，甚至連生活空間也較夾窄，一頭110公斤的豬隻只享有最少2平方公尺的空間。所以，味道較差，價錢最便宜。

所以，從這裡我們就可依據豬的品種、豬腿的種類跟飼養方式來分辨火腿：

Jamón de bellota 100% ibérico 是完全以橡果（Bellota）、野草、香草以及其他天然食物為食的100％伊比利豬的後腿。

Paleta de cebo de campo ibérica 是以牧場的橡果、野草、香草、飼料和穀物為食的非100％伊比利豬（可能是50%或75%伊比利豬）的前腿，因為，如果是100％伊比利豬一定會標示。

這些豬養肥後，在秋天宰殺。先把豬腿以粗海鹽醃製，利用鹽來脫水，等到鹽分均勻分散在整條豬腿，再用熱水刷洗，刷掉表面剩餘的鹽分。接著把醃過的豬腿放置40到60天，讓豬腿表面的鹽分滲透到裡面，豬腿裡的水分也因此滲透到表面，慢慢蒸發。然後，讓火腿自然風乾六到九個月，直到隔年秋天。最後，依據豬腿的重量，放進地窖「陳釀（醃）」（Envejecimiento en bodega）18到32個月；如果放太久，肉質會太乾。

根據最新法規，伊比利火腿的標籤有四種：

- 黑色標籤：bellota 100% ibérico，是完全以橡果、野草、香草以及其他天然食物為食的100％伊比利豬。
- 紅色標籤：bellota ibérico，是完全以橡果、野草、香草以及其他天然食物為食的75％或是50％伊比利豬。
- 綠色標籤：cebo de campo ibérico，是以牧場的橡果、野草、香草、飼料和穀物為食的伊比利豬（可能是50%或75%或是100％伊比利豬）。
- 白色標籤：cebo ibérico，只吃飼料和穀物、被圈養在農場的伊比利豬（可能是50%或75%或是100％伊比利豬）。

◀掛在地窖天花板上自然風乾的火腿。

西班牙的原產地名稱保護制度（Denominación de origen）是法定的地理標示，保證只有真正出產於某個區域的食物才可以冠上此區域之名行銷出售，以維護產地的信譽，排除誤導消費者、走味及低劣的非真正產區食品。

◆ 伊比利火腿的產地命名有：

• Guijuelo伊比利火腿（Jamón Ibérico D.O. Jamón de Guijuelo）：西班牙中部薩拉曼卡省（Salamanca）的Guijuelo鎮生產的伊比利火腿。這裡有個知名品牌Joselito，號稱是全世界最好的火腿，受到西班牙名廚如亞德里亞、阿札克（Juan Maria Arzak）、魯斯卡葉達、貝拉塞特吉（Martín Berasategui）等人的推薦。

• Huelva伊比利火腿（Jamón Ibérico D.O. Jamón de Huelva）：產於西班牙西南部的伊比利火腿。

• Los Pedroches伊比利火腿（Jamón Ibérico D.O. Los pedroches）：產於西班牙南部科爾多巴省（Córdoba）北部的伊比利火腿。

• Extremadura伊比利火腿（Jamón Ibérico D.O. Dehesa de Extremadura）：產於西班牙西部的伊比利火腿。

上：Joselito的火腿。下：手工切出一片片火腿薄片。

西班牙人吃伊比利火腿很講究，要用特製火腿架立起火腿，而且放置火腿架的桌子高度要適中，再用特製長刀，以手工切出一片片細薄片。切成薄片之後要現吃，才能體驗火腿風味絕佳的精華。

可以說，要了解西班牙的飲食文化和歷史，可以從西班牙火腿開始！

加泰隆尼亞地區的西班牙美食

　　在巴塞隆納可以吃到庶民的西班牙美食,也可以嘗到在西班牙其他地方吃不到的特色佳餚。

| 加泰隆尼亞人發明的吃法 |

◆ 番茄麵包(Pa amb tomàquet / Pan con Tomate)

　　講到火腿,就不能不提到番茄麵包,因為火腿佐番茄麵包是天下絕配。

　　番茄麵包發源於加泰隆尼亞地區,現在已成為西班牙著名的開胃麵包了。在加泰隆尼亞的傳統餐廳,這還是一道DIY的菜,餐廳把一盤烤好的麵包片、幾顆番茄、幾粒蒜頭、一瓶橄欖油送上桌,食客就自己動手,把蒜頭切一半,把蒜頭切口在烤好的麵包片上抹一下,然後把番茄切一半,直接把番茄汁塗在麵包片上,最後淋上橄欖油,就成為加泰隆尼亞人說的「Pan tumaca」了!拿火腿鋪在番茄麵包上,可以當早餐、午茶點心或晚餐,是西班牙人的最愛。

▲ 番茄麵包。

| 加泰隆尼亞人也吃麵和米飯 |

◆ 海鮮飯(Paella de marisco)

　　大家都知道西班牙海鮮飯,不過,Paella這個西文是指「燉飯」。燉飯有很多種,海鮮飯是Paella de marisco,雞肉飯是Paella de pollo,蔬菜飯是Paella de verduras,甚至還有海鮮、肉類、魚類燉在一起的海

▲ Marina Bay by Moncho's餐廳的海鮮飯。

產山產飯Paella Mar y montaña，或稱Paella Mixta。道地的西班牙海鮮飯對我們東方口味來說，較鹹也較硬，如果不習慣，可以在點菜時強調「少鹽、煮爛」。另外，一般餐廳的海鮮飯的份量很大，通常六個人點三人份就吃不完了。

◆ 燉稀飯（Arroz Caldoso）

　　西班牙的海鮮飯舉世聞名，但是有人覺得米粒太硬，如果要軟一點的飯，建議嘗一下燉稀飯，有海鮮、肉類、海鮮加肉等不同口味。海鮮燉稀飯的味道跟海鮮飯差不多，有湯汁，飯較軟，可能更適合東方人！

▲ 四隻貓餐廳的燉稀飯。

◆ 帕雷雅達燉飯（Paella Parellada）

　　普通的燉飯都是把鮮蝦、蚌殼、雞肉等直接放進鍋裡燉煮，吃的時候要剝殼去骨。因此在上個世紀，有位老饕帕雷雅達先生要求廚師把食材先去殼除骨，這樣燉飯吃起來比較方便，從此，這種燉飯就稱為帕雷雅達燉飯（Paella Parellada）。

◆ 墨魚飯（Arroz Negro）

　　加入墨魚的天然墨汁和海鮮高湯燉煮的米飯，雖然因為墨魚的墨汁跟海鮮高湯都帶鹹味而味道略鹹，但是，加上蒜蓉醬剛好是絕配，顏色黑黑的，吃完要刷牙，但是風味濃厚特別，不可錯過。

▲ 墨魚飯。

◆ 海鮮麵（Fideuá）

　　西班牙的海鮮麵有點類似台灣的炒米粉，麵條短短細細的，不習慣西式飲食的人吃到海鮮麵都很高興，佐蒜蓉醬更是絕配！

▲ Marina Moncho's餐廳的海鮮麵。

▲ 墨魚麵。

◆ 墨魚麵（Fideuá Negra）

　　加入墨魚的天然墨汁和海鮮高湯燉煮的細短麵條，雖然味道略鹹，但是搭配蒜蓉醬風味獨特。

◆ 燉麵（Fideos a la cazuela）

　　加泰隆尼亞地區的另一種麵食燉麵，通常用豬肉、香腸燉煮較粗的短麵條，略帶湯汁，是西方料理罕見的「有湯汁的麵」。

◆ 湯麵（Fideos caldosos）

　　有海鮮飯和燉稀飯，就有海鮮麵及湯麵，基本上就是燉稀飯的「麵食版」，有海鮮、肉類、海鮮加肉等不同口味，不過最常見的是海鮮湯麵，味道跟海鮮麵差不多，也是短短細細的麵條，但是有湯汁。

▲ 湯麵。

| 加泰隆尼亞春季的季節美食：烤大蔥（Calçots） |

　　每年2、3月，加泰隆尼亞人有一樣必吃的時菜：烤大蔥，搭配香腸（Butifarra）、羊肉、牛肉、豬肉等。

　　Calçot這種大蔥比我們平常吃的粗一點，蔥頭和一整支蔥差不多大小，長度大約有20公分，味道略帶甜味，不辛辣。大蔥的做法既不是炒，也不是煮，而是用炭火烤的！

▲ 放在火爐烤的大蔥。　　　　　　　　▲ 烤大蔥的吃法。

　　大蔥的吃法非常特別，要先圍上專用紙圍巾，接著用手抓住大蔥上方的綠葉，把底部焦黑的外皮往下拉除，剩下中間熱騰騰的白色蔥芯，然後把蔥芯沾上Romesco醬，再把大蔥高高舉起，抬起頭對著它底部咬下去就對了！

　　春天到加泰隆尼亞，別忘了試試烤大蔥的風味喔！

｜加泰隆尼亞秋季的季節美食：菇菌大餐｜

　　秋天是產菇季節，也是加泰隆尼亞人的採菇季節，懂得分辨毒菇和可食菇類的人就到森林採摘天然生長的菇類，不懂得分辨的人就到菜市場買現成的。菇類的食譜不少，可以當配料，可以當主食，可以燉、烤、煎、炸等，最特殊的是炒過之後加蛋黃，吃起來口感滑嫩，滿口是菇類特有的香氣。

▲ 菇菌大餐。

｜加泰隆尼亞的兩大沾醬｜

　　加泰隆尼亞料理中，最有名的兩種沾醬就是Romesco醬和All i Oli蒜蓉醬。

◆ Romesco醬

　　源自加泰隆尼亞地區的沾醬，堪稱「萬用醬」，是吃烤大蔥時必備的沾

醬，也可以配烤蔬菜、配魚、海鮮和肉類。做法是用磨碎的烤番茄、烤大蒜、烤麵包、烤乾紅椒，加入磨碎的杏仁、榛果，再加上橄欖油、醋、鹽和胡椒調製而成。

▲ 萬用的Romesco醬，沾什麼都好吃。

◆ All i Oli蒜蓉醬

源於傳統地中海料理，搭配海鮮麵、炸馬鈴薯塊等，味道絕美。All是「大蒜」，i是「和」，Oli是「橄欖油」。傳統的做法顧名思義，就是把大蒜和適量的鹽在研缽內磨碎，然後慢慢加入少許橄欖油，磨到成為膏狀為止。

▲ 蒜蓉醬。

| 加泰隆尼亞美食：海鮮篇 |

◆ 鱈魚沙拉（Esqueixada）

大西洋鱈魚就是大齋期的應景食物。烹煮前先用水浸泡，除去鹽分，所以不會太鹹，口感很Q很特別。鱈魚沙拉就是用鹹大西洋鱈魚（Bacalao）、青椒、紅椒、洋蔥、橄欖、番茄調以橄欖油、醋、鹽而成的沙拉。

▲ 鱈魚沙拉。

◆ 燉魚（Suquet）

這是古早漁夫利用剩下的漁獲燉的「大鍋魚」，現在成為一道用魚、蝦、蛤、洋蔥、大蒜、番茄、馬鈴薯、月桂葉、番紅花、海鮮高湯燉出來的加泰隆尼亞傳統菜。

▲ 四隻貓餐廳的燉魚。

| 加泰隆尼亞美食：肉類篇 |

◆ 滷牛肉（Fricandó）

加泰隆尼亞人也滷牛肉，但不是用醬油、五香，而是加洋蔥、大蒜、番茄、胡蘿蔔、蘑菇、月桂葉、葡萄酒等去滷。雖然滷出來的肉已爛透，不太美觀，但光是香味就足以讓人食指大動。

◆ 香煎香腸佐白扁豆（Butifarra con alubias blancas）

Butifarra是加泰隆尼亞的傳統香腸，分成煮熟的和新鮮的，煮熟的可以直接切片來吃，新鮮的可以拿來煎烤。煎烤過後佐以白扁豆，就是加泰隆尼亞的一道名菜。

▲ 四隻貓餐廳的滷牛肉。　　　　　　　　▲ 四隻貓餐廳的香煎香腸佐白扁豆。

| 加泰隆尼亞美食：蔬菜篇 |

◆ 加泰隆尼亞風味菠菜（Espinacas a la catalana）

加泰隆尼亞風味菠菜做法簡單，在水煮菠菜內加入葡萄乾和松子，炒成一道鹹中帶甜的蔬菜，很適合東方人口味。

◆ 加泰隆尼亞風味烤蔬菜（Escalivada）

一種蔬菜冷盤，把炭烤過、涼掉的紅椒、青椒和茄子撥皮去籽，切成長條，再淋上橄欖油，加入切好的蒜頭、鹽巴即可。

左：四隻貓餐廳的加泰隆尼亞風味菠菜。　右：四隻貓餐廳的加泰隆尼亞風味烤蔬菜佐醃鯷魚。

｜加泰隆尼亞美食：甜點篇｜

◆ **加泰隆尼亞焦糖布丁（Crema Catalana）**

一種以奶黃為底、表面覆一層焦糖的傳統加泰隆尼亞甜點。

◆ **奶酪佐蜂蜜（Mel i mató）**

Mató是一種用山羊或綿羊或牛奶製成的軟質、易碎的新鮮奶酪，脂肪含量較低，搭配新鮮蜂蜜成為一道加泰隆尼亞特色甜點。

▲ 加泰隆尼亞焦糖布丁。

｜加泰隆尼亞美食：巧克力篇｜

巧克力是西班牙人在1520年左右從他們的美洲殖民地帶來歐洲的。在美洲，巧克力是一種加上胡椒、辣椒等的飲料；到了西班牙成為加上糖的飲料，所以，對西班牙人來說，巧克力是「液體」的，是拿來喝的。但是，西班牙人喝巧克力就像其他歐洲人喝咖啡一樣，糖要自己加上去（店家沒有加糖）。所以，真正的熱巧克力的可可濃度相當高，氣味香濃，質地濃稠，略帶可可的苦味，是只有富豪貴族才買得起的奢侈品。後來，

▲ 西班牙的「拿來喝的巧克力」，質地濃稠。

▲ Jolonch是世上最古老的巧克力品牌。　　　▲ 喝的熱巧克力。

巧克力開始慢慢流行起來，直到20世紀初，巧克力之於西班牙人，就像茶之於英國人一樣。而自從巧克力普及以後，加泰隆尼亞地區的巴塞隆納、阿格拉蒙特（Agramunt）跟塔雷加（Tárrega）這三個地方就成為西班牙的「巧克力工廠」，阿格拉蒙特的Jolonch則是世界上最古老的巧克力品牌，創立於1770年。

| 加泰隆尼亞美食：美酒篇 |

◆ Cava（氣泡酒）

香檳酒以產地命名，只有法國香檳地區出產的氣泡酒才能叫香檳酒。所以，在西班牙用傳統的香檳做法釀出來的氣泡酒稱為Cava，Cava在加泰隆尼亞語意指「酒窖地洞」，是傳統上讓氣泡酒在恆溫處第二次發酵的地方。

根據傳統的香檳做法，葡萄採收後，榨出葡萄汁，接著以製造葡萄酒的做法實施第一次發酵，發酵後依每個Cava的配方，把不同比例的葡萄酒混合，加入精選酵母和少量糖，裝瓶後進行瓶內第二次發酵。

在第二次發酵過程中，裝瓶的葡萄酒被平放，讓酵母自然發酵，產生的碳酸氣溶解到酒中，變成有氣泡的葡萄酒。第二次發酵期間瓶內的壓力很大，有時會炸破瓶子。

第二次發酵後，裝氣泡酒的瓶子就傾斜倒放在木架上，定期轉動，讓發酵後的殘渣逐漸集中到瓶口，然後把瓶口浸入零下20-25℃的液體裡，發酵殘渣就在瓶口結為一小塊冰。開瓶後，瓶內的壓力噴出含有殘滓的冰塊，最後依每個Cava的甜度再加入葡萄酒和糖，灌滿後封瓶就成為Cava。而依照糖分比例，可以區分為絕乾-不甜（Brut Nature）、乾-不甜（Brut）、微甜（Seco）、甜（Semiseco）、絕甜（Dulce）。

西班牙的原產地名稱保護制度（Denominación de origen）是法定的地理標示，以保護特定地區因其獨特的氣候、土質、水質等環境條件生產的食品食物。Cava受到法定產區制度的保護，所以不是任何氣泡酒都可以稱為Cava，一定要擁有以下三個條件才可以：

1. 釀造方式一定要用傳統香檳法。
2. 只產於西班牙的159個城鎮，其中63個在巴塞隆納省，52個在塔拉戈納省，12個在葉以達省，5個在吉容納省，27個在加泰隆尼亞以外的西班牙地區。

左：裝瓶的葡萄酒被平放，以進行第二次發酵，因為瓶內的壓力很大，有時會炸破瓶子。
右：裝氣泡酒的瓶子就傾斜倒放在木架中，定期轉動，讓發酵後的殘渣逐漸集中到瓶口。

3. 有限制葡萄品種，白Cava只能用Macabeo（Viura）、Xarel.lo、Parellada、Malvasía（Subirat Parent）和Chardonnay這五種葡萄品種來釀造；紅Cava只能用Garnacha tinta、Monastrell、Pinot Noir和Trepat（只能拿來釀造粉紅Cava）這四種葡萄品種來釀造。

只要有一項不合乎法規就不能稱為Cava，只能叫做Vino Espumoso（西班牙文的Sparkling Wine的統稱）。如果在葡萄酒裡面以人工方式加入「不是來自葡萄酒」的二氧化碳，則是Vino Gasificado。

所以，雖然中文都稱為「氣泡酒」，Cava、Vino Espumoso以及Vino Gasificado卻有很大差異，品質不同，味道迥異，價錢更是大大有別。

◆ 葡萄酒

加泰隆尼亞的葡萄酒占西班牙總產量13%，而受到西班牙原產地名稱制度認證的加泰隆尼亞產酒區有11個，分別是Alella、Catalunya、Conca de Barberá、Costers del Segre、Empordà-Costa Brava、Montsant、Penedès、Plà de Bages、Priorat、Tarragona、Terra Alta。其中，Penedès是Cava酒莊聚集的地區，而Priorat則因為來自拉里奧哈釀酒世家的名釀酒家帕拉修斯（Álvaro Palacios），成為西班牙最好的葡萄酒產區之一，帕拉修斯在Priorat釀出來的L'Ermita是現今西班牙最貴的葡萄酒之一。

| 加泰隆尼亞美食：橄欖篇 |

◆ 橄欖

西班牙的橄欖種類很多，依照製造方式可以分成：綠色（Verdes）、變色（Color cambiante）、黑色（Negras）三種，依照橄欖品種則可以分成 A 組（Grupo A，包括 Manzanilla de Sevilla、Gordal Sevillana、Azofairon、Morona）以及 B 組（Grupo B，包括Hojiblanca、Cacereña、Verdial、Cañivana、Picolimón、Gordalilla、Aloreña、Rapazalla、Picuda、Cordoí、Cuquillo等）。而市面上賣的橄欖還可以分成：完整的（Enteras）、

去核的（Deshuesadas）、塞東西的（Rellenas）、切環狀（Lonjas）、切瓣的（Salads）、加上其他醃漬東西（Alcaparrado）、不工整排列裝瓶的（Tiradas）、工整排列裝瓶的（Colocadas）。

♦ 橄欖油

西班牙是世界上種植橄欖樹面積最大的國家，也是世界第一大橄欖油生產國。在西班牙超過260種製作橄欖油的橄欖品種中，加泰隆尼亞地區種植的是Arbequina、Empeltre、Farga、Palomar等，其中又以Arbequina最具代表性，而在歐盟法規的橄欖油品質分類上，最好的是特級初榨橄欖油（Aceite de oliva virgen extra），具有濃厚的橄欖果實香氣、味道和營養，酸度在0.8°以下。

| 加泰隆尼亞美食：飲料篇 |

基本上，西班牙人夏天喝冷的，冬天喝熱的，最常見的飲料有：

♦ Vermú，又稱Vermut

Vermú的英文是Vermouth，中文翻譯成苦艾酒或香艾酒，是一種加入中亞苦蒿、香草植物等調配浸釀而成的加強葡萄酒，帶有淡淡優雅的香草香料的甘香。紅Vermú帶甜味，白Vermú較乾，在西班牙拿來當開胃的餐前酒。喝Vermú（Tomar un Vermú）是西班牙的傳統飲食社交習慣，和朋友喝Vermú當開胃酒，再配一點洋芋片、橄欖、海鮮罐頭等小菜，邊吃喝邊聊天。這個習俗在最近這幾年又流行起來，在許多城市都有專門讓人Tomar un Vermú的酒館，而這些酒館的桌上還會放一個蘇打瓶（sifón），讓客人依照自己要的濃度，在Vermú裡加一點蘇打水。

▲ 在Vermú酒裡加一點蘇打水。

◆ 啤酒

啤酒是常見的夏季飲料，西班牙有桶裝生啤酒、瓶裝罐裝啤酒、加檸檬或檸檬汽水的Clara等。最常見的加泰隆尼亞啤酒品牌是Estrella Damm及Moritz，而其中Estrella Damm的Inedit這一款更是出身非凡，是由西班牙名廚亞德里亞和他elBulli餐廳的侍酒師團隊調配出來的，香氣濃郁，泡沫細緻，質地綿密，風味絕佳，在西班牙的許多米其林餐廳都有供應。

而加泰隆尼亞人夏天常喝的啤酒則是Clara，是啤酒加檸檬或啤酒加檸檬汽水，檸檬去掉啤酒的苦味，更可以消暑解渴。

左：水果酒Sangria。
右：Horchata飲料。

◆ 水果酒（Sangría）

水果酒Sangría是用紅葡萄酒加檸檬汁、柳橙汁、糖、切丁水果、汽水、香料（丁香、肉桂、八角茴香等）以及冰塊的西班牙夏季飲品。而在盛產汽泡酒（Cava）的加泰隆尼亞地區，用Cava調成的Sangría de cava（汽泡水果酒）是最具當地風味的飲料，在西班牙其他地區較罕見。

◆ Horchata（油莎漿）

Horchata是用油莎草的塊莖磨製而成的飲料，類似豆漿和杏仁露。雖然它不產於加泰隆尼亞地區，但是因其產地瓦倫西亞也屬於阿拉貢王國，所以Horchata也成為加泰隆尼亞地區常見的夏日非酒精飲料。

◆ 熱巧克力

在西班牙傳統裡，巧克力不是
固體，而是液體，是拿來喝的，
熱巧克力很香、很濃稠，湯匙放
進不會沉下去。因為可可比例很
高，不會太甜，要加糖的人自己
再加，是寒冷冬天最受歡迎的熱
飲。如果喜歡鮮奶油，還可以在
熱巧克力上面加上香濃奶油，就
成為西班牙人口中的suizo。

▲ 熱巧克力佐細油條。

◆ 咖啡

咖啡沒有分季節，是西班牙人天天喝的民生必需品，常見的有：

- Café Solo（黑咖啡）：沒有指定是用哪種咖啡機沖泡的，在西班牙，幾乎所
  有酒吧、咖啡廳都是用高壓咖啡機沖泡的。
- Espresso（濃縮咖啡）：用高壓咖啡機沖泡出來的黑咖啡。
- Café Largo（長黑咖啡）：拉長時間後的濃縮咖啡，濃度低，萃取率較
  Espresso高。
- Café Corto（短黑咖啡）：縮短時間後的濃縮咖啡，容量比Espresso少，味道
  更香濃，咖啡因比Espresso少。
- Café Solo Doble（雙份咖啡）：基本上就是兩杯黑咖啡（標準黑咖啡濃
  度）。
- Café con Hielo（冰咖啡）：「咖啡加冰塊」的意思，咖啡廳給一杯黑咖啡，
  外加一個裝有冰塊的杯子，要喝咖啡的人自己把糖加入咖啡，再把咖啡倒入
  裝有冰塊的杯子裡，不加牛奶，基本上是DIY的「冰濃縮咖啡」。
- Cortado（濃縮拿鐵咖啡）：黑咖啡加一點牛奶（比黑咖啡淡、比拿鐵濃），
  比例大約是75%的咖啡和25%的牛奶。
- Café con Leche（咖啡加牛奶）：拿鐵咖啡，一半咖啡，一半牛奶，所以咖啡
  的味道比台灣的拿鐵較為濃厚。

▲ Café con hielo 步驟1-黑咖啡和裝有冰塊的杯子。步驟2-把黑咖啡倒進杯子裡。步驟3-黑咖啡加冰塊。

- Café Bombón（糖咖啡，亦稱Café Goloso甜咖啡或Café Biberón奶瓶咖啡）：黑咖啡加煉乳，煉乳在最底層，上面加黑咖啡，有些地方還在黑咖啡上面再加上牛奶或奶泡或鮮奶油。

- Carajillo（茴香酒咖啡）：咖啡加上白蘭地、或威士忌、或茴香酒、或渣餾白蘭地或蘭姆酒等。有些地方還先把酒精類飲料先加上咖啡豆和檸檬片，把酒點燃後，再加入咖啡。

- Café Trifásico（三層咖啡，亦稱Café Tricolor三色咖啡）：巴塞隆納的特色咖啡，是咖啡加白蘭地和牛奶。

▲ 茴香酒咖啡Carajillo和三色咖啡的改良版本，下面那一層是白蘭地，中間那一層是咖啡，最上面那一層是奶油，因為不同的密度而分成三層，奶油上面灑的是肉桂粉。

Part 2 | 漫步路線

巴塞隆納是個多元多彩多變的城市，
所以每個到過巴塞隆納的人對她的形容都不同。
曾在老城區漫步的人說巴塞隆納很有歷史古味，
在擴建區探索的人對巴塞隆納的建築設計驚嘆不已，
在Camp Nou看過足球賽的人感受過巴塞隆納的活力熱情。
要體驗這個城市的深度、廣度、彩度、亮度和溫度，
可以跟著官方導遊從這裡開始。

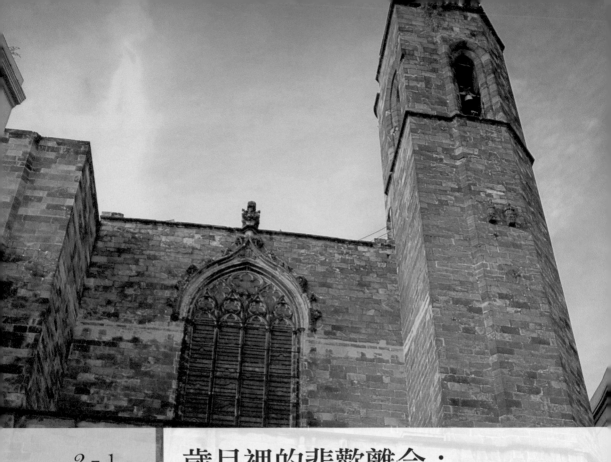

2 - 1 　歲月裡的悲歡離合：
　　　　哥德區之一

哥德區（El Gòtic）是巴塞隆納最有對比的一個區。這裡有兩千年前古羅馬帝國留下的遺跡，有中世紀的史蹟，也有20世紀的建築，所以古羅馬城牆、古羅馬水道橋、古羅馬神殿遺跡、主教座堂、市政府、自治區政府、畢卡索為巴塞隆納建築公會大樓立面設計的圖案等，均匯集於此。她的每個方磚、瓦片、石頭都跟路人訴說著兩千多年來充滿悲歡離合的故事，而且在此還有許多百年老店、甜點、冰淇淋店和一堆稀奇古怪的商品。

哥德區也是巴塞隆納最熱鬧的一區。狹小的巷弄穿梭著來自各國的遊客，也隱身著來此打工的專業扒手。大小廣場上有來自各地的樂手，彈奏著不同風格的音樂。彎曲的巷道藏有一個又一個的驚喜，只要靜心聆聽，哥德區的一磚一瓦仍傾訴著兩千年來的歷史故事，展現當地的民情風俗，娓娓道出傳說故事和軼聞。

但是，很多人不知道，「哥德區」這個名字是後人另外取的名字，以前則稱為「主教座堂區」。

20世紀初，巴塞隆納市政府為了開造一條連通擴建區和港口的拉耶塔納大道（Via Layetana），引起不少爭議，因為這個浩大的工程要拆掉兩千棟民宅，其中有不少具有歷史藝術價值的中世紀哥德式豪宅。從那時起，古蹟保存的概念開始成型，克拉里安納貝德雅宮（Palacio Clariana Padellàs）得以保存，一磚一瓦都搬到拉耶塔納大道旁的空地重建。也因此，巴塞隆納主教座堂區的哥德式建築開始獲得重視，甚至連當時的建築師都特意維持此區建築的一致性。20世紀初建造於此的建築也設計成尖拱、具有迴廊的哥德式或新哥德式風格。

到了20世紀中，主教座堂區就因具有特色的哥德式建築而改稱為「哥德區」。巴塞隆納有不少百年老店，大部分聚集在老城區（哥德區、聖佩雷區、聖卡德琳娜區、海岸區以及蘭布拉大道、拉巴爾區）。很可惜的是，這些百年老店正在慢慢減少中。1985年以前，西班牙的租賃契約沒有年限限制，只要按時繳房租，房客或是商店可以一直無限期續約，租金只按照物價指數上漲，所以巴塞隆納市中心的精華地段有不少百年老店目前只付幾百歐元的店租，而其他店面租金則是五千歐元以上。不過從2015年開始，這個舊的租賃契約就已作廢，不少百年老店的租金一下子調漲十幾倍，因此巴塞隆納一些百年老店漸漸消失在全球化的洪流中。不過，到目前為止，仍有不少老店百年如一日，繼續營業，有餐廳、甜點店、咖啡廳、蠟燭店、藥局、珠寶店、食材店等。

◀ 聖胡斯多和聖帕斯多教堂。

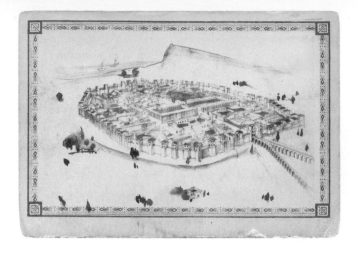

◀ 巴基諾古城。插圖繪製
提供：Mb。

　　雖然這區的專業扒手不少，但是只要小心，包包背在身前，重要的東西不隨便放，這一區絕對是值得體驗的地方。穿一雙舒適的鞋，帶一瓶水、一台相機，依照官方導遊的路線圖，就可以漫步其間。

羅馬公主在巴塞隆納

　　話說西元374年，匈人（Hun）[1] 從中亞入侵歐洲大陸，迫使東歐和中歐的「野蠻民族」往西遷，西哥德人因此在羅馬皇帝的允許下定居於羅馬境內。

　　395年，狄奧多西大帝（Theodosius）去世，羅馬帝國分裂為二，東羅馬帝國由長子阿卡狄奧斯（Arcadius）統治，西羅馬帝國由幼子洪諾留（Honorius）統治，而西哥德人亞拉里克（Alarico）趁機自封為西哥德王。

　　狄奧多西大帝去世時有個年幼的女兒，名叫加拉‧普拉西狄亞（Gala Placidia），她在父親去世後就搬去跟表姐瑟雷娜（Serena）和表姐夫住。表姐夫斯提利科（Stilicho）是當時很得皇室寵信的將軍，羅馬皇帝因此訂下加拉和將軍之子的婚事。

　　不過，羅馬公主加拉傳奇的一生卻不是皇室安排的這麼平凡。

　　408年，東羅馬帝國的皇帝去世。西羅馬帝國的洪諾留大帝聽信謠言，以為掌有軍權的斯提利科意圖叛變，便下令處死斯提利科父子，並追殺他們麾下三萬名士兵及家屬。因此西哥德王趁混亂之際，率軍攻打羅馬城，在410年攻陷了從未被攻下的羅馬城，洗劫一空後挾走加拉公主當人質，逃避羅馬帝國軍隊的追擊。

1：歐洲人把來自歐亞大陸的各種遊牧民族稱為匈人，但是至今無法證實匈人是否為匈奴人。

　　在這顛簸的逃亡路上，尊貴的羅馬公主加拉愛上了亞拉里克王的表親，即後來繼承王位的阿陶爾夫（Ataulfo）。

　　最後，阿陶爾夫王和加拉公主隨著西哥德軍隊逃到現今法國南部的納博訥（Narbonne），在那裡結婚。婚後為了躲避羅馬軍隊，於414年翻越庇里牛斯山，定居在當年稱為「巴基諾」（Barcino）的巴塞隆納城，並在此產下一子。

　　很可惜的，這個將來可能繼承羅馬帝位和西哥德王位的嬰兒很早就夭折，留下悲傷萬分的加拉公主、心疼公主而特別寵愛她的阿陶爾夫國王，以及一群不滿的西哥德貴族。

　　在西哥德人「野蠻」的眼中，阿陶爾夫王重感情，體貼人，是怯弱的象徵。有些貴族覺得阿陶爾夫王受到加拉公主的誘惑，變得軟弱無主見，失去國王應有的冷酷氣概。沒多久，阿陶爾夫王就遇刺。

　　國王遭刺殺，新寡王后是外國女子，在西哥德王國宮廷混亂時，貴族西結里克（Sigeric）趁機自封為王。

　　為了確保王位，西結里克殺死阿陶爾夫王和前妻生的六個兒子，更把羅馬公主降為奴隸，還對她施刑。在他加冕那一天，強迫公主赤腳和一群奴隸跟隨他的馬走20公里的路。

　　加拉公主的遭遇，連西哥德人都看不下去。西結里克只當了七天的國王，就被西哥德士兵起義殺了，最後由阿陶爾夫王的弟弟瓦利亞（Wallia）繼承王位。他為了解決糧食問題，於416年以加拉公主換取520萬公升的小麥，把她送回羅馬。

　　加拉公主回到羅馬，在哥哥的安排下，被迫與君士坦提烏斯將軍結婚。幾年後，君士坦提烏斯成為西羅馬帝國皇帝。他們六歲的兒子在父親去逝後繼承王位，成為瓦倫丁尼安三世，由母親加拉皇后攝政，直到成年。

　　450年，加拉公主去世，埋葬在巴塞隆納城外一千多公里的拉溫納（Ravenna）。也許她在結束傳奇一生時，仍想著和阿陶爾夫國王在巴塞隆納城甜蜜艱苦的日子吧！

　　如今在巴塞隆納，加拉‧普拉西狄亞廣場（Plaça de Gala Placidia）和阿陶爾夫街（Carrer d'Ataülf），就是在紀念他倆。不過，加拉‧普拉西狄亞廣場位處地價昂貴的高級區，而阿陶爾夫街卻地處三教九流混雜的哥德區，彷彿在暗示高貴的羅馬公主下嫁出身野蠻民族的阿陶爾夫國王一事。

哥德區 | El Gòtic

跟著官方導遊漫步哥德區：從地鐵站 Jaume I 開始。

❶ 天使廣場（Plaça de l'Àngel）

這個廣場以前稱為小麥廣場（Plaza del Blat），曾是小麥市集，後來因為天使顯靈的傳說而改名。在古早時期，在古早時期，西方聖人的聖骨就如同我們東方的舍利子一樣珍貴，甚至還有黑市交易。

據說，巴塞隆納的主保聖人聖艾伍拉莉亞的聖骨發現於「沙上聖母馬利亞教堂」（今海上聖母馬利亞教堂），信徒便在1339年恭迎聖骨至巴塞隆納的主教座堂。然而當走到這個廣場，聖骨突然變得沉重無比，迎送隊伍停了下來，驚訝地發現，聖女的聖骨少了一根腳指頭。

▲ 天使廣場旁的天使雕像。

此時，一位天使從天而降，一言不發地指著迎送隊伍中的一人，這人不得已，只好在眾目睽睽下把藏在口袋裡的聖骨還回去。聖女的聖骨又恢復原有的重量，眾人因此能順利恭迎聖骨到主教座堂。

從此這個廣場就稱為天使廣場，廣場旁的建築上有個天使雕像，伸手指向廣場中間。西班牙律師兼作家法康尼斯（Ildefonso Falcones）寫的歷史小說《海上教堂》是以14世紀的巴塞隆納和海上聖母馬利亞教堂的建造為背景，書中主人翁亞諾的父親柏納在此遭處死。

Ⓐ 蜂巢糕餅店
（Pastelería La Colmena）

Web https://www.pastisserialacolmena.com/
Add Plaça de l'Angel, 12

這家創立於1864年的糕餅店雖是人人知曉的百年老店，但是可能很少人知道，全西班牙第一顆糖果就是蜂巢糕餅店製作的。直到現在，許多巴塞隆納老人家談到小時候吃過的糖果，還回味無窮。現在店裡有各種口味的糖果，在復活節期間還有各種造型的巧克力。

❽ Cerería Subirà 蠟燭店

Web http://cereriasubira.cat/
Add Baixada de la Llibreteria, 7

城裡歷史最悠久的蠟燭店，從1761年營業至今。裡面不但保存著古董家具、櫃檯、收銀機等，還有各種造型的蠟燭，如童話和卡通人物、動物、盆栽、早餐等，讓人嘆為觀止，是伴手禮的好選擇。

▲ 百年蠟燭店裡的甜點造型蠟燭。

❷ 國王廣場（Plaça del Rei）和城市歷史博物館（Museu d'Historia de la Ciutat）

Web 城市歷史博物館
http://www.museuhistoria.bcn.es/

這個廣場剛好是中世紀大皇宮（Palau Real Mayor）和皇家禮拜堂（Capilla Real）的入口，所以稱為「國王廣場」。

廣場上有西班牙名雕刻家戚藝達（Eduardo Chillida）的作品：Topos V。這件雕刻有兩個封閉的面，突出的半圓拱跟廣場邊建築上半圓拱的窗對應。

20世紀初開闢拉耶塔納大道（Via Laietana）時，克拉里安納貝德雅宮（Palau de Clariana-Padellàs）被一磚一瓦地遷往國王廣場旁的空地重建，而羅馬舊城巴基諾的遺址就在這一過程中被發現。1943年，市政府便在此成立占地4000平方公尺的城市歷史博物館，展示巴基諾古城遺跡、13世紀宮殿建築遺物、主教座堂和洗禮堂，以及古城牆等巴塞隆納兩千年的歷史遺跡。

正對國王廣場的大皇宮，是巴塞隆納伯爵從13到15世紀初的居所。內部有個由六個半圓拱覆蓋的提內廳（Salón del Tinell），是歐洲最美的哥德式非宗教建築之一。當午西班牙的天主教雙王就是在此接見第一次從美洲探險歸來的哥倫布。

16世紀起，這個宮殿成為執行異端審判的皇家法院。當時在廣場上

▲ 城市歷史博物館內部的壁畫，照片提供：城市歷史博物館，攝影師：Pere Vivas。

左：戚藝達的作品 Topos V和國王廣場。　　右：大皇宮窗戶上倒映的藍天白雲。

有個大天平，天平的一端放著受審者，另一端放著一本《聖經》，如果《聖經》比受審者還重，代表他是無辜的；如果受審者比《聖經》還重，代表他是異端人士。結果當然是所有受審的人都死路一條啦！

　　大皇宮的一邊是建於14世紀的聖女佳德禮拜堂（Capilla real de Santa Àgata），另一邊是建於16世紀的佑提內特宮殿（Palau del Lloctinent），原本是當時國王派駐巴塞隆納的代理官員的居所，現在則是阿拉貢-加泰隆尼亞檔案館。內部有個很美的中庭，還有一道當代雕刻師蘇比拉克斯（Josep Maria Subirachs）所作的「聖喬治門」。

❸ 出口（SALIDA）

　　在Baixada Santa Clara這條街的牆上高處可以看到古代的交通號誌，SALIDA是出口的意思，主要是用來當作單行道的馬車進出的方向。我們可以在哥德區的牆角上發現不少類似的交通號誌。

▲ 古代的交通號誌。

奧古斯都神殿。

❹ 奧古斯都神殿（Temple d'August）

Web http://www.barcelona.cat/museuhistoria/en/heritages/els-espais-del-muhba/muhba-temple-daugust
Add C/Paradís, 10

在羅馬時期，巴基諾城的塔貝爾山丘（Monte Táber）上，有個建於西元前一世紀、祭祀奧古斯都皇帝的神殿，長35公尺，寬17公尺，剛好位於論壇中心最顯眼的地方。現在在一棟哥德式建築的中庭仍保留著奧古斯都神殿的四根科林斯柱，由一個額枋和柱頂盤連接，讓人遙想羅馬當年。

▲ 塔貝爾山丘高16.9公尺。

❺ 聖交馬廣場（Plaça de Sant Jaume）、加泰隆尼亞自治區政府宮（Palau de la Generalitat）、巴塞隆納市政廳

早在羅馬時期，聖交馬廣場就是兩條主要街道交會的地方，是舉行市政議會的論壇（forum）的場所，羅馬神殿就在旁邊。兩千年後的今天，加泰隆尼亞自治區政府和巴塞隆納市政廳分別座落於廣場兩邊。也可以說，這裡一直是此城的政治、經濟、宗教、文化中心。

加泰隆尼亞自治區政府宮是自治區政府的所在地，建於15世紀初至17世紀中，有著新古典主義的立面、哥德式迴廊、火焰裝飾哥德式禮拜堂，以及文藝復興式和巴洛克式的建築元素。其中又以橘樹庭園（Pati dels Tarongers）最有特色，具文藝復興的古典和綠色植物的清新，是加泰隆尼亞自治區政府舉行官方儀式的地方之一。

聖交馬廣場上的耶誕裝飾和夜景。 加泰隆尼亞自治區政府宮。

廣場的另一頭就是巴塞隆納市政廳。

巴塞隆納最早的「市議會」叫做百人議會（Consell de Cent），創立於1249年，由當地的望族、商人、藝術家和工匠為市民代表，參與政事。1369年後，這個百人議會就搬到現今巴塞隆納市政廳的所在，剛好在聖交馬教堂旁邊，一旦巴塞隆納城遇到危難，聖交馬教堂的鐘聲就會響起。

雖然巴塞隆納市政廳的立面是新古典主義，裡面卻藏著哥德式的建築瑰寶，例如建於14世紀的百人議會廳（Saló de Cent）、大堂及樓梯，而市政廳一樓的角落還是旅遊諮詢中心。

● Conesa 西班牙三明治店

Web http://www.conesaentrepans.com/
Add C/Llibreteria, 1

西班牙飲食中最普及的是西班牙三明治Bocadillo，別稱Bocata。而巴塞隆納最有名、排隊最長的三明治店就是Conesa，60多年來如一日，供應各式口味的西班牙三明治！

● Gelaaati! Di Marco 冰淇淋店

Web http://www.gelaaati.com
Add C/Llibreteria, 7

哥德區最棒的手工冰淇淋店，有巧克力、香草、草莓、西瓜、香蕉、甜瓜、無花果、酪梨、覆盆子、鳳梨、開心果、古巴雞尾酒（Mojito）等口味，甚至還有米或黃豆做的冰淇淋，以及辣味冰淇淋。

● Mesón del café 咖啡酒館

Add C/Llibreteria, 16

Mesón del café咖啡酒館是城裡少數碩果僅存的百年咖啡館。從1909年開店至今，雖然只是小小一個店面，卻仍保存著一百年前的風貌，甚至連1929年的古董咖啡機都還在，堪稱是「百年老店博物館」。

▲ Mesón del café咖啡酒館。

❻ Papirvm文具店

Web https://papirvm.com/　　Add Bajada Llibreteria, 2

專賣復古文具，包括手工裝訂的復古牛皮
筆記本、沾水鋼筆、墨水、復古星盤、復古
指南針、復古六分儀、封蠟章（lacre）、封
蠟（sello de lacre）等，別具懷古風情。還有
兩個英文字母的封蠟章，若要寄送喜帖或聖
誕卡，剛好代表兩人共同的心意！

▲ Papirvm文具店的復古牛皮筆記本。

❻ 聖胡斯多和聖帕斯多教堂（Basílica dels Sants Màrtirs Just i Pastor）

Web http://basilicasantjust.cat/　　Add C/Rera Sant Just, s/n

有些教堂因為本身的重要性或歷史背景而被教皇授予特殊地位，稱為「宗座聖
殿」（Basilica）。聖胡斯多和聖帕斯多教堂就是其中之一。

相傳，它是城裡最古老的教堂，外面廣場上的噴泉（Fuente gótica de la Plaça
Sant Just）則是城裡最古老的公共噴泉。而最特別的是：這裡供奉的聖母竟跟蒙
瑟拉特修道院供奉的黑臉聖母（La Moreneta）一模一樣。

左：曾經執行「決鬥裁判」、「猶太人宣誓」和「遺囑聖儀」的小禮拜堂。
右：聖胡斯多和聖帕斯多宗座聖殿裡的黑臉聖母。

據說，這黑臉聖母本來供奉在這座教堂裡，但在八世紀回教人攻打巴塞隆納城時，為了避免異教徒的破壞，巴塞隆納主教和一個軍官就冒險把聖母像帶出城，藏在蒙瑟拉特山。但是他們在回程時雙雙遇害，因此沒人知道聖母像的下落，直到880年，才在蒙瑟拉特山的山洞發現了這尊聖母像。

　　以前這個教堂的墓園旁有個聖斐理聖十字禮拜堂（Capilla de Sant Feliu y Santa Creu），在九世紀時，查理曼大帝的兒子「虔誠者路易」授與這個禮拜堂三個殊榮：「決鬥裁判」、「猶太人宣誓」和「遺囑聖儀」，後來禮拜堂拆除，這三個殊榮就轉至這座教堂。

　　根據「決鬥裁判」，如果兩個騎士起爭執，又沒有充足證據讓法官判決，他們就要在聖壇前宣誓之後決鬥，讓神把勝利賜與有理的那一方。

　　根據「猶太人宣誓」，如果天主教人和猶太人打官司，猶太人必須在聖壇前宣誓，他的證詞才能被採用。

　　根據「遺囑聖儀」，如果某個巴塞隆納市民死於城外，臨死前託人傳達遺囑，受託人只要在六個月內當著公證人和執政官的面在聖壇前宣誓，此遺囑即屬有效。

　　很有趣的是，前兩個殊榮在很久以前就已廢除，「遺囑聖儀」則一直沿用到1991年12月30日。

▲ 廣場上的噴泉經過塗鴉之後，更顯得有趣。

一進到教堂，左邊地上有個很特別的墓碑，碑上有方矩和圓規組成的共濟會的象徵符號，讓這個教堂又添加不少神祕色彩。而屬於共濟會的建築奇才高第，也因此跟這個教堂有關。

▲ 有共濟會象徵符號的墓碑。

相傳，高第是虔誠的天主教徒，也是共濟會的成員，常常到這個教堂禱告，而且堅持只說加泰隆尼亞語，有時得透過翻譯才能和建築工人溝通。1924年9月11日，高第在教堂門口因拒絕以卡斯提亞語（西班牙語）回答警察的問話，而被抓進警察局關了一夜。

這個充滿傳奇的教堂也是電影「香水」的拍片場景，片中的格哈斯主教在教堂裡發現赤裸女孩屍身，主教也在此宣告謀殺事件。

❼ 宮殿教堂（Capella del Palau）

Add C/Ataülf, 4

▲ 門楣上寫著：「上帝之家，天堂之門」。

1134年，聖殿騎士團開始在巴塞隆納城建造聖殿騎士團宮殿（Palau del Temple）和宮殿教堂，教堂門楣上寫著「上帝之家，天堂之門」（Domus Dei et Porta Coeli）。

相傳，聖殿騎士團在1312年被教宗克勉五世解散之後，騎士團所有教堂的鐘樓頓時龜裂，只有巴塞隆納的宮殿教堂例外。後來，聖殿騎士團宮殿遂成為王室的「小皇宮」（Palau Real Menor），之後又遭拆除改建。現在唯一留下來的就只剩下這個經過歷代改建維修、有點面目全非的宮殿教堂了，門楣上還依舊寫著「上帝之家，天堂之門」！

亞維尼歐街街景照。

❽ 大麻博物館 (Hash Marihuana & Hemp Museum Barcelona)

Web https://hashmuseum.com/es/   **Add** C/Ample, 35

　　Hash Marihuana & Hemp大麻博物館有兩個館，一個在阿姆斯特丹，是世界上第一座大麻博物館；另一個在巴塞隆納，由加泰隆尼亞現代主義風格的豪宅改建，開幕於2012年，收藏著與大麻文化歷史相關的稀有物品。在西班牙，買賣大麻算違法，但是可以栽種大麻自用，擁有的大麻如果不超過100克，並不算違法，唯一的限制就是不能在公共場所栽種和抽大麻。所以，在西班牙有大麻種子店，專賣大麻種子，而大麻博物館有其教育功能。

❾ 亞維尼歐街 (Carrer d'Avinyó)

▲ 亞維尼歐街。

　　畢卡索年輕時常光顧亞維尼歐街44號的妓院，1907年以妓院姑娘為靈感，畫下〈亞維尼歐的少女〉（Les demoiselles d'Avinyó）。1916年，這幅畫首次在昂當沙龍（Salon d'Antin）展出，引起藝壇驚訝！

　　然而，除了巴塞隆納人之外，沒人知道「亞維尼歐」到底指的是什麼，後來，就有人把巴塞隆納的亞維尼歐街和法國的亞維農（Avignon）搞混了。最後，畢卡索乾脆將錯就錯，直接把這幅畫改名為〈亞維農的少女〉（Les demoiselles d'Avignon），畢竟，亞維農的名氣比亞維尼歐街的名氣還大！

ⓖ Los Caracoles 蝸牛餐廳

Web http://www.loscaracoles.es/   **Add** C/Escudellers, 14

　　這家百年老店於1835年開業，原本是以蝸牛為招牌下酒菜的小酒館，1915年擴建後就直接改名「蝸牛」。漸漸地，藝術界、演藝界人士在此聚會喝酒，連富貴人家也在看完舞台劇和歌劇之後到這裡用餐。

蝸牛的店舖在1930年再次擴大，廚房改設在店門口，造成門口巷道交通阻塞，大家爭相來看廚師做菜。最後，為了避免被市政府強制關門，廚房改到店裡，留下的空間改成烤雞的烤爐，此後蝸牛的烤雞也成為招牌菜之一；而內戰後，那個烤爐還是遊民冬天取暖的地方。

1937年，餐廳在西班牙內戰轟炸期間照常營業，因「燈光太亮」而被市政府開罰單。

現在我們進蝸牛餐廳會先經過吧臺，看到酒館的原貌，再經過廚房，看到已有80年歷史、一星期要燒掉兩三百公斤木炭的爐灶，以及曾在此用餐的名人照。

這裡以加泰隆尼亞的傳統菜為主，招牌菜是蝸牛和烤雞，雖然有點油膩，卻是傳統菜的特色。

⑪ 燒烤房（Grill Room Bar Thonet）

Web http://grillroom-barthonet.com/
Add C/Escudellers, 8

這家餐廳雖然叫燒烤房，現在已不局限於燒烤料理。它曾是巴塞隆納最早的Vermú酒館，1902年以Bar Torino的名字開業，內外以加泰隆尼亞現代主義藝術裝飾。現在，它還保留著彩色玻璃鑲嵌的正門，以及以蜿蜒線條和自然圖案裝飾的櫃子，食客可以一邊享用誘人的各式美食，一邊欣賞加泰隆尼亞黃金時期的典型室內設計。

⑩ 皇家廣場（Plaça Reial）

1835年因為教堂修道院財產充公，嘉布遣會的修道院遭充公拆除，成為一個大空地。幾年後，市政府利用這塊空地建造華麗的皇家廣場，四周環繞望族的豪宅。當年為了表彰君主政權，還打算在廣場正中央擺上當時國王的雕像，後來卻擺放優美三女神（las Tres Gracias）噴泉；而噴泉兩邊的兩盞街燈，是巴塞隆納市政府於1878年委託剛出道的高第設計的「高第街燈」。

▲ 廣場上的高第街燈。

黃昏的皇家廣場。

　　皇家廣場是城裡唯一「圍起來」的廣場，波西米亞的氣氛、優雅的門廊、路燈和噴泉、遍布廣場的餐廳、咖啡廳、酒吧等，使得皇家廣場成為最重要、最有活力的地方，更是夜生活的中心。

❶ 冰川餐廳（Glaciar）

Web https://www.restaurantglaciar.com/　　Add Pl. Reial, 3, 08002 Barcelona

　　巴塞隆納關於「冰川」最早的記載是1886年的《先鋒報》（La Vanguardia），報導了冰川餐廳咖啡廳（Grand Café Restaurant Glacier）整修的新聞。1922年位於蘭布拉大道的冰川酒吧（Bar Glacier）則是現在冰川餐廳的雛形。自從1929年搬到皇家廣場的現址後，就以出色的美食聞名。1950年代，它曾是大家從利塞奧大歌劇院（Gran teatro del Liccu）聽完歌劇後的聚會場所，後來還成為作家聚會的地方。1967年，馬奎斯首次在此被文學經紀人Carmen Balcells介紹給巴塞隆納的文學界。

❶ Can Culleretes 餐廳

Web http://www.culleretes.com　　**Add** Carrer d'en Quintana, 5

　　這家創於1786年的百年餐廳提供傳統的加泰隆尼亞家常菜，迄今從未停止營業，所以被金氏世界紀錄列為巴塞隆納歷史最悠久的餐廳，以及西班牙第二古老餐廳（僅次於馬德里的Botín餐廳），兩百年前的地磚至今還保存在餐廳裡，牆上掛滿舊照片、古畫以及曾在那裡用餐的名人照，頗富懷古風情。

❷ Kokua鞋店

Web http://kokuabarcelona.es　　**Add** C/Boqueria, 30

　　進入Kokua會讓你了解什麼是「數大便是美」，這裡只販售一個款式：芭蕾舞鞋，但是皮質和顏色千變萬化。這家手工芭蕾舞鞋舒適柔軟，輕巧耐穿，是100%巴塞隆納製作，只能在巴塞隆納的幾家Kokua鞋店買得到喔！

▲ 各式各樣的手工芭蕾舞鞋。

❸ Barcelona Duck Store 巴塞隆納小鴨店

Web https://www.barcelonaduckstore.com　　**Add** C/Banys Nous, 1

　　小鴨不只是黃色的，也不是只有一個造型，巴塞隆納小鴨店有佛朗明哥舞小鴨、鬥牛士小鴨、高第小鴨、畢卡索小鴨、達利小鴨、蝙蝠俠小鴨、超人小鴨、蜘蛛人小鴨、黑武士小鴨、白雪公主小鴨、藍色小精靈小鴨、莎士比亞小鴨、拿破崙小鴨、愛因斯坦小鴨等。

▲ 巴塞隆納小鴨店。

Ⓜ Papabubble 手工糖

Web http://www.papabubble.com　　**Add** C/Banys Nous, 3

▲繽紛甜蜜的手工糖。

2004年創立的Papabubble是真正「Made in Barcelona」的西班牙手工糖。巴塞隆納本店秉持手工拉糖和製糖，把繽紛色彩和甜蜜滋味發揚到世界各地，連台灣也有代理了。在本店可看到手工糖果的製作過程，也可試吃各種造型和口味的糖果，店面雖小，空氣中的甜蜜卻讓人流連忘返。

Ⓝ S'Oliver 家飾店

Web http://www.worldsoliver.es/　　**Add** C/Banys Nous, 10

賣衣物、家飾、家居用品，還有田園式、當代、復古家具，最讓人驚嘆的是，這家店竟是12世紀猶太澡堂（mikves）的一部分，是當年的男用澡堂。

Ⓞ Manual Alpargatera 草編鞋店

Web http://lamanual.com/　　**Add** C/Avinyó, 7

Alpargatas（又稱espardenyes）就是這幾年風行全球的夏季時尚：草編鞋。

最早的草編鞋沒有鞋面，只是一種以草繩做成鞋底鞋跟的鞋子，是法國和西班牙鄉間農民和城市工人穿的「草鞋」，也曾用來取代笨重的牛皮軍靴，還是西班牙傳統服飾和阿拉貢地區的傳統舞蹈jota以及加泰隆尼亞地區的傳統舞蹈sardana用的舞鞋。20世紀時，草編鞋因為西班牙藝術家達利、畢卡索等人的使用，開始有了「國際知名度」，後來經過法國服裝設計師聖羅蘭在1968年改良，草編鞋成為高跟鞋，走上時尚潮流，成為受到大眾歡迎與喜愛的夏季便鞋。

Manual Alpargatera是創立於1940年代的草編鞋工坊，展售男士、女士和兒童各式各樣經典款和現代改良款的草編鞋。

▲ Manual Alpargatera草編鞋店。

⓫ 信貸巷四號（Passatge del Crèdit，4）

▼牆上寫著「米羅於1893年出生於此」。

　　這條小小的巷弄是19世紀時由一家信貸公司開發，所以取名「信貸巷」。1893年4月20日，西班牙當代藝術家米羅出生於信貸巷四號，因而成為值得紀念的地方。

ⓟ 雨傘咖啡廳（El Paraigua）

Web http://www.elparaigua.com/　　　**Add** C/Pas de l'Ensenyança, 2

　　1902年創立的傘帽店在1967年遭拆除，店內的加泰隆尼亞現代主義裝潢賣給一家咖啡廳，咖啡廳就乾脆以「雨傘」命名。後來，咖啡廳把原本是修道院酒窖的地下室改為雞尾酒酒吧，利用巴洛克式祭壇當吧台，一樓成為咖啡廳，適於喝咖啡、嘗小吃、聊天，地下室則是雞尾酒酒吧，適於品嘗雞尾酒和聆聽迴盪在中世紀的圓拱、牆壁和地板之間的現場音樂表演。

⓬ 科梅耶司印刷廠（Sebastián de Comelles）

Add C/Call, 14-16

　　塞萬提斯出版《唐吉訶德》之後，有人以「阿維亞內達」（Avellaneda）之名出版《唐吉訶德第二集》（*Segundo tomo del Ingenioso Hidalgo don Quijote de la Mancha*），此書被後世稱為《唐吉訶德偽書》（*Quijote apócrifo*）或是《阿維亞內達的唐吉訶德》（*El Quijote de Avellaneda*）。

　　為此，塞萬提斯另出一本《唐吉訶德第二集》（*Segunda parte: El ingenioso caballero don Quijote de la Mancha*），以示真偽。書中，主人翁拜訪巴塞隆納一家正在印製唐吉訶德偽書的科梅耶司印刷廠。現在這家印刷廠已關門，但在原址的二樓立面上，仍可看到一塊牌子上寫著：「從1591到1670年，科梅耶司印刷廠開於此地」。

左：寫著「從1591到1670年，科梅耶司印刷廠開於此地」的牌子。
右：希伯來文的牌子。

❸ 猶太區（Call）

中世紀時，巴塞隆納有猶太區，天主教徒和猶太人和平共處，猶太婦女以煎煮草藥出名，常常幫天主教徒接生；城裡的澡堂也有分時段，讓天主教徒和猶太人能在不同時段沐浴。但是，從1391年天主教徒闖進猶太區殺害兩百多名猶太人後，關係漸壞。在法康尼斯（Ildefonso Falcones）的《海上教堂》裡，講到很多關於猶太區以及天主教人與猶太人衝突的事件，都有史實依據。1492年，西班牙驅除猶太人，城裡的猶太區就此沒落。

現在城裡還有一些中世紀猶太區遺址，例如猶太教堂和猶太澡堂，在Marlet街14號牆上還可看到一塊希伯來文的牌子。

2-2　　　**光影下的傳奇故事：
哥德區之二**

小門（Petritxol）的由來

711年，摩爾人由直布羅陀登陸，西哥德人節節北退，最後，巴塞隆納也淪為回教人的領土。

在摩爾人占領時期，回教總督只允許天主教徒在松之聖母馬利亞教堂做清晨彌撒，並規定天主教徒進城後要繞道而行，彌撒更要在摩爾人的回教晨禱之前結束，因此大部分沒逃走的天主教徒都無法準時參與彌撒。

有一天，松之聖母馬利亞教堂的神父用繩子垂降鉤子到井底打撈掉下去的水桶，竟鉤上來一箱金幣，再打撈一次，再鉤上來一箱，原來，這是天主教徒在摩爾人入城前藏起來的黃金。

有了這些黃金，神父跟回教總督說，希望能買下從鐵城門（Portaferrissa）到教堂的路，讓天主教徒不需要繞遠路來做彌撒。

總督漫天開價說，如果你要買這一條從鐵城門到松之聖母馬利亞教堂的路，你就要把整個路面鋪滿金幣。

神父有了總督的承諾，便在信徒的幫忙下，從教堂前的巷道開始，用金幣鋪滿地面。最後，到了離鐵城門幾公尺前，金幣用完了。

總督看到那麼多金幣，馬上忘掉刁難天主教徒這回事，說：「差幾公尺金幣沒關係，那些鋪在地上的金幣已夠了。我另外再開一個小門專門給天主教徒走，就算是履行我們的協議了。」

於是，總督在鐵城門旁開了小門（portitxol），小門街（Petritxol）的名字就由此而來。

◀ 松之聖母馬利亞教堂。

哥德區 | El Gòtic

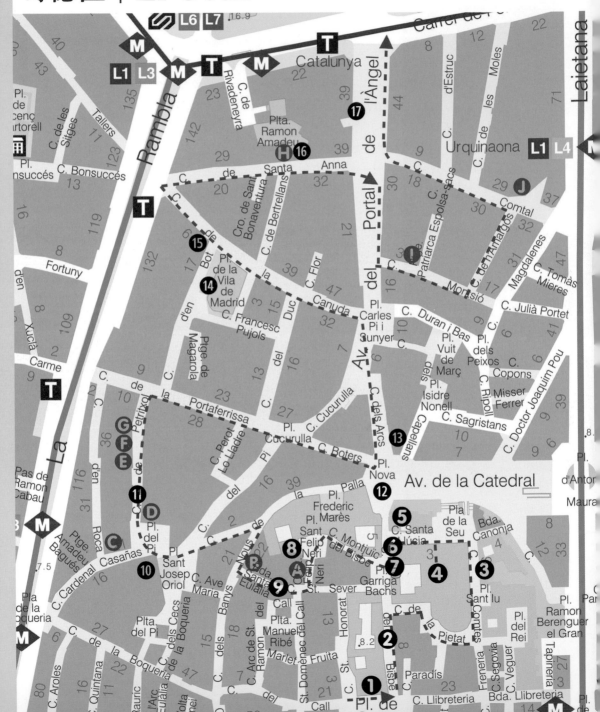

跟著官方導遊漫步哥德區：從聖交馬廣場（Plaça de Sant Jaume）開始。

❶ 聖喬治雕像（Sant Jordi）

聖喬治是加泰隆尼亞自治區的主保聖人，加泰隆尼亞自治區政府宮的兩個立面都用他的雕像來裝飾，在聖交馬廣場有一尊，在主教街（Carrer del Bisbe）也有一尊；後者是15世紀雕刻師喬安（Pere Johan）的作品，公主在下面當雨漏。據說當年議員們非常滿意這位20歲雕刻師的手藝，加倍贈與酬勞。

左：聖交馬廣場上的聖喬治像。　　右：主教街的聖喬治像。

❷ 主教橋（Puente del Obispo，亦稱哥德式天橋 Puente Gótico）

在主教街上可以看到新哥德式「假古董」天橋，這是1928年由高第的助手盧畢歐（Joan Rubió i Bellver）建造，用來連接加泰隆尼亞自治區政府和政府首長官邸。據說經過天橋下面時，絕對不可以抬頭看橋底正中央的骷髏頭，看到會招致厄運；另一種說法是，如果能倒退走過天橋下方，就會添好運。大家不妨試試看吧！

主教橋。

❸ 異端審判的盾牌
（Escudo de la Inquisición）

Add C/Comtes, 6

巴塞隆納從15世紀開始異端審判，現在弗雷德里克馬雷博物館（Museu Frederic Marès）的牆上還可看到異端審判的盾牌，最上端是十字架，十字架右下方有把劍，代表法治；左下方是橄欖樹枝，代表憐憫；最下方是綿羊狀垂飾，代表當時大力打擊異端的金羊毛騎士團。

▲ 異端審判的盾牌。

❹ 主教座堂
（Catedral de Barcelona）

Web http://www.catedralbcn.org
Add Plaça de la Seu, 3

Catedral是「大教堂」，又稱「主教座堂」，通常是由國王和貴族出錢建造的宏偉教堂。

巴塞隆納主教座堂的全名是「聖十字和聖艾伍拉莉亞主教座堂」（Catedral de la Santa Cruz y Santa Eulalia），以聖十字和聖艾伍拉莉亞為名，主教座堂聖壇的地下室供奉著聖艾伍拉莉亞的聖骨。教堂的尖塔上則是君士坦丁一世的母親，發現真十字架的聖海倫娜。

16世紀，金羊毛騎士團的領主權被併入西班牙哈布斯堡王朝。1519年，金羊毛騎士團領主、西班牙國王卡洛斯一世（同時身兼神聖羅馬帝國皇帝，在德國稱為查理五世）於巴塞隆納主教座堂召開金羊毛騎士團會議，受召而來的均是各地重要貴族，甚至包括法國、英國、丹麥、匈牙利、葡萄牙等國君主，可說是16世紀初的高峰會議！

現在這個主教座堂的聖歌隊席（la sillería del coro）就是當年騎士團成員的坐席，每個椅背上都有不同的紋章，代表與會者所屬的皇家貴族家徽。

▲ 聖歌隊席上的紋章。

▲ 巴塞隆納主教座堂。

主教座堂的迴廊建於14、15世紀，迴廊中間的花園則在19世紀整修完成，園內有13隻白鵝，代表13歲純潔殉教的牧鵝姑娘聖艾伍拉莉亞。

中世紀時，巴塞隆納的同業工會勢力強大，工會的顯要人物捐了不少錢建造主教座堂，所以葬在教堂裡。現在迴廊的地上可以看到許多中世紀同業工會的墓碑，上面有木匠、鞋匠、裁縫匠等的盾牌、徽章或旗幟。據說，葬於此的工匠希望他們的墳墓能被萬人踐踏，以淨化他們，代表他們贖罪和謙遜之心。

▲ 迴廊內的白鵝。

▲ 鞋匠的墓碑。

❺ 會吏長之家
（Casa de l'Ardiaca）

Web http://w110.bcn.cat/portal/site/ArxiuHistoric
Add C/Santa Llúcia, 1

　　會吏長之家是12世紀時利用古羅馬城牆建造的建築，裡面有個中庭，每年基督聖體節時，中庭的噴泉有「雞蛋跳舞」這項慶祝活動。

　　在1895年成為巴塞隆納律師公會所在，門口有當年名建築師多梅內克（Lluís Domènech i Montaner）設計的長方形信箱，上有律師公會的標誌，還有七葉常春藤、五隻燕子和一隻烏龜；燕子代表法律高飛，常春藤葉子代表行政官僚程序的障礙，烏龜表示「最後，整個法律程序是以龜速進行」。

　　這樣幽默的建築師真是世上少見！

　　現在這棟建築是巴塞隆納市檔案館，進入檔案館還可以看到古羅馬城牆。

▲ 幽默的建築師設計的信箱。

❻ 巴塞隆納中世紀的度量單位
（Cana de Barcelona）

Add C/Bisbe（主教街）

　　在主教座堂靠近主教街的牆角上，有一條長長的刻痕，是巴塞隆納中世紀時的度量單位，叫做cana，相當於現在的155.5公分。

　　中世紀時，巴塞隆納的百人議會為了要讓市集的交易童叟無欺，在主教座堂旁的牆角刻上cana，讓買賣雙方可以隨時檢查，以避免欺騙行為。

▲ 作為度量用的cana。

❼ 石匠或監工的「簽名」（Marcas de Canteros）

Add C/Bisbe（主教街）

　　主教座堂靠近主教街外牆的石頭上有幾個刻痕，這些刻痕是石匠或監工刻畫的「簽名」，可以辨識誰是鑿石的石匠，還可以讓他們順利以此為證，領到工資。

▲ 石匠或監工的「簽名」。

❽ 聖斐理伯‧內利廣場（Plaça de Sant Felip Neri）

　　「香水」這部電影在巴塞隆納以及幾個鄰近城鎮拍攝。在巴塞隆納最著名的場景就是聖斐理伯‧內利廣場，這裡是主人翁為了防止女孩驚叫，摀住她的口鼻，卻失手讓她窒息而死的場景。

教堂的外牆還有炸彈在七十幾年前留下的痕跡。

事實上，這個廣場很適合拍片，尤其是拍西班牙內戰的電影。

西班牙內戰期間，一顆炸彈於1938年1月30日空投在這個廣場，造成超過 80人死亡的慘劇，而且大多是避難修道院的小孩。至今在廣場旁的聖斐理伯‧內利教堂的外牆還可以看到炸彈在70幾年前留下的痕跡。

此外，廣場上還可看到兩棟市政府保存古蹟的心意。

20世紀時，為了開建拉耶塔納大道，避免拆除有歷史藝術價值的建築，巴塞隆納市政府把鍋爐匠公會和鞋匠公會的建築立面遷移到這個廣場。現在鞋匠公會有鞋子博物館，裡面有曾用來製作巴塞隆納哥倫布銅像的鞋子的模具。

聖斐理伯‧內利教堂還有一個不為人知的故事：高第在1926年6月7日從聖家堂的工地走到這個教堂禱告，卻在半途遭電車撞昏，無法如願抵達目的地，三天後傷重去世。這個教堂因此成為高第的遺憾。

▼ 聖斐理伯‧內利廣場如詩如夢的光影。

Ⓐ Jabones Sabater Hnos 香皂店

Web http://www.shnos.com.ar/　**Add** Plaça de Sant Felip Neri, 1

　　城裡最特別的香皂店，可以買到花瓣、高爾夫球、高第設計的地磚、人偶、火車等各種造型，以及綠茶、巧克力、肉桂、薑、橘子、蜂蜜、咖啡、杏仁、葡萄柚、紫羅蘭、檀香、玫瑰等香味的香皂。

❾ 聖艾伍拉莉亞斜坡
（Baixada de Santa Eulàlia）

　　相傳這條斜坡就是當年巴塞隆納主保聖人聖艾伍拉莉亞受刑的地方。據說，她先被赤裸裝進塞滿碎玻璃的圓桶，圓桶再被人從這個坡道上推下去，因此在這條街的牆上有個小小的神壇，供奉著這位殉教聖女。

Ⓑ 巴塞隆納的藏寶箱
（L'Arca Barcelona）

Web http://larcabarcelona.com/
Add C/Banys Nous, 20

　　顧名思義，這家店專賣古董衣物布料，從上個世紀的禮服、頭紗，到50年前的睡衣、桌巾都有。當年好來塢拍攝「鐵達尼號」時，電影裡富豪身上的配件有不少就是從「祖母的藏寶箱」挖寶的！

▲ 供奉聖艾伍拉莉亞的神壇。

❿ 松之聖母馬利亞教堂（Basílica de Santa Maria del Pi）

Web http://basilicadelpi.com/　**Add** Plaça del Pi, 7

　　這個具「宗座聖殿」地位的教堂建於14世紀，是加泰隆尼亞哥德式宗教建築的代表，有明顯的水平格局和完美的分區架構。教堂只有一個中殿，上方布有交叉拱頂，後龕殿呈多角型，另外還有幾個介於扶壁之間的小禮拜堂，立面正中央有個由12個瓣脈組成的巨大玫瑰窗。

　　相傳這教堂有位神父在沒有輔祭的情況下舉行彌撒，神父去世後關押在煉獄中，直到能在輔祭的協助下完成彌撒為止。因此，神父的亡魂天天在午夜12點出現在教堂的主祭壇前，問三次：「有沒有人要幫我？」但一直無人答覆。直到有一天，一個躲在教堂的小偷答應幫他。彌撒完成後，神父在升天之前感激地對小偷說：「希望上主幫你成為好人。」從此，小偷就改邪歸正。

　　每年3月23日，教堂還是聖若瑟．奧利沃節慶的中心，紀念曾住在附近的聖若瑟．奧利沃（Sant Josep Oriol）和江洋大盜佩羅婁亞得雷（Perot lo Lladre）。大家以教堂為中心，演出聖人如何把蘿蔔變成金幣，江洋大盜如何搶金幣劫富濟貧的傳奇故事，當場發送巧克力金幣，還有大人偶遊行。

左：聖若瑟．奧利沃廣場的露天藝廊。
右：松之聖母馬利亞教堂的玫瑰窗。

每到週末，教堂旁的兩個廣場都很熱鬧。松之廣場（Plaça del Pi）有市集，賣農家自製的乳酪、蜂蜜、臘肉等。聖若瑟‧奧利沃廣場（Plaça Sant Josep Oriol）則有本地藝術家開的露天藝廊，如果你喜歡藝術，想買畫，不妨到此看看，買個特別的西班牙紀念品回去。

ⓒ Irati Taverna Basca 巴斯克酒吧

Web https://gruposagardi.com/restaurante/irati-taverna-basca/
Add C/Cardenal Casañas, 17

北部巴斯克地區的tapas以小型串燒方式呈現，底下墊麵包，叫做Pintxos，不用點菜，是「自助式」吃法，自己取用吧台上的冷Pintxos，服務生會把廚房裡不斷做出來的熱Pintxos拿到你眼前，有興趣的就自己取用。吃完後，串Pintxos的木籤要留著，因為最後是以木籤的數量來結帳。Irati Taverna Basca巴斯克酒吧是老城區相當不錯的Pintxos小吃餐廳。

ⓓ 羅卡刀具店 （Ganiveteria Roca）

Web http://www.ganiveteriaroca.com/
Add Plaça del Pi, 3

創立於1911年，專門製作販售各式刀具，到現在還可在這裡買到專業理髮師、肉販、裁縫師、理髮師、美容師、醫護人員等的專業大刀、小刀、剪刀、刮鬍刀、指甲剪，也有普通人用的個人護理、家庭用品、登山健行專用的各式刀具。

⑪ 小門街（Calle de Petritxol）

小門街長129公尺，平均寬度3.16公尺，最窄處不到3公尺。1959年成為巴塞隆納第一條步行街，禁止車輛通行。

整條街的牆面鋪滿磁磚標示，有的是住過這裡的文學劇作家、物理學家、政治家、畫家，有的是出身當地的芭蕾舞家、女高音的工作室，有的描述當地居民生活，有的是打油詩，是很特別的街頭裝飾。

▲ 小門街牆面上的磁磚標示。

這條街也是有名的甜點街，又以濃稠的熱巧克力聞名。早從17、18世紀在此就已開了幾家城裡著名的巧克力店、甜點店，直到現在這裡還是藝術和甜點天堂。

ⓔ Sala Parés 藝廊

Web http://www.salapares.com/
Add C/Petritxol, 5

1840年開張至今，仍是巴塞隆納藝壇的龍頭。原本是美術用品店，後來於1877年正式成為西班牙第一家私人藝廊，也是全球最早的私人藝廊之一。畢卡索和他的前輩、同儕都曾在此辦過畫展。

▲ Sala Parés藝廊和門口的百年老店獎牌。

ⓕ La Pallaresa農場

Web http://onacg3.wixsite.com/lapallaresa
Add Carrer de Petritxol, 11

創於1947年，以純手工製作的傳統甜點，例如熱巧克力佐香濃奶油、甜麵包、熱巧克力配西班牙油條、加泰隆尼亞焦糖布丁（Crema Catalana）等聞名巴塞隆納。夏天時還有冰涼的油莎漿（Horchata）。

▲ La Pallaresa農場。

ⓖ Turrones Vicens堅果甜點店

Web http://www.vicens.com
Add Carrer de Petritxol, 15

Turrón是西班牙耶誕節的應景甜食，有三個受到法定產區保護制度的產區：Jijona、Alicante及Agramunt，而Agramunt最有名的手工Turrón品牌就是創立於1775年的Torrons Vicens。雖然Turrón是傳統甜點，但是傳統是可以跟創意組合的，因此西班牙名甜點師傅Albert Adrià替Torrons Vicens開發出創意新口味的Turrón，光是名字就是米其林餐廳菜單的名稱：加泰隆尼亞焦糖布丁佐脆餅果仁糖（Crema Catalana

▲ Turrones Vicens。

con Praliné de Carquiñolis y Caramelo）、榛果醬佐
阿爾巴白松露巧克力（Praliné de Avellana con Trufa
Blanca de Alba）、迷迭香松露巧克力佐香脆覆盆子
及榛子（Trufa al Romero con Crujiente de Avellana
y Frambuesa）、萊姆松露巧克力佐烤玉米粒及
榛子果仁糖（Trufa de Lima con Praliné de Kikos y
Avellana）等，非常適合喜歡創意美食的老饕。

⑫ 新廣場（Plaça Nova）

巴塞隆納（Barcelona）的名字就是由羅馬帝國時期的簡稱巴基諾（Barcino）
演變而來，視覺詩人布羅薩（Joan Brossa）在這個廣場設計了七個字母的公共藝
術。

現在新廣場旁邊、主教座堂前面是擺市集、辦活動的地方，每星期四有舊貨市
集（Mercat Gòtic），每星期天早上有人在此跳當地的傳統舞蹈Sardana，每年11
月底到12月初的耶誕市集（Feria de Santa Llúcia）也在這裡舉行。

新廣場靠近主教街的地方有塊介紹牌，上面畫著羅馬時期的城門、引水橋、城
牆，以及以前的羅馬舊城地圖。

目前在新廣場仍可看到舊城牆和城門遺跡，當時的舊城門只剩下一個開口，有
洞沒門，不過仍可讓人依稀想像出兩千年前的模樣。

⑬ 建築師公會（Col·legi d'Arquitectes de Catalunya）

新廣場上有棟特別的建築，二樓突出
的立面上有類似小孩子的塗鴉，這是建
築師公會大樓，「塗鴉」是畢卡索在
1950年代設計的圖畫。不過，當年畢卡
索和在西班牙執政的佛朗哥交惡，所以
這個立面是由其他藝術家按照畢卡索的
設計施工的。

▲ 畢卡所替建築師公會大樓立面設計的圖畫。

▼舊城牆和城門遺跡。

左：新廣場旁、主教座堂前的活動。　右：新廣場附近的公共藝術：Joan Fontcuberta的馬賽克拼貼照片〈吻〉。

⑭ 古羅馬墓園（Necrópolis Romana）

Web http://www.barcelona.cat/museuhistoria/en/heritages/els-espais-del-muhba/muhba-roman-funeral-way
Add Plaça de la Vila de Madrid

　　巴塞隆納市政府在50年代拆除一棟修
道院時，發現了70座西元二、三世紀的
古墓。原來在古羅馬時期城裡沒有墓
園，死者被葬在進城道路的兩側，像是
伴著死者一路遠走一樣。現在馬德里鎮
廣場（Plaça de la Vila de Madrid）可以
看到這個古羅馬墓園。

▲ 古羅馬墓園。

⑮ 巴塞隆納藝文協會（Ateneu Barcelonès）

Web http://www.ateneubcn.org/　　Add C/Canuda, 6

　　薩巴索納宮（Palau Savassona）是薩巴索納男爵在1796年建造，具中世紀和新
古典主義風格。歷年來幾經翻修，現在只保存了天井樓梯、主層屋頂的裝飾和離
街道地面五公尺的仿羅馬式花園。1906年裝了電梯，改建為此城藝文界最著名的
機構：巴塞隆納藝文協會。
　　藝文協會平時不對外開放，只有聖喬治節那一天才會特例開放參觀。

ⓗ Guantería y Complementos Alonso 手套配件店

Web http://guanteria-alonso.com/　　Add C/Santa Ann, 27

　　這家創於1905年的百年老店非常西班牙，賣的是最具西班牙風情的皮製手套、
西班牙扇子、傳統披肩頭紗、傳統繡花披肩和響板。還可買到珍藏版手繪扇子、
純絲手繡披肩頭紗、純絲繡花披肩、專業用響板等，喜愛佛朗明哥舞的人絕不可
錯過。

▲ 從巷子的圓拱觀望聖安娜教堂。

⓰ 聖安娜教堂 （Església de Santa Anna）

Web http://www.parroquiasantaanna.org/　　**Add** C/Rivadeneyra, 3

　　聖安娜小巷子裡隱藏著建於12世紀、仿羅馬式結構、哥德式拱頂和迴廊的聖安娜教堂，也是主教禁止共濟會員入內集會的教堂。

　　1099年，第一次十字軍東征將領布永的戈弗雷（Godefroy de Bouillon）成立耶路撒冷聖墓騎士團。1141年，此騎士團在巴塞隆納成立修道院，成為他們在西班牙的第一個據點，後來於12世紀在修道院旁建聖安娜教堂。

　　據說，信徒在每年3月26日前夕到隔天日出之前到這裡的赦免禮拜堂（capella dels perdons）祈禱，就如同到耶路撒冷聖地朝聖、贖罪祈福一般，也就是「聖安娜的赦免」（Els perdons de Santa Anna）。

❶ 「四隻貓」餐廳（Els Quatre Gats）

Web http://4gats.com/　　**Add** C/Montsió, 3

　　西班牙文的「四隻貓」就是中文的「小貓兩三隻」，但是「四隻貓」餐廳的名字有個更曲折的故事。

　　羅梅烏（Pere Romeu）是多才多藝的藝術家，在當年巴黎藝文界人士聚會的黑貓酒店（Le Chat Noir）當跑堂和歌舞劇演員。後來他返回巴塞隆納，想開間更類

似黑貓的酒店，最後由當時著名的畫家卡薩斯和魯西紐爾出資，於1897年在加泰隆尼亞現代主義建築大師普意居（Josep Puig i Cadafalch）設計建造的「馬丁之家」（Casa Martí）一樓開了「四隻貓」酒店，當作是城裡藝術家、作家、詩人、音樂家、建築師等人聚會的地方，所以借用黑貓酒店的「貓」字當店名。

那裡除了有畫展和藝術家聚會外，還舉辦音樂會、皮影戲、傀儡戲等。

當時，年僅17歲的畢卡索久聞這家酒館的盛名，希望能參加酒館的藝術家聚會，卻因年紀太小而被拒於門外。後來因資深藝術家們惜才，要求小畢卡索穿正式西服才破例讓他參加藝術家聚會。畢卡索最後以裁縫師的畫像向裁縫師訂做了一套西服，從此成為這裡的常客。

▲ 四隻貓餐廳的聖誕裝飾。

小畢卡索在「四隻貓」酒館舉辦第一次個人畫展，製作宣傳海報（後來成為菜單的封面），並結識了一些同齡的藝文界青年，如詩人薩巴德斯（Jaume Sabarté）和畫家卡薩赫馬（Carles Casagema）等。薩巴德斯與畢卡索一直保持情誼，在1935年成為大師的私人祕書，並在1963年成為巴塞隆納畢卡索美術館館長。卡薩赫馬曾和畢卡索一起去巴黎，但在1901年自殺。這個事件令悲痛的畢卡索改變畫風，進入他的「藍色時期」。

100年過後，「四隻貓」酒館的藝術家常客已作古，只剩下用餐區牆上的畢卡索複製畫和名人照片，讓我們遙想當年時光。現在餐廳除了常客和當地人，還有一堆慕名而來的觀光客。

作家薩豐在2001年出版的暢銷書《風之影》也有提到這家百年老店。在書中，巴塞羅和朋友常在聚會，達尼的父親帶他來此向巴塞羅打探《風之影》以及作家胡立安的事。

❶ Ceramica Villegas 陶瓷店

Web http://www.villegasceramica.net/
Add C/Comtal, 31

這家陶瓷店沒有百年歷史，卻有各式
新鮮有趣、造型獨特的陶瓷手工藝，例
如各行各業、戀人、貓頭鷹、星戰、貓
咪、閱讀、吊飾、壁飾、聖喬治、耶穌
誕生布景（Belén）等，陶瓷藝術品和
紀念品都有，是買伴手禮的好地方。

▲ Ceramica Villegas陶瓷店的各式人偶。

❶ 天使門（Portal de l'Àngel）

據說14世紀末，群眾伴隨聖文生・斐瑞（Saint Vincent Ferrer）到巴塞隆納佈
道，當一行人抵達城門時，有位手執長劍的天使出現在聖人上方，聖文生・斐瑞
便問天使，為何在那裡，天使回答：「我奉上主之命在此守護巴塞隆納城。」

不久，黑死病傳至此地，大家絕望之餘，求助於那位天使。後來巴塞隆納的疫
情減退，人們為了還願遂在天使顯靈之地、城門之外建造小禮拜堂，供奉守城的
天使。15世紀中葉，這個城門正式改名為「天使門」。

現在城門已拆除，取而代之的是以「天使門」命名的大道。人潮絡繹不絕，有
時街口還有手工藝品攤位。街邊建築立面上一尊天使雕像，讓人遙想當年顯靈的
天使。

左：天使門大道上的手工藝品攤位。　右：街邊建築牆上的天使雕像。照片提供：攝影師Rafael Caballero。

2-3　　中世紀的風俗軼聞：
聖佩雷區、聖卡德琳娜區、
海岸區

巴塞隆納從12世紀發展地中海海上貿易，逐漸繁榮，人口增長，在城牆外的沙上聖母馬利亞教堂（即今海上聖母馬利亞教堂）、聖佩雷修道院（Monestir de Sant Pere de les Puelles）等地開始有聚落。後來建於13世紀的幾段新城牆把那些聚落圍進擴大的巴塞隆納城裡，並在新城區建造聖卡德琳娜修道院（Convent de Santa Caterina）。

現在，這一區仍保有中世紀的結構，聖佩雷修道院周邊稱為聖佩雷區（Sant Pere），聖卡德琳娜修道院周邊稱為聖卡德琳娜區（Santa Caterina），海上聖母馬利亞教堂周邊則稱為海岸區（La Ribera）。在這裡彎曲狹窄的歷史巷弄中，處處是美食、百年老店和傳說故事。雖然此區也有不少專業扒手，但絕對是值得慢慢遊走、細細品味的好地方。

同業工會

為了慶祝主保聖人的節慶，早在中世紀前期，巴塞隆納的工匠就組成宗教社團。13世紀起，這種社團開始形成組織健全的同業工會，在最早的「市議會」中，成為市民代表，參與政事，有其經濟和政治影響力，甚至在戰爭期間，每段城牆均有工會負責防禦。

當時，要從事某種行業，就要先加入工會。從階級最低的學徒開始，再來是工匠，最後是大師。學徒是無薪勞工，在工坊跟大師住個三五年，一邊學一邊做，等到學徒熬出頭，就是領薪水的工匠，等到通過工會考驗，就成為大師，可以自己開工坊收學徒。

這些工會均獲得政府認可，有集會場所和組織規章，訂定會費、工作技術、使用工具、製造和銷售的標準，以控制價格、監管工藝、檢驗產品、職業訓練等。而且同一行業都集中在同一條街上，因此，在巴塞隆納有不少行會街道，例如：玻璃器皿街（Carrer de la Vidriería），刀劍匠街（Carrer de la Espadería）、銀匠街（Carrer de l'Argenteria）、製繩匠街（Carrer dels Corders）、小號手街（Carrer de les Trompetes）等。

◀ 海上聖母馬利亞教堂。

1 2　　　1. 臉孔街牆角上的石雕臉孔。　　2. 百年老店的「獎牌」。
3　　　3. 臉孔街指示牌。

　　現在巴塞隆納的百年名店都有市政府頒發的「獎牌」，鑲在店門口的人行道上，上有店名、開店年份，以及裁縫師、餐飲業、鎖匠、鞋匠等工會的標誌。

　　不過，不是每一種行業都有工會。

　　妓女是無法禁止的行業。古時巴塞隆納的妓女業是由市政府和教會共同管理，市政府把公家建築租給妓院，妓女要繳房租要繳稅。在聖週期間，妓女還要進修道院停工，讓城裡的男人清修禁欲，停工期間由市政府補貼妓女的經濟損失。

　　為了和普通商店區分，妓院外牆的下半部要漆成代表淫蕩的鮮紅色，使用較大的門牌號碼，附近牆角上還要刻上女人、魔鬼、色狼或是美杜莎（希臘神話的女妖，頭髮都是蛇）的石雕臉孔（Carassa）。城裡有條臉孔街（Carrer de Carassa），就是因為古時附近有家妓院，街角牆上有個石雕臉孔。

❶ 西班牙第一張照片
（Primera fotografía de España）

Add C/General Castaños, 2

　　西班牙第一張照片是在1839年11月10日從這棟建築的頂樓拍攝的。雖然當時的銀版攝影法的曝光時間約為20分鐘，以現在的眼光來說相當落伍，卻是當時的盛事，現場有軍樂演奏，還成為報章雜誌的頭條新聞。現在Carrer del General Castaños街和宮殿廣場（Plà del Palau）交接處的牆上還可看到一塊紀念牌子，記述這件歷史大事。

▲ 當時拍攝西班牙第一張照片的建築物立面上的紀念牌子。

❹ 「七道門」餐廳（7 Portes）

Web http://www.7portes.com/
Add Passeig d'Isabel II, 14

　　這家百年餐廳開創於1836年，以加泰隆尼亞美食見長，又以米飯類和海鮮著名，是第一家把帕雷雅達燉飯（Paella Parellada）放進菜單的餐廳。

　　西班牙國王、王子、公主、生物化學家弗萊明、導演阿莫多瓦、女高音卡拉絲、諾貝爾文學獎得主馬奎斯、卡米洛‧何塞‧塞拉、藝術家畢卡索、米羅、達利等人都曾在此用餐，從牆上的名牌就可知道，哪個位子坐過哪位名人。

❷ 巴塞隆納交易所
（Casa Llotja de Mar）

Web http://www.casallotja.com/
Add Passeig d'Isabel II, 1

　　巴塞隆納交易所在海港旁邊，是以前批發商交易的地方，裡面除了有交易所，還有海洋領事館（Consolat de Mar）、巴塞隆納商會（Junta de Comerç）、巴塞隆納美術學院（Escola d'Arts i Oficis de Barcelona）和巴塞隆納證券交易所等機構。

　　海洋領事館創建於13世紀，算是

中世紀的商業法律機構，專門調解地中海海上貿易糾紛，甚至還整合羅馬、希臘、拜占庭、義大利、法國和西班牙的海事習俗和法律，訂定一本地中海海事法規，一直沿用至1681年。

巴塞隆納商會創建於1756年，以取代海洋領事館。當年此城的海上貿易在巴塞隆納商會的推廣下，逐漸從地中海轉往大西洋發展，開拓出一片美洲市場。

巴塞隆納商會很重視藝術，於1775年在商會大樓二樓創辦巴塞隆納美術學院，又稱交易所學院（Escola de Llotja），以免費栽培藝術人才、加強巴塞隆納花布設計為目的。畢卡索在1895年也通過入學考試，就讀這間城裡最古老的美術學院。

值得一提的是，1826年6月24日，巴塞隆納的第一盞煤氣燈不是點在政府大樓，而是由商會資助，點在這所美術學院，讓學生有足夠光線作畫。藝術可以這麼重要，真讓人感動！

巴塞隆納交易所。

❸ 法國火車站（Estació de França）

Add　Avenida Marqués de la Argentera, s/n

為了迎接1929年的萬國博覽會，巴塞隆納建造這個火車站，連通巴塞隆納和法國，1929年開幕。法國火車站的外觀具加泰隆尼亞現代主義建築風格，而內部三個大圓頂大廳則是「二十世紀主義」（Novecentismo，指1900年後，即20世紀）建築風格，現在這個火車站成為巴塞隆納唯一具有歷史藝術價值的火車站建築。

❹ 城堡公園（Parc de la Ciutadella）

Web　http://www.barcelona.cat/en/what-to-do-in-bcn/parks-and-gardens/parque-de-la-ciutadella_92086011921.html
Add　Passeig de Picasso, 21

西班牙王位繼承戰爭後，新上任的菲利普五世為了控制全城，拆除海岸區的房舍來建造一座由五個稜堡組成、四周有護城河的Ciudadela軍事城堡。19世紀時城堡遭拆除，只剩下兩棟教堂和軍械庫，後者成為現在加泰隆尼亞議會大樓。

城堡所在地後來成為1888年巴塞隆納舉辦萬國博覽會的場地，於1872年開始動工，建築群包括凱旋門、溫室（Hivernacle）、室內植物園（Umbracle），以

▲ 城堡公園裡高第參與共同設計的大瀑布。

◀ 多梅內克設計的三龍城堡。照片提供：攝影師Rafael Caballero。

及高第共同參與設計的大瀑布（La Cascada）等，其中，高第的老師多梅內克（Lluís Domènech i Montaner）設計的三龍城堡（Castell dels Tres Dragons）是當年萬博會的餐廳。

　萬博會結束後，這裡成為公園，裡面有動物園、加泰隆尼亞議會、自然科學博物館、兒童遊戲場所和一個可供划船的湖。可供划船的湖，可以說是一個親子遊的景點。

▲ 凱旋門。照片提供：攝影師Rafael Caballero。

❺ 凱旋門（Arc de triomf）

Add　Passeig Lluís Companys, s/n

　　巴塞隆納的紅磚凱旋門是1888年萬國博覽會的入口，具新穆德哈爾式（Neomudéjar）風格[2]，在正立面有一行字，寫著「巴塞隆納歡迎所有國家」（Barcelona rep les nacions）。

　　當年艾菲爾本來想把他設計的鐵塔放在這裡，但因為主辦單位覺得鐵塔造價太高、維護不易而拒絕，不得已才把艾菲爾鐵塔放在隔年的巴黎萬博會。

2：穆德哈爾式是一種受到伊斯蘭影響的建築風格，因回教和天主教文化的共存而產生，盛行於12到16世紀的西班牙。到了19世紀末，穆德哈爾式建築風格再度復興於此，稱為新穆德哈爾式。

❻ 巧克力博物館
（Museo del Chocolate）

Web http://www.museuxocolata.cat/
Add C/Comerç, 36

一個小型博物館，可供親子遊的景點，入口門票就是一小塊巧克力，展示著關於巧克力的起源、怎樣被帶到歐洲、製造和食用方式等。咖啡廳當然也賣巧克力，除了吃的也有喝的巧克力。

❽ La Campana 甜點店

Web http://www.turroneslacampana.com/
Add C/Princesa, 36

百年老店的家族企業。曾祖父出生於西班牙耶誕節應景甜點Turrón的產地希宏納（Jijona），移民巴塞隆納創業。現在冬天專賣手工Turrón，夏天專賣手工冰淇淋。

▲ La Campana的Turrón禮盒。

❼ 妓院的標誌（Carassa）

Add C/Flassaders, 44

這條街的牆角上有個中世紀的妓院指標——石雕臉孔，因為狀似布爾戈斯（Burgos）大教堂的報時人偶Papamoscas，所以稱為Papamoscas。據說當年在這個巴塞隆納權貴聚集地區的胡同裡有個高級妓院，頗具盛名，而且還有不少妓女從良嫁人。因為海上聖母馬利亞教堂就在附近，不少水手跟聖母許願，如果從海上平安回來，就拯救一個女人，讓她一生快樂，為了還願，水手就娶妓女為妻。

▲ 做為妓院標誌的石雕臉孔。

ⓒ Hofmann Pastisseria 甜點店

Web http://hofmannpasteleria.com/　Add C/Flassaders, 44

這家店的甜點師傅霍夫曼（Mey Hofmann）是學建築的女主廚，旗下有一家以甜點出名的米其林一星餐廳和同名的甜點店。店裡的金牌奶油可頌麵包外面鬆酥，裡面綿細，得過2010年「西班牙奶油可頌麵包師大賽」金牌，有馬斯卡彭起司、巧克力、杏仁、芒果、覆盆子等內餡，其中以馬斯卡彭起司口味最令人難忘。

▲ Hofmann Pastisseria甜點店的金牌可頌。

❽ 波恩散步大道（Passeig del Born）

Born就是騎士格鬥的場所。中世紀時每年4月23日為了慶祝聖喬治節，在此舉行騎士比武格鬥，用木製長槍，點到為止。獲勝者可以贏得珠寶，把珠寶送給愛慕的女孩，以換取女孩的一個吻。

事實上，當時的波恩散步大道比現在更寬大，是舉辦騎士格鬥、狂歡節活動、復活節遊行、聖喬治節市集、跨年活動的地方，甚至連異端審判的刑罰和公開懺悔的儀式也在這裡舉行。

ⓓ La Chinata Barcelona Born 橄欖油保養品牌

Web http://www.lachinata.es/　Add Passeig del Born, 11

西班牙的橄欖油品牌多得數不清，但是橄欖油護膚保養的品牌卻不多，而產於埃斯特雷馬杜拉地區（Extremadura）的La Chinata則是最有名的。這家創立於1932年的品牌除了種植橄欖、生產橄欖油之外，還推出一系列天然橄欖油保養品，例如手工皂、精華油、保濕霜、精華液、身體乳液、護手霜、唇蜜、唇鼻修護膏、護髮膜、護髮精華、防曬乳液、嬰兒保濕沐浴露、嬰兒柔軟洗髮露等，而La Chinata Barcelona Born就是這個品牌在巴塞隆納的三家門市專賣店之一。

▲ 波恩散步大道。

❾ 桑樹坑廣場（Plaça del Fossar de les Morares）

Add Plaça del Fossar de les Morares

　　桑樹坑廣場原本是海上聖母馬利亞教堂的墓地，現在是加泰隆尼亞人永遠的傷痛，因為這裡埋葬著西班牙王位繼承戰爭的死難者。如今這裡長年點著火炬，紀念當年戰敗的一天和死難的人民，而每年9月11日的紀念活動也在此舉行。

Ⓔ 聖母馬利亞香腸店（La Botifarrería de Santa María）

Web http://www.labotifarreria.com/　**Add** C/Santa Maria, 4

　　專賣加泰隆尼亞傳統香腸Butifarra的老店，有根據古老食譜製成、典型的加泰隆尼亞豬肉香腸，也有蘋果咖哩、番茄山羊奶酪、栗子蘑菇、墨魚墨汁、綠蘆筍培根、可樂洋蔥等口味，甚至還有甜的香腸。

⒡ 上主葡萄園
（La Vinya del Senyor）

Web http://www.lavinyadelsenyor.es/
Add Plaça de Santa Maria, 5

　　西班牙盛產葡萄酒，而且品質優越，中北部拉里歐哈（La Rioja）地區更被美國著名葡萄酒討論區網站評為最佳產區。所以在西班牙談美食，要談「吃」，也要談「喝」，而這家上主葡萄園就是名副其實的「葡萄酒吧」，有來自世界各地250多種葡萄酒，佐以精心挑選的下酒小菜，絕對是每個老饕的天堂。

⒢ Bubó 甜點店

Web http://bubo.es/　**Add** C/Caputxes, 10

　　這家甜點店的師傅曼佩爾（Carles Mampel）得過西班牙最佳糕點主廚、歐美甜點主廚冠軍、世界最佳巧克力蛋糕等獎項，是喜愛甜點巧克力的人必嚐之地！

▲ Bubó 誘人的甜點。

❿ 海上聖母馬利亞教堂（Basílica de Santa María del Mar）

Web http://www.santamariadelmarbarcelona.org/　**Add** Plaza de Santa María, 1

　　巴塞隆納有國王建造的大教堂（Catedral），也有人民出錢建造的人民大教堂（La catedral del pueblo），海上聖母馬利亞教堂就是其中之一。

　　從13世紀起，巴塞隆納就成為重要的商港和軍港，靠海維生的人越多，越需要神明的保佑。為了祈求平安回港，請聖母庇祐航行安全，大家有錢出錢有力出力，於1329和83年間在港口建造海上聖母馬利亞教堂，堪稱是西班牙的「媽祖廟」。

　　這個具「宗座聖殿」地位的教堂有著挑高的主殿和巨大壯觀的八角柱，修長的柱列、寬闊的柱距以及巨大的玫瑰窗營造出一種輕逸感，兩旁側廳的小禮拜堂由粗實的扶壁支撐分開，所以外部不需要拱扶堰垛來支撐。

▲ 海上聖母瑪利亞教堂正立面。

　　松之聖母馬利亞教堂是當年富人的教堂,有座據說是全西班牙最高的鐘塔;海上聖母馬利亞教堂則是窮人的教堂,人們特別為它蓋了兩座鐘塔來和松之聖母馬利亞教堂高聳的鐘塔一較高下。

　　海上聖母馬利亞教堂有四道門,正門鑲著搬運工的雕刻,以紀念當年他們搬運巨石建造教堂的辛苦;另一道大門上有尊聖母雕像,面孔微微轉向蒙特卡達街（Carrer de Montcada）。

　　相傳,有個製毯匠遭受冤獄,在帶往宮殿廣場處死的路上,淒慘地喊冤,卻沒人理會。就在他行經蒙特卡達街、快要抵達海上聖母馬利亞教堂時,教堂門上的聖母像竟緩緩轉向那條街,滿眼慈悲,眾人才確信製毯匠的無辜,馬上釋放他,聖母像從此微偏面向蒙特卡達街。

　　西班牙律師兼作家法康尼斯寫的歷史小說《海上教堂》就是以14世紀的巴塞隆納和海上聖母馬利亞教堂為主要場景,主人翁當過「大力士」,參與建造海上聖母馬利亞教堂。事實上,這「大力士」就是港口的搬運工（Bastaixos）,平時在港口邊的交易所集合,等著老闆分配工作,沒有貨船靠岸就去蒙居意克山上的採石場搬運石塊到市中心來建造教堂。

▼ 海上聖母馬利亞教堂正門鑲著的搬運工雕刻。

Ⓗ Casa Gispert 食材店

Web http://www.casagispert.com/
Add C/Sombrerers, 23

這家百年老店成立於1851年，烘烤當年從中南美洲進口的堅果、香料和咖啡，到現在百年如一日；當年的櫃檯和家具擺設依舊，店內仍保存著歐洲唯一現存的烘烤柴爐，繼續使用，

▲ Casa Gispert食材店的古意風格。

店裡充滿烘烤木柴的香味，連天花板都因為百年來的烘烤煙燻而呈黑色。1999年法國「老饕協會」（Les Gourmands Associés）頒與這家店「金公雞獎」（Coq d'Or），公認是歐洲最好的十家食品食材店之一，2012、2013年更榮獲英國食品界奧 斯卡獎「超級美味獎」（Great Taste Awards）。

⑪ 蒙特卡達街（Carrer de Montcada）

12世紀初，阿拉貢-加泰隆尼亞國王為了感謝蒙特卡達家族的戰功，把羅馬城牆外、今海上聖母馬利亞教堂附近的土地封給他們。他們便在那裡建造第一棟宮殿式豪宅，當地權貴富商也開始聚居於此。街上的豪宅和宮殿都屬於典型的加泰隆尼亞哥德式建築，以中庭為中心，華美的臺階通往二樓的主要樓層，一樓有馬廄、倉庫等。

現在這條街上有畢卡索美術館（Museu Picasso de Barcelona）、巴塞隆納設計博物館（Disseny Hub Barcelona Museus）和正在籌備中的世界文化博物館（Museu de les Cultures del Món），還有不少中世紀的豪宅和宮殿，有最原始的哥德式，也有後來翻新的文藝復興式和巴洛克式，例如位於12號的傑歐侯爵宮（Palau dels Marquesos de LIió）、15號的阿吉拉宮（Palau Aguilar）、17號的卡斯特耶特宮（Palau Castellet）、19號的梅卡宮（Palau Meca）、20號的達爾瑪賽斯宮（Palau Dalmases）以及25號的塞爾貝由宮（Palau dels Cervelló）等，成為當年輝煌歷史的見證。

面孔微微轉向蒙特卡達街的聖母雕像。

▲ 蒙特卡達街的街景。

蒙特卡達街是一條很文學的街，在薩豐（Carlos Ruiz Zafon）的暢銷書《風之影》中，達尼和費爾明來此尋找潘妮蘿珮的奶媽。在法康尼斯（Ildefonso Falcones）的《海上教堂》書中，也有提到這一條中世紀巴塞隆那最著名的豪宅街，亞諾曾在那裡的一棟豪宅的工作過，後來也曾住在那一條街上。

❶ El Xampanyet 餐廳

Add C/Montcada, 22

這家創立於1929年的小吃餐廳是波恩區的傳奇，以巴塞隆納北部吉容納省（Girona）出產的氣泡白酒Xampanyet佐Tapas小吃著名。小小的店面經常高朋滿座，招牌菜有醃魚、火腿、臘肉、乾奶酪等。

❿ 巴塞隆納畢卡索美術館（Museu Picasso de Barcelona）

Web http://www.museupicasso.bcn.es/　　**Add** C/Montcada, 15

西班牙人都有兩個姓，先冠父姓，再冠母姓。1881年出生於西班牙南部Málaga的畢卡索全名是Pablo Ruiz Picasso，Pablo是名字，Ruiz是父姓，Picasso是母姓。1901年前，畢卡索都簽全名P. Ruiz Picasso，直到1901年後才改以母親的姓氏Picasso簽名。

畢卡索從小跟著畫家父親學畫，14歲時，全家跟著受聘於巴塞隆納藝術學院的父親遷居於此。畢卡索也在這裡紮下藝術功底，結交當地的藝文界朋友，奠定日後成為大師的根基。

大師親自籌畫的巴塞隆納畢卡索美術館於1963年3月9日開館，是全世界第一個畢卡索美術館。當年執政的佛朗哥與畢卡索交惡，畢卡索沒來此主持開幕典禮，他的美術館也不叫「畢卡索美術館」，而是以畢卡索摯友、畢卡索美術館的第一

任館長薩巴德斯之名命名，稱為「薩巴德斯的收藏」（Colección Sabartés）。美術館最早設於蒙特卡達街的阿吉拉宮，後來逐漸擴張到臨近的建築。現在畢卡索美術由五棟中世紀貴族的豪宅組成，占地面積達一萬多平方公尺。

館內的大部分收藏來自畢卡索的捐贈，主要是他年輕和求學期間的作品，例如繪於1896年的〈第一次聖餐禮〉和1897年的〈科學和慈善〉，也有一些印像派、藍色時期、粉色時期和立體派的畫作，以及1917年從立體派回歸新古典主義過渡期的

▲ 巴塞隆納的畢卡索美術館內院。

〈醜角〉等作品，另外還有繪於1957年、以委拉斯奎茲的〈侍女圖〉命名的系列，讓人對畢卡索的天才創造力和畫風的形成有全面的概念。

❶ 絕妙咖啡豆專賣店
（Cafés El Magnífico）

Web http://www.cafeselmagnifico.com/
Add C/Argenteria, 64

這個家族企業從1919年開始烘培咖啡，現在第三代業主仍繼續供應30多種原產命名的咖啡豆，當場研磨剛烤好的咖啡，讓大家先享受咖啡馥郁的香氣，再回家品嘗咖啡香濃的滋味！

對於喜歡咖啡的人來說，這裡也是巴塞隆納城裡少數可以買得到巴拿馬翡翠莊園（Panama La

Esmeralda）藝伎咖啡豆（Geisha）的地方。

❻ 魔術王（El Rey de la Magia）

Web http://www.elreydelamagia.com/
Add C/Princesa, 11

這家百年老店是全世界最古老的魔術專賣店之一，1881年開店。店面像魔術一樣散發神祕氣息，店員不需耗費唇舌，只要用店裡賣的魔術道具當場示範，客人就想買回家試一試了！

⑬ 馬爾庫斯教堂
（Capella d'en Marcús）

Add Plta d'en Marcús, 3

城裡少數幾個仿羅馬式的教堂，原是12世紀初巴塞隆納銀行家馬爾庫斯（Bernat Marcús）建造給窮人的教堂和墓地，位於出城的羅馬古道上，後來又在旁邊加建旅人醫院。此教堂雖以捐贈者的姓氏命名，內部卻供奉著導引聖母（Mare de Déu de la Guia），曾是郵差公會所在地。

▲ 馬爾庫斯教堂。

⑭ 聖卡德琳娜市場 （Mercat de Santa Caterina）

Web http://www.mercatsantacaterina.com/　　**Add** Av. Francesc Cambó, 16

1848年興建在同名修道院的遺址上，是城裡第一座有屋頂的傳統市場。1997年由西班牙天才建築師米拉耶斯（Enric Miralles）整修，整修期間在地基上發現修道院的考古遺跡，因而延誤至2005年才完工。建築師在2000年因腦瘤病逝，沒看到市場完工，但他的設計讓每個看過這市場的人留下難忘回憶。

重建完成的市場仍保有舊市場的四面牆，不規則的木製拱頂由鋼柱支撐，20萬塊、顏色多達67種的瓷磚覆在波浪形屋頂上，鋪製出色彩醒目繽紛、代表蔬果的馬賽克圖案。現在市場內還可以看到修道院的遺跡。

❶ 聖卡德琳娜廚房（Cuines Santa Caterina）

Web http://www.cuinessantacaterina.com/　　**Add** Av. Francesc Cambó, 16

緊鄰菜市場的餐廳，有時尚的裝潢及多元的美食，可以在吧台品嘗經典西班牙小吃Tapas，也可坐在餐廳點幾道創新菜式，有地中海和東洋口味，與一旁菜市場蓬勃的活力相呼應。

▲ 聖卡德琳娜市場的五彩屋頂。

Ⓜ Essence by Espaisucre甜點餐廳

Web http://espaisucre.com/espaiessence/
Add Carrer de Sant Pere Més Alt, 72

2000年，知名elBulli餐廳和Escribà甜點店的甜點師傅布特隆（Jordi Butrón）開了全球第一家全甜點餐廳Espai Sucre，提供「甜點套餐」，從前菜、主菜、到甜點都是甜食，前菜甜中帶酸，主菜甜中帶鹹，

▲ 以「甜點套餐」出名的Espai Sucre餐廳。

再加上甜點，具四五種元素，顧及風味、質感、甜酸及顏色對比，嘗起來架構明確，層次分明，甜而不膩，搭配葡萄美酒，更讓人感受到其中的巧思。這家餐廳也有附設甜點學校「糖空間」（Espaisucre）。

Ⓝ 拉耶塔納油條店（Churrería Laietana）

Web https://www.facebook.com/xurrerialaietana　　**Add** Via Laietana, 46

濃稠熱巧克力佐油條是冬季星期天的早餐首選。不過，可能有人不知道，西班牙油條有粗細之分，粗的叫做Porras，炸成一大圈，然後再剪開，非常類似東方的油條。細的叫做Churros，自成一圈，以較類似吉拿棒。

拉耶塔納油條店可以說是市中心少數兩種油條都賣的油條店，店家現做現賣，當場油炸，跟普通咖啡廳拿冷凍油條來炸的完全不同喔！

⓯ 加泰隆尼亞音樂廳（Palau de la Música Catalana）

Web http://www.palaumusica.org/   Add C/Palau de la Música, 4-6

　多梅內克為加泰隆尼亞合唱團設計的加泰隆尼亞音樂廳建於1905至08年，是世上著名的演奏廳，也是建築與應用藝術結合的最佳範例。這幢最具加泰隆尼亞現代主義風格的建築，於1997年被聯合國教科文組織列為世界遺產。

左：加泰隆尼亞音樂廳的夜景。
右：加泰隆尼亞音樂廳的入口。照片提供：音樂廳。攝影師：Antoni Bofill。

音樂廳的紅磚立面鑲嵌著美麗多彩的馬賽克，轉角處是揮舞著加泰隆尼亞旗的主保聖人聖喬治，內部以聖喬治的玫瑰花為裝飾主題，有色彩鮮豔的馬賽克和五彩繽紛的彩色花窗玻璃。天花板有個巨大彩色玻璃天窗，象徵女歌手圍著太陽合唱，與兩側窗戶展現出令人讚嘆 的自然光照效果。舞台上是音樂繆思的半身浮雕像和加泰隆尼亞旗。

音樂廳白天開放參觀，有專人導覽，但是晚上去聽一場音樂會，才可以真正享受到建築師要傳達的、結合音樂和藝術的饗宴。

▼加泰隆尼亞音樂廳的舞台。照片提供：音樂廳。攝影師：Antoni Bofill。

2-4　　繁華間的多元繽紛：
　　　蘭布拉大道、拉巴爾區

蘭布拉大道。

▲ 桂爾先生雕像。

蘭布拉大道是巴塞隆納最繁華熱鬧的一條街。Raval（拉巴爾區）來自阿拉伯語，意指「外面」，因為這裡原本屬於巴塞隆納中世紀城牆之外，沒有人煙，後來在田園聖保羅修道院（Monestir de Sant Pau del Camp）附近的農地開始有些聚落，最後在14世紀才被第三道新城牆圍進城區，是城裡唯一有農田的區，堪稱中世紀巴塞隆納的「新區」。

從那時起，拉巴爾區就不算是「高級住宅區」。原本只有修道院、農家和農地，19世紀工業化之後，成為工廠雲集、移民勞工聚居的地方，雜亂、擁擠、貧窮、娼妓、毒品、犯罪是其特徵，亂到被比喻為舊金山的唐人街，因此雖然沒有中國人住在那裡，卻有Barrio Chino（中國區）之稱。

如今在市政府整頓下，成為巴塞隆納文化最多元的一區，各國移民聚居於此，異國情調綻放在每個角落。只要小心，天黑不要進入拉巴爾區的巷弄，身上不要帶太多現金，這一區是很值得一看的。

艾伍賽比・桂爾（Eusebi Güell）

梅塞納斯（Maecenas）是羅馬帝國皇帝奧古斯都的謀臣，以資助詩人和藝術家聞名，所以他的名字在西方被認為是文學藝術音樂贊助者的代名詞，英語是Maecenas，西班牙語是Mecenas。

19世紀中，巴塞隆納的工業穩定發展，因工業致富的資產階級開始資助加泰隆尼亞的藝術文化，其中以艾伍賽比・桂爾（Eusebi Güell）對高第的贊助最讓人津津樂道。

Güell這個姓氏的發音應是〔guel〕，有些書籍翻譯成「奎爾」或「古埃爾」，我在此採用最接近正確發音的「桂爾」。

桂爾生於1846年，是富家子弟，且是家裡唯一男丁，從小飽受美學教育薰陶。在巴塞隆納、法國和英國讀法律、經濟和應用科學，造就了他發掘高第、重用高第的眼光。

1878年，默默無名、剛出道的高第替手套製造商設計的玻璃櫥窗在巴黎萬國博覽會展示，引起工業鉅子桂爾先生的注意，兩人因而相識，高第才有機會一展長才，展開長達40年的友誼和贊助關係。

所以，高第的第一張名片就是以這個玻璃櫥窗為圖案，算是紀念這個機緣巧合吧！

高第認識桂爾以後，就成為他的專屬建築師，替他設計了：

1. 1878-1881：桂爾的岳父科米亞斯侯爵宮的家具（Muebles para el Palacio del Marqués de Comillas）
2. 1882：桂爾的打獵別墅（Pabellón de Caza en Garraf），只有草圖，並未建造
3. 1884-1887：桂爾別墅（Pabellones de la Finca Güell）
4. 1886-1889：桂爾宮（Palau Güell），名列世界遺產
5. 1895-1897：桂爾酒莊（Bodegas Güell）
6. 1895：桂爾家族陵墓（La tumba para la familia Güell en Montserrat），只有草圖，並未建造
7. 1898-1914：桂爾紡織村教堂（Cripta de la Colonia Güell），名列世界遺產
8. 1900-1914：桂爾公園（Park Güel），名列世界遺產

富可敵國的桂爾延續贊助者的古老傳承，發自內心地欣賞高第，不把贊助當投資，而以創作為上，不但支付高第昂貴的設計費，追加工程預算，還支付桂爾公園建築工人的薪水達14年。而為了桂爾紡織村教堂「力學實驗研究」，他甚至還支付高第、助手和建築工人的薪水長達20年。

我們可以說，沒有桂爾，就沒有高第，也沒有高第的「力學實驗研究」，更沒有高第以研究結果為基礎而設計的聖家堂。

很可惜的，桂爾的子女在他1918年去世後，並未繼續贊助高第。

跟著官方導遊漫步蘭布拉大道和拉巴爾區：從地鐵站 Catalunya開始。

❶ 蘭布拉大道（La Rambla）

Rambla在阿拉伯文是「沙地」之意。原本是位於第二、第三道城牆間的溪流，18世紀後因為人口驟增，城牆遭拆除以興建房舍，溪流也因此改成散步道，成為現在蘭布拉大道的樣子。

蘭布拉大道、拉巴爾區

La Rambla y el Raval

▲ 蘭布拉大道上的聖喬治節。

這條不到兩公里、被探索頻道（Discovery Channel）列為全球13條名街之一的大道，連接加泰隆尼亞廣場和哥倫布紀念塔，中間有寬闊的人行道，兩邊綠樹林蔭夾道，布滿露天咖啡座、花舖、報攤和各式裝扮的街頭藝人，共分成六段：

1. 卡納雷達斯的蘭布拉大道（Rambla de Canaletes），Canaletes是街口水泉的名字。

2. 學院的蘭布拉大道（Rambla dels Estudis），曾是大學所在，直到18世紀時才遷除。

3. 花卉的蘭布拉大道（Rambla de les flors），是19世紀城裡唯一的花市，一百多年後，花市猶在。

4. 嘉布遣會士的蘭布拉大道（Rambla dels Caputxins），曾有嘉布遣會士的修道院。

5. 聖莫妮卡的蘭布拉大道（Rambla de Santa Mónica），有座聖莫妮卡教堂。

6. 海上蘭布拉大道（Rambla de Mar），連接港邊和遊艇港購物中心。

❷ 卡納雷達斯泉
（Font de Canaletes）

Add La Rambla, 133

Canaletes是「小渠道」之意，從14世紀就有渠道引山泉進城，18世紀時利用渠道建造水泉，這名字就一直沿用至今。

法爾蓋斯（Pere Falqués）是19世紀巴塞隆納市政府的建築師，設計的路燈遍布全城重要角落，像是格拉西亞散步大道、聖家堂旁高第大道、1888年萬博會場外面。1888年，他為萬博會設計了幾個「水泉路燈」，這個卡納雷達斯泉就是其中之一，下半部是水泉，上半部是路燈。

▲卡納雷達斯泉。

　　據說，喝過這水泉的外地人會愛上巴塞隆納，將再回到此城。而對在地人來說，水泉則跟足球有密切關係。

　　1930年代，這個水泉對面有家報社，每次巴塞隆納足球隊到外地踢球，大家就聚在報社外面等著比賽結果，只要一贏球，就當場在此慶祝，現在這家報社已不復存在，但是，到卡納雷達斯泉慶祝贏球的習俗卻沿襲至今。

Ⓐ Hotel Continental Barcelona旅館

Web https://www.hotelcontinental.com/　Add La Rambla, 138

　　這家百年飯店位於蘭布拉大道上。西班牙內戰是當代作家、藝術家的靈感來源，歐威爾、畢卡索、海明威都從中創作出令人難忘的作品。歐威爾在1937年內戰期間帶著老婆來到巴塞隆納，下榻於此。他原本只是到西班牙當戰地記者，最後卻加入戰場，在阿拉貢前線與共和軍並肩作戰，受傷後還被送回旅館療傷。在那段期間，他在這裡見過當時的印度總理尼赫魯及其女兒，以及年輕的甘迺迪。他在巴塞隆納的親身經歷後來寫進他的第一手參戰紀實《向加泰隆尼亞致敬》（ Homage to Catalonia ）書中。雖然旅館不位於安全住宿區，漫遊老城區時仍可進去喝杯咖啡。

Ⓑ Cocktail Bar Boadas 雞尾酒吧

Add C/Tallers, 1

　　開業於1933年，從關閉的門扉看不出它輝煌歷史。事實上，畢卡索、海明威等名人都曾是常客，幾年前影星麥特狄倫、凱文科斯納等也曾和老闆娘在此暢飲。

巴塞隆納當代藝術博物館內部的白色大斜坡。

❸ 巴塞隆納當代文化中心
（CCCB - Centre de Cultura Contemporània de Barcelona）

Web http://www.cccb.org/ca/　Add C/Montalegre, 5

18世紀末的慈善之家（Casa de la Caritat）整修改建而成的建築，用來舉辦各種人文、城市、社會現象的多媒體展覽，是老建築再利用的絕佳範例。

▲ 巴塞隆納當代文化中心中庭的玻璃帷幕立面。

慈善之家由一個三翼五層高的建築組成U字型結構，中間有個大型中庭，由建築師畢亞普拉納（Albert Viaplana）與皮尼翁（Helio Piñón）改建。北翼以一個高達30公尺的稜柱體取代，形成壯觀的玻璃帷幕立面，立面最上端俯向中庭，把中庭的人影、老建築牆面、街景、藍天白雲都收進倒影中。

❹ 巴塞隆納當代藝術博物館
（MACBA - Museu d'Art Contemporani de Barcelona）

Web http://www.macba.cat　Add Plaça dels Àngels, 1

1986年，市政府建造巴塞隆納當代藝術博物館，以整頓雜亂危險、充滿娼妓、毒品和犯罪的拉巴爾區。

這個博物館因為成立晚，沒有收藏塞尚、畢卡索，甚至安迪渥荷的作品，重心在於當代創作的藝術品上，而博物館本身的建築更是絕美的藝術品。

它是美國建築師李察‧麥爾（Richard Meier）在西班牙唯一的設計，於1995年啟用，是120×35公尺的純白縱向建築，線條簡潔，深具現代感，側面垂直插入一個貫穿四層樓的大圓柱體，入口旁另有個類似的小圓柱體相呼應。另一頭有個不規則曲體狀塔樓，為博物館添加一些圓弧曲線。博物館內部也讓人讚嘆，有一個從中縱向溝通各個樓層的白色大斜坡，陽光從旁邊的大片玻璃牆引進斜坡之間，在光影中組合出多種縱橫交錯的空間和平面，讓人讚歎白色之美。

▲ 李察·麥爾設計的巴塞隆納當代藝術博物館。

❺ 聖十字醫院（Antic Hospital de la Santa Creu）

Add C/Hospital, 56

　　巴塞隆納在14世紀末的瘟疫和飢荒之後，成立六家醫院，但是礙於經費問題，於1401年合併為聖十字醫院，成為往後500年中城裡唯一的醫院。經費來自捐款，不分貧富醫治照顧城裡所有病患，撫養孤兒，發展醫學，推廣醫學教育，甚至還訓練當年最善於用刀的刮鬍師當外科醫師。當時在國王授權下，醫院有權接收沒子嗣、沒立遺囑者的遺產，以籌款救助病患，塞萬提斯因此在書裡讚揚巴塞隆納為「窮人的醫院」。

　　這家巴塞隆納歷史最悠久的醫院，屬於西班牙國家級歷史藝術遺產，位於卡門街（Carrer del Carme）和醫院街（Carrer de l'Hospital）之間，是加泰隆尼亞非宗教哥德式建築的代表，有點中國宅院裡多進院落的結構，由一些建築群圍出幾個中庭和庭園。

　　從卡門街進去，我們會先看到新古典主義風格的皇家醫學院（Reial Acadèmia de Medicina），1904年以前是大學醫學系大樓，從1920年成為醫學和外科學院。在皇家醫學院對面就是以前病患出院前住的療養院（Casa de Convalescència），四方形中庭環繞迴廊，由16世紀末、17世紀初的費蘭（Pau Ferran）捐贈。

▲ 庭園中矗立的「聖十字」。

　　據說，他曾是富裕的貿易商，後因謠傳他的商船遭海難而頓時破產。當他身無分文又重病時，親朋好友全棄他不顧，最後被聖十字醫院收留。病癒之後，音訊全無的商船奇蹟似地出現，他又成為富商，為了感激醫院在他落魄潦倒時伸出援手，他把所有遺產都留給醫院，建造了療養院。

　　1926年6月7日下午，高第被電車撞昏，因為衣衫破舊而被誤認為是流浪漢，也送到這個專收窮人的聖十字醫院。後來高第昏迷三天後去世於此。

　　到了20世紀，聖十字醫院因為設施陳舊，遷至多梅內克設計的新醫院，從此改名為聖十字聖保羅醫院（Hospital de la Santa Creu i Sant Pau）。醫院老建築則被市政府買下，整修為加泰隆尼亞圖書館、兩個巴塞隆納省議會圖書館、加泰隆尼亞文學研究院、馬薩那藝術設計學院，而在圖書館則有個塞萬提斯廳，收藏塞萬提斯著作的古籍。

　　現在古老的聖十字醫院有長長的哥德式迴廊和優美的庭園，是當地居民、遊客、學生悠閒看書散步之地。庭園有座椅，園中矗立著「聖十字」，石砌大階梯通往庭園旁的建築，庭園一隅還有個咖啡廳，成為鬧區裡一個幽靜懷古的角落。

▲ 療養院的迴廊。照片提供：攝影師Rafael Caballero。

⒞ CHÖK CARME 手工巧克力甜點店

▲ CHÖK CARME手工巧克力甜點店。

Web https://www.chok.shop/　**Add** C/Carme, 3

　　巧克力控最愛的甜點店，店裡彌漫香濃的巧克力味，光從櫥窗看到各式手工巧克力甜點、甜甜圈、蛋糕等，就讓人不由自主地進去店裡。

⒟ Granja Viader 甜點店

Web http://www.granjaviader.cat/　**Add** C/Xuclà, 4

　　創於1870年，本來只是一家牛奶專賣小店，從城外運新鮮牛奶加工製成乳製品，後來生意越做越大。西班牙有名的巧克力奶昔（Cacaolat）是1931年在這家店裡調配出來的，而Letona這個專賣新鮮牛奶的品牌也是前店主創立的。

現在店裡可品嘗到古法製作的鮮奶酪（cuajadas）、乳酪（quesos）和布丁（flanes），特別推薦的甜點是新鮮乳酪布丁（Flan de Mató）和乳酪蛋糕（Pastel de Queso），不太甜卻滿口鮮奶的香味。還可嘗嘗濃稠熱巧克力（Chocolate Caliente），或是熱巧克力佐香濃奶油（Suizo），以及冷熱皆宜的巧克力奶昔。

營業時間跟別的咖啡館不同，建議先上網查詢，以免空跑一趟。

❻ 總督夫人府（Palau de la Virreina）

Web http://lavirreina.bcn.cat/　**Add** La Rambla, 99

阿馬特（Manuel d'Amat）是18世紀派駐祕魯的總督，在利馬期間與年輕名演員的非婚關係驚世駭俗，還生了私生子，成為當時許多劇作家的靈感來源。

1779年卸任前，總督就在巴塞隆納興建兩棟豪宅，其中一棟就在蘭布拉大道上。

總督衣錦還鄉後，認識了他姪子的未婚妻，在姪子毀棄婚約後，就迎娶這位小他50歲的貴族之女。不過婚禮舉行時，新郎人在馬德里，所以由新郎的哥哥代娶。婚後不到三年，總督就去世了，把兩棟豪宅留給年輕的總督夫人，因此這「總督府」最後就成為「總督夫人府」。

▲ 從玻璃倒映的圓拱可以看出大人偶的高度。

總督夫人府是城裡少見的巴洛克建築，正門有「凱旋門」的氣派，雄偉的正立面有壁柱裝飾，頂上有12個石欄，上有石花盆，陽台牆上鑲有總督的盾徽，中庭和通往二樓的臺階均精心雕製。

最裡面還可以看到巴塞隆納節慶活動中抬出來遊街的大人偶（Gegants），大約兩人高。人偶的衣服有縫隙，讓躲在裡面操弄跳舞的真人可以看見外頭的路面，有點像台灣的七爺八爺！

▲ 總督夫人府立面。

Ⓔ 貝多芬之家（Casa Beethoven）

Web　http://www.casabeethoven.com/　Add　La Rambla, 97

　　這家有130年歷史的樂譜店可說是樂譜圖書館。店員親切熱心，店裡什麼樂譜都有，如貝多芬、莫札特，以及諾諾（Luigi Nono）、潘德列茨基（Krzysztof Penderecki）、亞當斯（John Coolidge Adams）等作曲家的樂譜。

　　彈鋼琴的人可以買蒙波（Federico Mompou）的琴譜，他在1893年生於巴塞隆納，作品恬淡安逸，簡約靜謐，呈現出西班牙人內斂沈穩的一面，又帶着淡淡的西班牙熱情，讓人聯想到印象主義和法國作曲家薩提（Satie）。

◀ 貝多芬之家。

▲ 市場上的新鮮水果、引人垂涎的巧克力。顏色鮮豔的零食，西班牙人對色彩的敏感度就是從小這樣培養出來的！

❼ 波格利亞市場（Mercat de La Boqueria）

Web http://www.boqueria.barcelona/　Add La Rambla, 91

　　波格利亞市場的歷史，就是蘭布拉大道的歷史。

　　早在1217年就有文獻記載農民在城牆外、現在這個市場附近擺攤叫賣。19世紀時，波格利亞市場建於聖若瑟修道院舊址上，所以又稱聖若瑟市場，1840年啟用，成為城裡第一個菜市場。市場中間的環形魚市則建於1911年。現在覆蓋著6000平方公尺的鋼鐵頂蓋和結構，則屬於當時盛行的加泰隆尼亞現代主義建築風格，完成於1914年。

　　市場正門招牌上有市場的名字，上面還有一頂皇冠，皇冠上有蝙蝠，這是古老的阿拉貢-加泰隆尼亞王國的紋章，據說綽號「征服者」的國王交馬一世在征戰

瓦倫西亞時，一隻蝙蝠在夜間飛進他的帳篷，驚醒了國王，讓他能即時抵擋敵人的夜襲，所以蝙蝠就出現在阿拉貢-加泰隆尼亞王國的紋章裡。現在巴塞隆納仍可看到皇冠和蝙蝠，最明顯的就是這個市場上的招牌。

　　波格利亞市場是當地保持傳統、最有名氣及人氣的市場，裡面有各種新鮮農牧產品，有專賣蛋類、菇類、鹹鱈魚、乾果、香料、巧克力、豆類的小店，鮮豔的顏色、誘人的氣味和無與倫比的活力，讓它獲選為2005年全球最佳市場。那裡有各式西班牙食材，我還看過羊頭、牛肺、牛睪丸，也有世界各地的食材、草藥、異國水果或特殊膳食。在萬頭攢動之中，當地人和餐廳大廚在此買菜，觀光客則在此享受現榨的新鮮水果和現炒的風味佳餚。

---

❻ Pinotxo 小木偶小吃攤

Web http://pinotxobar.com/
Add 波格利亞市場內

　　這家創於1940年的小吃攤，是城裡Tapas界的一顆明珠，每天因當季食材而提供不同菜色，老闆黃尼多（Juanito）親切好客，五十年如一日地在吧台熱情推薦今天最棒的菜色，跟食客打成一片，連名廚亞德里亞、阿札克、桑塔馬利亞等逛完市場都會到他的攤子吃點Tapas。

▲ 小木偶小吃攤的老闆黃尼多。

❼ El Quim 小吃攤

Add 波格利亞市場內

　　這裡有市場最新鮮的食材和多變的烹調方式，所以這家在波格利亞市場的Tapas小吃攤永遠一位難求。不能預約，只能站在攤位旁等，一個食客吃完，另一個食客馬上坐上去。

▲ 從El Quim的吧台可以看到廚師在裡面烹調美食。

⊕ Escribà 甜點店

Web http://www.escriba.es/
Add La Rambla, 83

▲ Escribà 甜點店內部的加泰隆尼亞現代主義裝飾。

　創立於1902年，原本是以馬賽克、石材、雕刻、彩色玻璃、鑄鐵裝修成的食品店，具加泰隆尼亞現代主義風格。1986年被百年甜點老店Escribà買下當分店，內外均保存原有的裝潢，成為觀光客不可錯過的「美食景點」。老闆艾斯克里巴（Christian Escribà）世代是甜點師傅，還是世界名廚亞德里亞的好兄弟，2012年亞德里亞的餐廳elBulli的「告別式蛋糕」（餐廳於2012~2013休息兩年，之後轉型成基金會）也是他做的。

❽ 雨傘之家（Casa del paraigües）

Add La Rambla, 82

　這棟建築物原名La casa Bruno Cuadros，卻因為立面上的雨傘而有「雨傘之家」的綽號。

　這棟建於1858年的東方造型建築，1883年整修時，樓下店面是家雨傘店，建築師因此採用當時盛行的加泰隆尼亞現代主義風格，再加上當時人們趨之若鶩的東方風格，以鑄鐵東方傘、紙扇和蒲扇來裝飾立面，用一隻啣著燈籠的中國龍和一只大雨傘裝飾轉角。

▲ 雨傘之家的中國龍。

❾ 波格利亞街（Calle de la Boqueria）／波格利亞城門

位於現在波格利亞街和蘭布拉大道交會口的地方，以前有個波格利亞城門，後來19世紀建造市場時，就以城門的名字命名。現在，波格利亞城門已不復存在，但是波格利亞市場的名字繼續讓我們遙想當年城門的情景。

❿ 骨頭廣場（Pla de l'Os）

Add La Rambla/Pla de la Boqueria

這個廣場是蘭布拉大道上很重要的「地上」景點，是西班牙近代藝術家米羅的作品，用色彩鮮豔的地磚拼出童真的造型，充滿米羅的特色。

⓫ 歌劇院咖啡廳（Café de l'Òpera）

Web http://www.cafeoperabcn.com/
Add La Rambla, 74

這家百年老店最早是18世紀的小旅店，在利塞奧大歌劇院開幕後改為巧克力店，後來成為咖啡廳兼餐廳。1928年改名為歌劇院咖啡廳，現在內部還保持著加泰隆尼亞現代主義裝潢，是品嘗濃稠熱巧克力佐油條和咖啡的好地方。

⓫ 利塞奧大歌劇院（Gran teatro del Liceu）

Web http://www.liceubarcelona.cat/
Add La Rambla, 51

1847年4月4日開幕，沒有設置皇家包廂，建造經費不是由皇家贊助，而是「出售席位或包廂」而來，是當年新興的加泰隆尼亞資產階級的象徵。160多年來一直以歌劇為主要的演出項目。

當卡芭葉（Montserrat Caballé）還是貧窮的年輕女工時，知道自己有副好歌喉，需要名師指導，但沒錢支付學費，便求助於利塞奧大歌劇院的附設音樂學院。最後歌劇院

◀ 米羅用色彩鮮艷的地磚拼出童真的造型。

同意免費栽培卡芭葉，唯一的條件是，卡芭葉成名後，要回到利塞奧大歌劇院演唱。幾年後，卡芭葉不但履行諾言，在成為知名女高音後回到歌劇院演唱，更邀請當時著名的聲樂家到此，使得利塞奧大歌劇院的演出水準超越馬德里的皇家歌劇院，也名列世上重要的歌劇院。

⑪ Rocambolesc冰淇淋店

Web https://rocambolesc.com/
Add a Rambla, 51

西班牙最佳餐廳El Celler de Can Roca的甜點師傅、羅卡三兄弟的老三喬迪開的冰淇淋店，本店在吉容納（Girona），在這家分店也可嘗到美味冰淇淋。

⑯ Oriente Atiram Hotels Barcelona飯店

Web https://www.atiramhotels.com/ca/hotels/barcelona/hotel-oriente-atiram-ramblas/
Add La Rambla, 45

以前叫作 Fonda del Oriente，是巴塞隆納最古老的旅店之一，位於蘭布拉大道，歷史上知名人物如卡拉絲、愛娃‧嘉納、托斯卡尼尼、奧森‧威爾斯等都曾下榻於此。著名童話故事作家安徒生在1862年9月造訪巴塞隆納時，入住該飯店，此行逛遍整個老城區，形容巴塞隆納是「西班牙的巴黎」，甚至還目睹了9月15日那天的豪雨造成蘭布拉大道淹水，還把對蘭布拉大道和這座城市的印象寫入他的旅行手記《西班牙紀行》（*I Spanien*）。

⑫ 桂爾宮（Palau Güell）

Web http://www.palauguell.cat/　　**Add** C/Nou de la Rambla, 3

高第替不少有錢人設計豪宅，都以屋主的姓氏為名，稱為「某某之家」，例如米拉先生的豪宅叫做「米拉之家」（Casa Milà），巴特由先生的豪宅叫做「巴特由之家」（Casa Batlló）。但是桂爾先生的豪宅華麗如宮殿，甚至有管風琴，卻不叫「桂爾之家」（Casa Güell），而稱為「桂爾宮」（Palau Güell）！

當年城裡的黃金地段、高級豪宅區是擴建區，蘭布拉大道附近則是龍蛇混雜區，因為桂爾父親的房子就在現在桂爾宮旁邊，因此請高第將這一座「宮殿」蓋在這個有點落伍過時的地方。而桂爾宮和他父親的房子內部以一道走廊相通。

1 3
2 4

1. 桂爾宮華麗的餐廳。照片提供：攝影師Rafael Caballero。
2. 桂爾宮的地下馬廄。照片提供：攝影師Rafael Caballero。
3. 桂爾宮的拱形天花板。照片提供：攝影師Rafael Caballero。
4. 桂爾宮正立面上的老鷹。照片提供：攝影師Rafael Caballero。

桂爾宮雖然還沒有高第後期天馬行空的設計，卻依稀可見高第往後發展的影子，有他對於採光和空間感的重視、對拱形的偏愛和多彩碎瓷的運用，可以說高第第一次將他創新、富有想像力的建築思想付諸實踐，完全突破了當時盛行的古典的多元主義風格。高第的巧思加上桂爾先生預算無上限的支持，採用各類高級奢華的建材以及雇用做工精巧細緻的各行工

▲桂爾宮由五彩碎瓷拼出來的煙囪。照片提供：攝影師Rafael Caballero。

匠，桂爾宮成為令人驚豔的奢華宅第，從門口的鑄鐵裝飾和兩個拋物拱門、紅磚柱圓拱頂的地下馬廄，到拱頂挑高自然採光的宴會廳、繁複精緻的天花板、設計精巧的主臥房，以及造型特別的頂樓煙囪，在在讓人讚嘆。

桂爾宮在尚未完全竣工時就成為1888年萬博會承辦活動和官方接待的場所。整個建造工程從1886年開始，直到1890年完工，在1984年入選世界遺產。

⑬ 彩虹劇院街

Add　Carrer de l'Arc del Teatre

西班牙作家薩豐（Carlos Ruiz Zafon）的暢銷書《風之影》中的遺忘書之墓（Cementerio de los Libros Olvidados）雖然不存在於史實上，但是，根據作者薩豐，就位於彩虹劇院街（Carrer de l'Arc del Teatre）上。

❶ 「小精靈森林」咖啡館（El Bosc De Les Fades）

Web http://www.boscdelesfades.com/
Add Pasaje de la Banca, 5

　　城裡最富童話意境的咖啡館，像個魔幻森林，以瀑布、噴泉、森林、橋樑為裝飾。在昏暗的光線裡，還可以隱約聽到蟋蟀和貓頭鷹合鳴的午夜之聲。

▲「小精靈森林」咖啡館的夢幻布置。

⓮ 皇家造船廠（Drassanes Reials）

Web http://www.mmb.cat/　　　**Add** Av. de les Drassanes, s/n

　　建於13世紀，提供阿拉貢-加泰隆尼亞王國造船修船和冬季庇護船艦的空間，是哥德式非宗教建築獨一無二的典範。後來又進行了幾次擴建，隨著第三道城牆的修建，皇家造船廠被劃進城區。事實上，這座建築物還保留了舊城牆的一部分，成為全世界最大、保存最完整的中世紀造船廠之一，於1976年被西班牙列為國家級歷史藝術遺產，現在是海事博物館。

▼ 皇家造船廠。

▲ 搭乘Catamaran Orsom帆船一邊聽爵士樂，一邊觀賞夕陽，是一種西班牙式的享受。

Ⓜ Catamaran Orsom 帆船

Web http://www.barcelona-orsom.com/　　**Add** Portal de la Pau Moll de Drassanes

　　這艘帆船是融合視覺、聽覺、嗅覺、精神、心靈的享受。黃昏時分離港，在海上揚帆。大家可以在帆船隨風航行時，喝飲料，聽現場爵士樂表演，看夕陽，呼吸著地中海的清新，享受西班牙的風情，讓拂面 的海風吹去所有煩惱憂慮，直到享盡夕陽美景才返回港口。

Ⓝ Maremagnum 購物中心

Web http://www.maremagnum.es/　　**Add** Edificio Maremagnum, Moll d'Espanya, 5

　　從港邊穿過木橋，就是終年無休的購物中心。裡面除了各式平價商店外，還有IMAX電影院、水族館，以及視野很好的餐廳和咖啡館，可以遠眺整個海港。

哥倫布紀念塔。

⑮ 哥倫布紀念塔（Monumento a Colón）

Add Plaça del Portal de la Pau, s/n

　　有人一看到這個高達60公尺的哥倫布紀念塔就猜測說哥倫布從此城出海，或說哥倫布手指新大陸。殊不知，哥倫布是從西班牙南部出海，發現新大陸返回西班牙後，才到巴塞隆納謁見西班牙的天主教雙王。而且翻開地圖，在地圖上劃一條線，就會發現哥倫布立像手指巴塞隆納東南方的外島馬約卡（Mallorca）！

　　為了1888年的世博會，市政府熔掉蒙居意克城堡（Castell de Montjuic）前的大炮，製成這座世上最大的哥倫布全身立像。支撐立像的柱子中空，裡面是巴塞隆納最早的電梯，搭乘電梯可以登上瞭望台，遠眺蘭布拉大道和舊港（Port Vell）。在薩豐（Carlos Ruiz Zafon）的暢銷書《風之影》中，達尼曾在此遇見神祕黑衣人，費爾明在碼頭跟生命中重要的一個人送別。

　　哥倫布紀念塔就在哥倫布散步大道上，據說塞萬提斯到巴塞隆納時就是住在哥倫布散步大道2號（Passeig de Colom, 2）的三樓。

⑯ L'Aquàrium de Barcelona水族館

Web https://www.aquariumbcn.com　**Add** Port Vell, Moll d'Espanya, s/n

　　位於Maremagnum購物中心內，是了解海底生物的絕佳去處，裡面最壯觀的是一條長80公尺的透明海底隧道，在海面下5公尺處，走在裡面可以看到鯊魚等物種。水族館還有專為小朋友設計的互動活動，可以觸摸、觀看、聆聽、查詢和認識海洋世界，是親子遊絕佳景點。

2 - 5　新藝術的燦爛遺產：
擴建區之一

擴建區（L'Eixample）是150年前的都市計畫設計出來的「新區」，街道較寬敞，以加泰隆尼亞現代主義建築著名。這一區較安全，小偷較少，離老城區很近，交通方便，生活機能良好，是旅人住宿的最佳選擇。

塞爾達的都市計畫（El Plan Cerdà）

18世紀初，西班牙王位繼承戰爭後，新王菲利普五世為了防止加泰隆尼亞人叛變，在巴塞隆納大興城牆和城堡，禁止他們發展當地傳統的藝術文化和語言，卻又解除了禁止與美洲殖民地通商的法令，所以加泰隆尼亞轉而發展工業，產品內銷西班牙又外銷至海外殖民地。一百年後，巴塞隆納遂成為西班牙最富裕的城市，吸引許多西班牙各地來的移民，成為歐洲最擁擠的城市，人口密度是倫敦的10倍、巴黎的2.5倍。

古時大砲只能打兩公里，所以巴塞隆納城外的五個小鎮都在兩公里之外，沿著城牆設有一片「軍防用地」，城牆和四周小鎮之間只有農地，沒有房舍。但是隨著工業化的演進，大砲的射程拉長，城牆外的軍防用地失去實際用途，加上城裡人口密度過大，衛生環境不佳，流行過幾次霍亂，西班牙中央政府便在1854年授權拆除菲利普五世建造的城牆，把老城往外擴建。巴塞隆納市政府則在1859年規畫城牆外的新區：擴建區。

為此，西班牙中央政府指派工程師塞爾達（Ildefons Cerdà）做都市計畫。但是，巴塞隆納市政府不滿中央政府干涉，另行舉辦「規畫圖競賽」，選出羅比拉（Rovira）的設計圖。最後，一道皇家法令指定塞爾達負責新市區的規畫，結束了爭議。

塞爾達設計的是最完美的都市計畫：棋盤式的街道，富豪、工匠、商人和勞工都住在同一區，沒有階級之分。每一區都有市場、教堂、公園等，建築物不得高於17公尺，總建地不得超過4000平方公尺，街道與街道之間構出550個方格街區，每個街區的建築物只有兩面或三面，呈「L形」或「馬蹄形」，以引進日照陽光。方格街區中間是公園，成為喧鬧中的清靜之地，因為塞爾達認為，天然的光線和花園裡清新的空氣有助健康。

◀ 從空中鳥瞰巴塞隆納擴建區整齊劃一的街道。

在塞爾達設計的擴建區裡，馬路的標準寬度是20公尺，人行道是每邊各5公尺，十字路口則因為街區的四角被截除而成為八角形，可加寬視野，方便車輛轉彎，更可以讓貨車在斜切角暫停、上下貨物。另外，還有四條特別寬大的馬路連通市區和四周城鎮。

不過，150年前的都市計畫卻受到房地產炒作的影響，擴建區的右半邊地價比左半邊貴，新興的資產階級都在右擴建區興建豪宅，左擴建區成為工匠和勞工聚集之地。而且每個街區都建造四面建築，呈圍死的「口」字形，住宅因此缺乏光線，封閉如鳥籠，方格街區中間沒有公園綠地，反而被當成倉庫或停車場。塞爾達理想中的清新空氣不再川流於房舍之間，甚至連建築高度、密度都比原計畫多出好幾倍。

不過，巴塞隆納整齊勻稱的街道還是在世界都市計畫史上寫下重要的一章。

那時，將藝術風格與生活緊密結合在一起的新藝術主義（Art Nouveau）風行一時，這種以植物花鳥昆蟲為裝飾的優雅流線設計在各地有不同的稱呼，在英國是Modern style，在德國是Jugendstyl，在義大利是Floreale或Liberty，在西班牙則因此藝術潮流在加泰隆尼亞地區蓬勃發展而稱Modernisme Catalá / Modernismo Catalán（加泰隆尼亞現代主義）。

當時加泰隆尼亞現代主義最重要的藝術表現是建築，因此在巴塞隆納的上流社會，人人以住在擴建區的加泰隆尼亞現代主義建築為榮，更加強了此建築風格的發展。現在這裡則可看到一幢幢當年富豪耗資興建的加泰隆尼亞現代主義豪宅。

19世紀末、20世紀初巴塞隆納的豪宅都有高大的入口，方便馬車進出。地面上的一樓叫底樓（Planta Baja），電梯裡寫B樓，通常當做商店出租；上面是E樓（Entresuelo，間層），照台灣算法是二樓。通常E樓離地面不高，頂多一兩公尺高。E樓上面是天花板挑高的P樓（Principal，主要樓層），電梯寫P樓，是主人住的樓

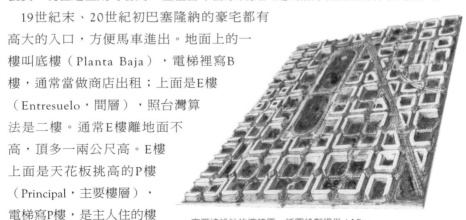

▲ 塞爾達設計的擴建區。插圖繪製提供：Mb。

層。以前住在P樓的人稱為Señores Principales（主要的紳士），一語雙關，一指「住在P（Principal）樓的人」，另一指「一等公民」，因為住在P樓的人都是富豪顯貴，普通小老百姓最多只能住在主要樓層之上、用來出租的樓層。

當年建築師除了要設計建築物的外觀，還要設計屋內的家具、燈具、櫥櫃、桌椅、門窗、門把、地磚等，然後屋主再找木匠、鐵匠、銅匠、陶瓷匠來特別訂做，所以每棟豪宅裡外都是獨一無二的。

加泰隆尼亞現代主義風格的建築設計重視立面和內部裝飾，裝飾藝術因此蓬勃發展。更特別的是，加泰隆尼亞現代主義師法自然，當時的建築師均以茂盛的花鳥、動植物為裝飾元素。

此建築風格不但表現在建築和裝飾上，還很重視傳統建築和裝飾技術的維護更新，以當地輝煌時期的哥德式和新哥德式風格為靈感，大量使用紅磚、馬賽克和彩色玻璃等傳統建材，甚至開發出新技術，加泰隆尼亞音樂廳就是採用鋼鐵建材和新的陶瓷技術建造而成。

當時最有名的「加泰隆尼亞現代主義建築三傑」是多梅內克、高第和普意居。

多梅內克曾在《文藝復興》（*La Renaixença*）雜誌發表〈尋找民族建築〉一文，提出一個表現加泰隆尼亞民族主義的現代建築方式。因此，加泰隆尼亞現代主義的建築都帶有民族主義色彩，有時是加泰隆尼亞旗的顏色或標幟，有時是加泰隆尼亞主保聖人聖喬治的雕像。

高第雖然歸類為加泰隆尼亞現代主義建築師，但他超越這個風格。以「師法自然」為例，高第像其他建築師，以動植物來作建築物的形狀樣式或裝飾，也用動植物的形狀作為建築的結構。

一百多年後，加泰隆尼亞現代主義建築已變成當地的驕傲，是個年年吸引上百萬觀光客的觀光資源。巴塞隆納市政府把城裡具有藝術價值的115棟加泰隆尼亞現代主義建築畫出一條參觀路線圖，就叫做「加泰隆尼亞現代主義之路」，包括八棟被聯合國教科文組織列為世界文化遺產的建築，且大多位於擴建區。

▲ 加泰隆尼亞現代主義風格的燈具。

擴建區之一 | L'Eixample 1

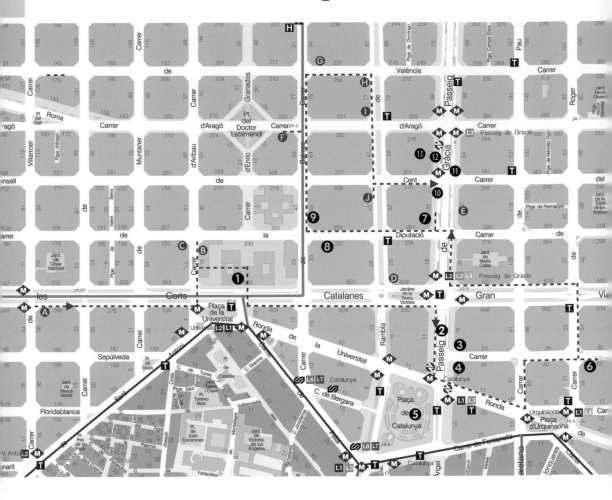

跟著官方導遊漫步加泰隆尼亞現代主義建築之路：從地鐵站Urgell開始。

加泰隆尼亞現代主義之路有115棟建築，我們用散步方式來看靠近市區的代表建築。

Ⓐ Pastelería Escribà 甜點店

Web http://www.escriba.es/
Add Gran Via de les Corts Catalanes, 546

這家百年甜點店的甜點大師艾斯克里巴（Christian Escribà）以「讓人驚喜期待興奮，創造難忘時刻」為最高境界，做過以達利為主題的結婚蛋糕，也做過寬近一公尺、重達100公斤的龍型巧克力蛋糕，還為賽車手做過等比例的「一級方程式

▲ Pastelería Escribà 甜點店。

結婚蛋糕」，創造出「巧克力高跟鞋」，發明的「糖果戒指」更是紅到連巴黎的百貨公司都把它放在珠寶專櫃裡！

艾斯克里巴和西班牙最有名的主廚亞德里亞是從年輕就認識的至交。艾斯克里巴婚禮的酒席是剛出道的亞德里亞辦的，而亞德里亞結婚，艾斯克里巴則為他做了個結合戲劇演出、非常特別的結婚蛋糕。

艾斯克里巴現在一邊經營百年老店，一邊研發新的甜點創作，一邊為客人量身訂做各種造型蛋糕。來到這家甜點店，運氣好的話還可以和大師合影哩！

Ⓑ La Valenciana 咖啡館

Web http://www.lavalenciana.com/
Add C/Aribau, 16

這家百年老店咖啡館，以賣西班牙豆漿（Horchata）起家，現在還賣Turrón、冰淇淋、咖啡、甜點等，樣樣誘人可口！

▲ Mont Bar餐廳的創意美食。

ⓒ Mont Bar餐廳

Web http://montbar.com/
Add Carrer de la Diputació, 220

　　Mont Bar雖然是家提供tapas的酒吧，但是菜色獨具創意，層次對比分明，而且還有不少知名美酒，對於喜歡精緻創意美食、又不想花大錢的人來說，它是一家讓人驚豔的餐廳。2023 年它從米其林推薦餐廳升等為一星餐廳。

❶ 巴塞隆納大學歷史大樓
（Edifici històric de la Universitat de Barcelona）

Web http://www.ub.edu/museuvirtual/visitavirtualEH/
Add Gran Via de les Corts Catalanes, 585

　　巴塞隆納醫學院成立於14世紀，巴塞隆納綜合研究學院（現在大學的前身）成立於15世紀，學院大樓在16世紀建於蘭布拉大道旁。1714年西班牙王位繼承戰爭之後，學院總部被新王菲利普五世遷至城外的賽爾維拉（Cervera）。現今的巴塞隆納大學於1837年正式成立。

　　巴塞隆納大學歷史大樓是當時少數幾個位於城牆外的建築，始建於1863年，1871年在還沒有完全竣工下啟用。

　　大學內部的主大廳寬敞典雅，有雄偉的大台階通往二樓，裡面珍藏著六幅普拉多美術館從19世紀借展

1　2
　3

1. 巴塞隆納大學內部的二樓走廊。
2. 大學內回廊環繞的中庭。
3. 巴塞隆納大學歷史大樓（Edificio Histórico de la Universidad de Barcelona）外觀。

至今的名畫。主大廳兩側各有一棟建築，分別是文學院和理學院，內部有迴廊環繞的中庭和占地一公頃的花園，是擴建區少數幾個綠意盎然之地。現在大部分的科系已搬到其他校區。

❶ Ciudad Condal 伯爵城餐廳

Web https://ciudadcondal.cat/
Add Rambla Catalunya, 18

　　伯爵城不接受預約，門口總是擠滿等著進去享受一碟碟深受在地人喜愛的下酒小菜 Tapas。不過，在伯爵城吃Tapas不是佐西班牙葡萄酒，而是佐來自世界各國的啤酒，讓這個道地的西班牙風味多了一點國際特色！

▼ 鳥瞰格拉西亞散步大道。

❷ 格拉西亞散步大道
（Passeig de Gràcia / Paseo de Gràcia）

　　許多介紹西班牙的旅遊書把這條街譯成「感恩大道」，但其實Gràcia不是Gracias（謝謝），在這裡是小鎮名。

　　擴建區還未開發前，人們從天使門（Portal de l'Àngel）出城，經過一條官道抵達離巴塞隆納最近的格拉西亞鎮。後來開發擴建區時，利用舊有通往小鎮的官道開闢了格拉西亞散步大道，所以在地圖上，擴建區的道路都和其他街道垂直或平行，只有這條路略呈傾斜。

這條路地價昂貴，當時的有錢人都以住在格拉西亞散步大道為身分地位的象徵，在此買地興建加泰隆尼亞現代主義風格的豪宅，因此一百多年後的今天，這裡就成為露天的建築博物館，是連通加泰隆尼亞廣場和格拉西亞區的道路，精品店林立，可媲美巴黎香榭大道，而當年的格拉西亞鎮則成為巴塞隆納的一區。

❸ 羅卡莫拉之家
（Casas Rocamora）

Add Passeig de Gràcia, 6-14

建於1914年，是擴建區最大的兩棟豪宅之一，雖被列為加泰隆尼亞現代主義建築，卻深具新哥德式風格和中古氣氛。石砌外牆配上鱗狀橘色陶瓷尖頂，讓人聯想到中世紀的城堡。

❹ 巴斯夸之家
（Casa Pascual i Pons）

Add Passeig de Gràcia, 2-4

這棟豪宅原本由兩棟獨立的建築組成，建於1890年，是建築師薩尼爾（Enric Sagnier）最具新哥德式風格的設計。兩邊的轉角各有一個塔樓，彩色花窗玻璃上裝飾著中古世紀人物，樓梯以雕像和鑄鐵玻璃燈裝飾，可以說是加泰隆尼亞廣場最搶眼的建築。

❺ 加泰隆尼亞廣場
（Plaça de Catalunya）

巴塞隆納連接老城區和擴建區的中樞地帶，四周是最繁華的商業區。從廣場的一角往北是精品店林立的格拉西亞散步大道，往南是平價品牌聚集的天使門大道；另一角往北是露天咖啡座遍布的加泰隆尼亞蘭布拉街（Rambla de Catalunya），往南就是繁華熱鬧多元的蘭布拉大道。

這廣場也是城裡的交通樞紐，有地鐵站、公車，有兩種不同系統的火車（FGC 和 Rodalies），還有機場巴士。

廣場的警察局有英文翻譯，方便旅客申報財務證件遺失。還有巴塞隆納市政府旅遊局的諮詢櫃台，但只供應收費地圖；建議到米拉之家對面的羅貝特宮（Palau Robert），那裡的旅遊局諮詢中心提供免費地圖和加泰隆尼亞地區的旅遊資料。

1	2
3	

1. 羅卡莫拉之家。照片提供：攝影師Rafael Caballero。
2. 巴斯夸之家。照片提供：攝影師Rafael Caballero。　3. 鳥瞰加泰隆尼亞廣場。

❻ 卡爾貝之家（Casa Calvet）

Add C/Casp, 48

　　高第早期的作品，在此可看到他跨越歷史風格和擺脫束縛的趨勢。這是多功能的建築，當時地下室和一樓專做紡織生意，二樓是P樓，是卡爾貝一家人的住所，上面還有三層樓，做為出租公寓。建築內部是巴洛克風格，外部在平坦的立面和突出的窗台陽台之間達到平衡的對比。

　　除了建築，高第也設計家具擺飾、門扣、貓眼、門把等，其中以門扣的工法最難，狀似十字架撞上代表邪惡的臭蟲。正立面上方冠有兩個圓球，上有高第特色的四臂十字架，右邊圓球下方刻有1899，再低點有三個聖人頭像。入口大門、窗臺底部有個C，代表屋主姓氏的縮寫，上有加泰隆尼亞旗幟、象徵和平的橄欖，以及象徵熱情好客的柏樹。

　　高第在建造前，先做出一個一比十的模型給卡爾貝先生看。建案於1898年3月開始，但是市政府因高第設計的高度超過規定標準，沒給予開工許可。很有趣的是，高第沒有修改設計圖，卻在退回來的圖上加一條紅線，切掉建築立面頂端，借此表明，如果不允許他執行原設計圖，此建築的線條將被打斷。後來在屋主關說下，高第的原設計圖於1899年1月獲得批准。更有趣的是，卡爾貝之家竣工後竟還榮獲「1900年巴塞隆納最佳建築獎」，成為高第唯一榮獲此獎的建築。

▼卡爾貝之家門口上方。

卡爾貝之家。

◀ 馬拉格立達之家。

❺ Moments 餐廳

Web http://www.mandarinoriental.es/barcelona/
fine-dining/moments/
Add Passeig de Gràcia, 38

西班牙名廚魯斯卡葉達是世上唯一擁有米其林七星的女主廚，Moments就是她三家餐廳中的米其林二星餐廳，由她和兒子共同經營。依照季節提供傳統加泰隆尼亞菜餚，三王節有roscón de reyes糕點，狂歡節有肉卷，大齋期則有大西洋鹹鱈魚和西班牙甜甜圈。

❼ 馬拉格立達之家
（Casa Manuel Malagrida）

Add Passeig de Gràcia, 27

建於20世紀初的建築，以其P樓的裝飾為特色，中間有個華麗的陽台，兩邊各有凸出的窗臺，上有裝飾繁複的鑄鐵欄杆。屋主馬拉格立達出生於庇里牛斯山間小鎮，在阿根廷從事煙草業而發財，因此門口兩邊牆上各有一隻庇里牛斯老鷹和安地斯神鷹。

❽ 卡利加之家（Casa Garriga Nogués）

Web 曼弗雷基金會：https://www.fundacionmapfre.org/　　Add C/Diputació, 250

20世紀初，建築師薩尼爾為銀行家卡利加（Ruper Garriga）建造這棟以加泰隆尼亞現代主義為靈感、具古典和巴洛克風格的豪宅。一樓立面還有名雕刻師阿爾瑙（Eusebi Arnau）的作品。後來這棟建築曾當成修女學校和加泰隆尼亞百科全書辦公室，現在則是曼弗雷基金會（Fundació Mapfre）的總部。

▲ 卡利加之家。

❾ 加泰隆尼亞現代主義博物館（Museu del Modernisme Barcelona）

Web http://www.mmbcn.cat/　**Add** C/Balmes, 48

　　創於2010年，原屬於兩個古董商的收藏，涵括42個加泰隆尼亞現代主義藝術家的350件作品。博物館位於建築師薩尼爾設計的加泰隆尼亞現代主義建築之中，樓下展示繪畫、雕塑和彩色花窗玻璃，樓上展示家具和裝飾藝術，還有一個專門展示高第作品的展覽廳。

▲ 加泰隆尼亞現代主義博物館。

❻ La Pastelería Barcelona甜點店

Web https://lapastisseriabarcelona.com/
Add C/Aragó, 228

2011年世界盃甜點大賽冠軍所開，可以嘗到他得獎蛋糕及其他美味糕點，如可頌麵包、復活節應景的巧克力甜點、慕斯蛋糕等。

▲ La Pastelería Barcelona甜點店.eps

❼ Compartir Barcelona餐廳

Web https: https://www.compartirbarcelona.com/
Add C/València, 225

elBulli餐廳最後的班底Mateu Casañas、 Oriol Castro及Eduard Xatruch三位主廚開的第三家餐廳，他們在2012年於達利故居所在地卡達蓋斯開了Compartir餐廳，目前是米其林推薦餐廳，2014年在巴塞隆納開Disfrutar餐廳，目前是米其林兩星餐廳，2022年夏初開了Compartir餐廳的「巴塞隆納版」，開幕半年就拿到米其林推薦。

❽ 波羅斯藥局（Farmacia Bolós）

Web https://farmaciabolos.com/
Add Rambla Catalunya, 77

這家百年藥局的建築設計於1904年。藥局的室內裝潢至今仍保存著，現在還可以看到門口鑲上藥局名字的鑄鐵燈、以橙樹圖案裝飾的彩色花窗玻璃、櫥櫃、紅木櫃檯和天花板上的壁畫。

▲ 波羅斯藥局。

❾ Colmado Quilez食品食材店

Web http://www.lafuente.es/
Add Rambla de Catalunya, 63

1908年開業，原是糖果店，幾年後成為食品食材店。據說，這是城裡第一家販賣蘇格蘭威士忌和煉乳的商店，現在則有魚子醬、鵝肝醬、咖啡、巧克力、橄欖油、番紅花、香檳，還有來自一百多個產區的葡萄酒、兩百多種琴酒、三百多種啤酒。櫥窗裡各式不同造型的礦泉水瓶更讓人驚嘆不已。

⬤ Bolibar Bronzes五金行

Web https://www.ferreteriabolibar.com/　　**Add** Rambla de Catalunya, 43

　　這家百年五金行成立於1909年,是一家家族企業,目前由第三代青銅金屬藝術家經營,提供家具或門窗的青銅金屬把手或配件,最特別的是加泰隆尼亞現代主義的門把、裝飾、把手、門環…等,包括高第設計的門把、貓眼等。

◀ Bolibar Bronzes五金行賣的高第設計門把
▼ 行道椅路燈。照片提供:攝影師Rafael Caballero。

⑩ 行道椅路燈(Bancs-Fanals)

　　建築師法爾蓋斯(Pere Falqués)設計不少多用途路燈,有「水泉路燈」,也有「行道椅路燈」。在格拉西亞散步大道就有31個「行道椅路燈」,下面是白色碎瓷磚拼成的行道椅,造型優美的鑄鐵往上拉高,成為路燈。上面有巴塞隆納市旗,一頂皇冠,皇冠上有隻蝙蝠,是古老的阿拉貢-加泰隆尼亞王國的紋章。

⓫ 高第設計的地磚（Baldosas de Gaudí / Rajoles de Gaudí）

這種六角形地磚是高第為巴特由之家設計的，但是因為地磚延遲交貨，來不及用在巴特由之家，後來高第就用在米拉之家。

這個地磚看似簡單，其實內有玄虛，每三塊地磚可拼出一個圖案，總共有三個圖案。所以，水泥匠貼地磚還要玩拼圖，拼錯了圖案就不對了！

2002年，巴塞隆納市政府為了紀念高第誕生150週年，把格拉西亞大道的人行道全鋪上這個高第設計的地磚。

▲ 高第設計的地磚。

▲ 加泰隆尼亞現代主義建築之路的標誌。

⓬ 加泰隆尼亞現代主義建築之路的標誌
（Ruta del Modernismo）

1997年，巴塞隆納市政府為了保護加泰隆尼亞現代主義建築遺產，促進文化觀光旅遊，把具有藝術文化價值，值得保存的建築編號，以普意居設計的地磚為標誌，畫個參觀路線圖，就叫做「加泰隆尼亞現代主義之路」，包括八棟被聯合國教科文組織列為世界文化遺產的建築。觀光客只要照著路線圖，跟著人行道上的標誌走，就可欣賞城裡115棟加泰隆尼亞現代主義建築。

▲ 不協和街區。

⓭ **不協和街區**（Manzana de la discordia）

　　Manzana在西班牙文裡有兩個意思，一是「蘋果」，一是「街區」。

　　Manzana當蘋果來解釋，Manzana de la discordia就是「引致糾紛的蘋果」，是指希臘神話的「金蘋果事件」。故事中三位美豔女神：雅典娜、阿芙羅黛蒂和赫拉為了爭奪「最美麗女神」的頭銜，贏得金蘋果，間接導致特洛伊戰爭。

　　Manzana當街區來解釋，Manzana de la discordia就是「不協和街區」，是指巴塞隆納擴建區的一個街區。在短短兩個紅綠燈間，有三棟各具特色的建築，是當時加泰隆尼亞現代主義建築三傑利用舊建築改建的。依照年代先後，第一個是普意居設計的阿馬特耶之家（Casa Amatller），第二個是多梅內克設計的傑歐莫雷拉之家（Casa Lleó Morera），第三個是高第設計的巴特由之家。因此當地人拿這一語雙關的Manzana，暗喻三棟建築在爭奪「最美麗豪宅」的頭銜。

2-6　　異想中的設計體驗：
　　　　擴建區之二

畫家傳奇的一生

「四隻貓」餐廳前廳牆上掛著一幅畫，畫中有兩個人在騎協力車。現在餐廳裡的是複製畫，真蹟收藏在加泰隆尼亞藝術博物館（MNAC）。

▲「四隻貓」餐廳前廳牆上的一幅畫。

這幅油畫最初用來裝飾「四隻貓」酒館，畫的就是酒館的股東、畫家卡薩斯（Ramon Casas）自己和四隻貓酒館的經理羅梅烏。畫中的都市剪影以一條簡單的線條代表，人物以平面的顏色和黑色粗線描飾，在右上角以加泰隆尼亞語寫著「Per anar amb bicicleta /no's pot dur l'esquena dreta」（騎腳踏車／背不能直），嘲諷羅梅烏騎腳踏車的姿勢不對，順便講明畫家自己出的力氣比較多。

卡薩斯是19世紀末、20世紀初的巴塞隆納藝術家，父親是在古巴發達的富商，母親出身富貴之家，闊氣到大手筆買下建於10世紀的修道院當避暑別墅。卡薩斯年紀輕輕就立志從事藝術文化工作，15歲開辦藝文雜誌，同年到巴黎深造，師學Carolus-Duran和Henri Gervex，16歲在Sala Parés畫廊辦展，17歲在巴黎辦展，成為法國藝術家協會的會員。從此開始他一邊旅遊、一邊作畫的生活。

20歲時，他結識藝術家魯西紐爾（Santiago Rusiñol），結伴在加泰隆尼亞地區一邊旅遊，一邊作畫寫文章，最後返回巴黎發展，漸漸成為歐洲聞名的藝術家和巴塞隆納藝文界的主導人物。1897年，他出資開設「四隻貓」酒館。1900年，他的兩幅畫在巴黎萬博會的西班牙館展出。

他辦藝文雜誌、作畫、寫書、寫文章，生活自由，不受約束，放蕩不羈，直到40歲那一年。

那一年，他遇到18歲的賣彩券女孩茱莉亞（Julia Peraire），一見鍾情。茱莉亞從此成為他的模特兒和情人。

因為社會地位和年齡的差距，他們一直不敢公開戀情。一旦戀情曝光，只怕會被當時的資產階級排斥辱罵。但在不知情的情況下，當時富豪家裡都收藏著卡薩斯以茱莉亞為模特兒的畫作。1913年，卡薩斯的母親去世，便安心地和茱莉亞搬到城郊的房子。最後在相戀16年後，他們終於在1922年正式結婚。

卡薩斯畫中的茱莉亞一直有著令人難忘的風情、野性和眼神。

◀ 巴特由之家。

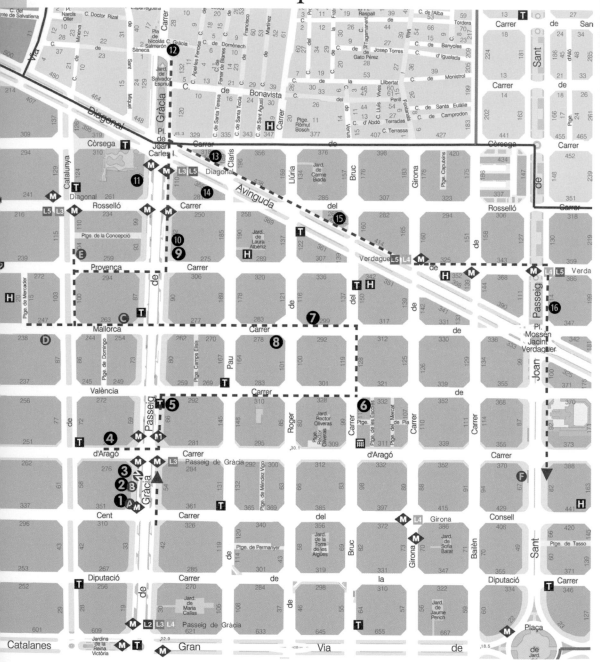

跟著官方導遊漫步加泰隆尼亞現代主義建築之路：從綠線（L3）地鐵站Passeig de Gràcia開始。

❶ 傑歐莫雷拉之家（Casa Lleó Morera）

Add Passeig de Gràcia, 35

多梅內克是深受文藝復興風格影響的建築師。在他精心設計和雕刻家、彩色花窗玻璃匠、馬賽克工匠等人合作下，於1905年完成了這棟最具花飾風味的建築，其中又以正立面一樓窗口的兩個女人雕像最為顯眼，是名雕刻家阿爾瑙的作品。

很可惜的是，繼加泰隆尼亞現代主義之後，20世紀初開始流行「二十世紀主義」（Novecentismo，指1900年後，即20世紀）。這些20世紀初的建築師對加泰隆尼亞現代主義相當排斥，因此當某位二十世紀主義建築師在1937年替一樓的Loewe設計商店裝潢時，大肆破壞多梅內克的原始設計，竟把阿爾瑙雕刻的女人雕像拆下來當街用鐵錘砸壞；兩個雕像最後只剩下頭部，被門房保留下來。後來，喜愛加泰隆尼亞現代主義的達利一聽到消息，馬上跟門房開價6000西幣（即今36歐元），買下這兩個「頭像」，放在達利戲劇博物館。

▲ 傑歐莫雷拉之家。

❹ Loewe 精品店

Web http://www.loewe.com/
Add Passeig de Gràcia, 35

西班牙最具代表性的奢侈品牌非Loewe莫屬。

這家百年老店創於1846年，提供上流社會最奢華的皮製品。1905年被西班牙皇室列為御用供應商，更成為西班牙貴族富豪的專用品牌，海明威、麗塔海華斯、瑪琳黛德麗等都是Loewe的忠實客戶。

❷ 阿馬特耶之家
（Casa Amatller）

Web http://amatller.org/
Add Passeig de Gràcia, 41

1898年，巧克力製造商阿馬特耶（Antoni Amatller）在格拉西亞散步大道買下外表沒什麼特色的房子，聘建築師普意居和當年著名的工匠藝術家整修重建，改成具哥德式風格的加泰隆尼亞現代主義建築，有精雕的銅燈、門把、細緻的彩色花窗玻璃、優雅樓梯和名家雕塑。立面上眾多雕塑中，右邊窗台有個A字形的杏樹浮雕，用來暗指主人的姓氏，因為Amatller就是「杏樹」的意思。門口有個聖喬治雕像，是加泰隆尼亞現代主義建築中常見到的圖騰。

阿馬特耶死後，他終生未婚的獨生女繼承這棟房子，在那裡度過一生。為了保存父親建造的房子和收藏的藝術品，阿馬特耶小姐成立「阿馬特耶西班牙藝術研究院基金會」，1960年她去世，基金會以此建築的主樓為基金會辦公室，保存管理阿馬特耶收藏的藝術品和阿馬特耶之家，裡面還設有圖書館和檔案館，並定期舉辦藝文活動。如今在阿馬特耶之家一樓可以買到跟當年包裝一模一樣、由慕夏設計的阿馬特耶巧克力，還可以在那裡喝一杯正宗西班牙濃稠熱巧克力。

▲ 阿馬特耶之家右邊窗台的A字形杏樹浮雕。

❸ Bagues Masriera 珠寶店

Web http://www.masriera.es/
Add Passeig de Gràcia, 41

Bagués Masriera已有將近250年的歷史。Bagués從製造銀器金器、銀飾金飾起家，1839年創立珠寶設計品牌Masriera，在巴塞隆納最繁華的19、

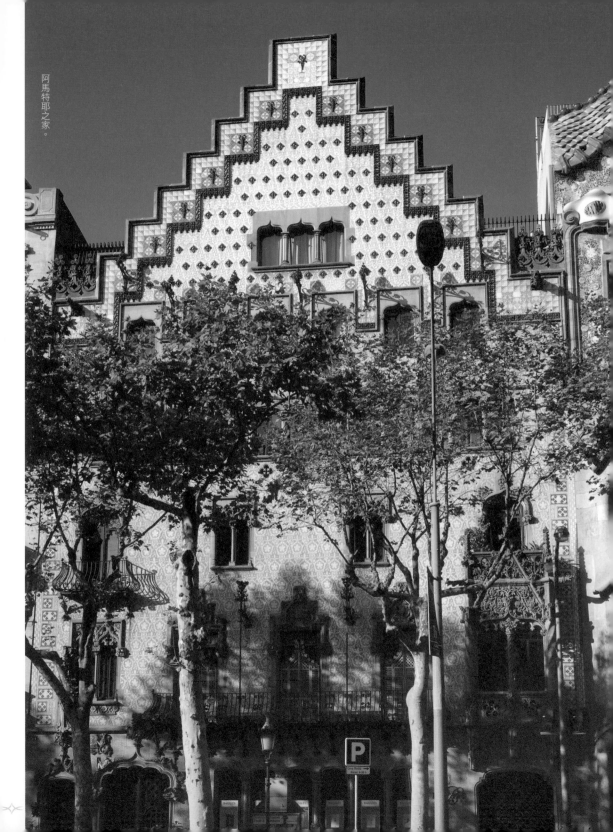

阿馬特耶之家。

20世紀提供新興的資產階級貴婦各式精緻的珠寶首飾。如今櫥窗還依然陳列一系列「新藝術」復古風格珠寶。

❸ 巴特由之家（Casa Batlló）

Web http://www.casabatllo.es/
Add Passeig de Gràcia, 43

1904年，紡織業大亨巴特由先生聘請高第改建他剛買的二手豪宅。兩年後，這棟巴特由之家以全新面貌展現在巴塞隆納人眼前。高第加高一層樓，又加了地下室，擴大一樓的入口，重建樓梯，重新隔間，使內部每個房間都具曲線。

底樓是出租商店，主要樓層不稱為P樓，而稱為Planta Noble。Noble是高貴的意思，代表主人居住的樓層，再上去有四層出租公寓。出租公寓上面還有閣樓，以垂鍊拱為結構，是洗衣、晾衣、儲藏的空間，還可以調節建築的溫度，讓底下樓層的住戶免去屋頂日曬的高溫。閣樓上面是頂樓，上有各式彩色碎瓷碎玻璃拼出來的煙囪。

巴特由之家的正立面讓人一見難忘，由330個多彩圓形陶瓷組成，以加泰隆尼亞主保聖人聖喬治的傳說為主題。魚鱗狀屋頂像龍背，背脊上插著高第特有的「四臂十字架」。窗口的陽台像骷髏頭，二樓窗口的柱子像骨頭，代表被惡龍吃掉的受害者。

高第非常重視採光和通風，因此設計了特別的中庭天井。通常越下面的樓層光線越陰暗，越不通風；越上面的樓層光線越亮，越通風。而在巴特由之家的中庭天井，越下面的樓層窗戶越大，越上面的樓層窗戶越小；越下面的牆面貼越淺色的磁磚，越上面的牆面貼越深色的磁磚。如此不論在哪個樓層，採光和通風都非常好，且窗戶下方還有通風口，可開闔以加強通風效果。

▲ 巴特由之家。

▲ 米拉之家的模型，由此可看出巴特由之家中庭天井的特別處。

▶ 巴特由之家的魔幻風格正立面。

目前巴特由之家部分開放參觀，是城裡第二貴的景點。很可惜的，裡面沒有完整介紹高第所有作品，只能看到高第設計巴特由之家的巧思，且當年巴特由之家的家具沒有保留下來，有點難以想像當年紡織大亨一家人的優渥生活。

❹ 塔比耶斯基金會
（Fundació Antoni Tàpies）

Web http://www.fundaciotapies.org/
Add C/Aragó, 255

多梅內克早期替母親的娘家設計的蒙塔內出版社（Editorial Montaner），現在是塔比耶斯基金會。

建築師以紅磚、鑄鐵和玻璃處理這棟建築的立面，是加泰隆尼亞現代主義建築的標準建材，卻略帶穆德哈爾式風格。為了採光，內部有個巨大中庭天井。因為是工業建築，所以採用當時市場或火車站的結構，以鑄鐵為柱、鋼鐵為樑。

蒙塔內出版社在1970年代結束營業後，這棟建築就成為塔比耶斯基金會的所在地，是當

▲ 塔比耶斯基金會。照片提供：攝影師Rafael Caballero。

代藝術與加泰隆尼亞現代主義的結合，由原建築師的曾孫改建，利用原本出版社倉庫的書架為基金會的圖書館。屋頂上盤旋的鐵絲圈也是藝術品，叫做「雲和椅子」，從對街可以看出一張在鐵絲雲上的鐵絲椅子。

❺ 馬爾法寡婦之家（Casa Viuda Marfà）

Add Passeig de Gràcia, 66

　　具新哥德氣息的加泰隆尼亞現代主義建築，最引人注目的地方在一樓的三個大拱門。穿過拱門，映入眼簾的是華麗的大樓梯，直通二樓。中庭上方有精美的彩色花窗玻璃，二樓突出的窗台精雕細琢，塑造出特別的立面。

▲ 馬爾法寡婦之家的門口。照片提供：攝影師Rafael Caballero。

❻ 巴塞隆納市立音樂學院
（Conservatori Municipal de Música de Barcelona）

Web http://ajuntament.barcelona.cat/conservatori/　Add C/Bruc, 110

　　這裡原本是聾啞學校，後改建成音樂學院，跟擴建區的加泰隆尼亞現代主義建築不太一樣，多了一點北歐和新哥德式的感覺。正立面兩側各有個圓錐頂高塔，彌漫著類似哈利波特的霍格華茲魔法學校的氣氛。

❼ 托馬斯之家（Casa Thomas）

Add　C/Mallorca, 293

　　印刷商委託多梅內克設計的建築，原本只有兩層樓。正立面有新哥德風格的影子，以花飾點綴，左右兩邊各有入口，一個通往一樓的印刷場，一個通往二樓的住家，頂樓的兩側各有一個小閣樓。1912 年，原建築師的女婿負責擴建工程，依照岳父的風格多加了三層樓，把二樓陽台兩側往上加高到三樓，改成大窗台。三、四、五樓各有不同造型的陽台，最上面的頂樓還是依照原始設計，兩側各有一個小閣樓，可說是最尊重原設計的擴建工程。

❽ 蒙塔內宮（Palau Montaner）

Add　C/Mallorca, 278

　　19世紀末巴塞隆納的出版界龍頭蒙塔內出版社的老闆蒙塔內先生委託建築師設計豪宅，但是才建好兩層樓，就因為意見衝突而換人設計，由多梅內克完成三樓和建築內外的馬賽克、雕塑和木刻華麗裝飾。內部屋頂有個大天窗，窗下對著壯觀的樓梯，現在是西班牙中央政府在巴塞隆納的辦公室。

1
2　│　3

1. 巴塞隆納市立音樂學院。
2. 托馬斯之家。照片提供：攝影師Rafael Caballero。
3. 蒙塔內宮。

⑥ Restaurant Lasarte 餐廳

Web http://www.restaurantlasarte.com/
Add C/Mallorca, 259

根據2023年的米其林指南，西班牙有個米其林12星主廚，就是巴斯克主廚貝拉塞特吉（Martín Berasategui）。他在西班牙北部巴斯克地區有一家米其林三星餐廳Martín Berasategui，Lasarte是他在巴塞隆納的三星餐廳，另一家二星餐廳M.B.在加那利群島，一星餐廳Oria在巴塞隆納，一星餐廳Ola Martín Berasategui在畢爾包，一星餐廳Fifty Seconds Martín Berasategui在里斯本，一星餐廳Etxeko在巴利阿里群島。如果預定不到巴塞隆納的三星餐廳Lasarte，也可以試試旁邊的一星餐廳Oria。

⑦ 加泰隆尼亞啤酒店
（Cervecería Catalana）

Add C/Mallorca, 236

Grupo La Flauta是巴塞隆納很特別的餐飲集團，旗下有很多家餐廳，名字都不一樣，例如Cervecería Catalana、Ciudad Condal、兩家Vinitus、兩家La Flauta，都有同樣或類似的tapas菜色，評價都很不錯。

店門口大排長龍的隊伍證明了這是城裡最紅的Tapas餐廳之一，以傳統的西班牙小吃著名。味道正宗，食材新鮮，服務快速親切，不能事先預定，建議早點去，不然要等很久。

如果不想排隊等15-20分鐘，又想吃美味傳統的tapas，也可以到附近的La Flauta Rambla或Vinitus。

⑧ Mauri 甜點店

Web http://www.pasteleriasmauri.com/
Add C/Provença, 241

1929年開業，是巴塞隆納第一家附設咖啡廳的甜點店，美味甜點至今依舊。店裡還保存著上個世紀的裝潢，讓人一進去就有懷古的親切感，時光在此停頓於20世紀初。

⑨ 米拉之家
（Casa Milà - La Pedrera）

Web http://www.lapedrera.com/
Add Passeig de Gràcia, 92

米拉先生是巴特由先生的好友，很欣賞高第改建的巴特由之家，因此不計成本請高第建造新居，希望婚後可以住進城裡最美的豪宅。

米拉之家建於1906至12年間，是高第設計的最後一棟民宅。工程一波三折，先是市政府發現高第沒有遵守法規，設計出一根侵占人行道

的柱子，算是違章建築。於是派人跟高第溝通，請他拆除柱子，高第不肯妥協，回報市政府，如果他真的被迫拆除柱子，會在那裡放塊牌子，上寫「因市政府規定，柱子拆掉了」。後來市政府特別通融，准許柱子侵占人行道。但是，市政府在1909年又發現，米拉之家超過規定高度四公尺，總體積超過規定的4000立方公尺，便要求拆掉閣樓，否則要罰款10萬西幣（相當於米拉之家造價的五分之一）。最後在一次會議中，市政府官員認為米拉之家的藝術價值不能用建築法規來審核，因此不需拆除閣樓。高第知道後非常高興，還要求市政府給一份會議紀錄的副本。

信仰虔誠的高第在米拉之家的外牆高處刻上M字，代表聖母馬利亞，一朵玫瑰代表玫瑰聖母，也代表米拉夫人的名字Roser。還有一行「Ave-Gratia-M-Plena-Dominus-Tecum」，意指「上帝拯救你，馬利亞，你充滿恩典，上帝與你同在」。原本高第還打算在正立面放上四公尺大聖母像，後來因為米拉先生堅決反對而作罷。

▲ 米拉之家。照片提供：攝影師Rafael Caballero。

1 2 | 3 4

1. 米拉之家的閣樓。　2. 米拉之家的頂樓。
3. 米拉之家頂樓的白色碎磁磚拼貼的樓梯口。
4. 米拉之家供人參觀的樓層。

　　出乎屋主的意料，米拉之家竣工後被公認是全城最醜陋的建築，前衛的外觀無法被一百年前的人們接受。波浪狀不規則的白石外牆讓它有個綽號「採石場」（La Pedrera），看似滿是坑洞的石礦山。雜誌的漫畫還惡意嘲弄，把它畫成外星船的停機坪，也有人嘲笑說屋主應該養蛇當寵物，甚至還有法國人誇大說，加泰隆尼亞人太崇拜聖喬治，竟建了一棟房子給惡龍住。為此，米拉先生和高第鬧翻了，米拉扣留尾款，被高第告到法院，高第告贏後，又把那筆錢捐出來。米拉太太不喜歡高第設計的建築和室內裝潢，卻也在裡面住了十幾年，直到高第去世，她才請工匠把高第的室內設計改成古典的路易十六風格。

　　米拉之家的結構很特別，建築物本身沒有承重牆，高第只用柱子來承受建築物的重量。所以高第曾說，如果以後要把它改成旅店，可以把所有牆拆掉，重新隔間，建築物也不會塌下來。也因此，米拉之家每個樓層的隔間都不同，窗戶寬大，方便採光。

　　米拉之家和巴特由之家一樣，利用閣樓來調節建築的溫度。閣樓上的頂樓，有六個白色碎磁磚拼貼的樓梯口，還有許多鐵甲武士造型的單色煙囪，其中有個由綠色碎玻璃拼貼而成，據說是高第在米拉之家竣工的慶祝宴會隔天，敲碎宴會上的空酒瓶而製成。80年代整修時，專家用20世紀初的香檳酒瓶底來修復。

　　米拉之家後來幾經轉手，曾是房地產公司的財產，又改成公寓大樓，後來轉賣給當地銀行的基金會，經過整修後開放三層樓參觀。頂樓可以看到造型特殊的煙囪，閣樓有完整介紹高第所有作品的「高第空間」，另有一層樓以古董家具裝飾，重現當年豪宅家居環境，讓大家遙想當年資產階級的富裕生活。

目前米拉之家還有四個住戶，除了三層供人參觀的部分之外，其他空間為基金會的辦公室。

❿ 卡薩斯之家
（Casa Ramon Casas - Vinçon）

Web http://www.vincon.com/
Add Passeig de Gràcia, 96

位在米拉之家旁邊，建於1894年。不是出於加泰隆尼亞現代主義建築三傑（多梅內克、高第和普意居）之手，而是出自高第的老師之一Antoni Rovira i Rabassa。這位建築師致力於教學，沒有太多建築設計作品，卡薩斯之家算是最特別的一棟；一是因為當年的屋主是大名鼎鼎的藝術家卡薩斯，二是藝術家魯西紐爾也住過這裡，三是它曾是一家領先家居潮流的生活設計精品店Vinçon，四是它從2016年10月開始，就是西班牙最大的Massimo Dutti旗艦店（Massimo Dutti和Zara同屬Inditex集團）。

▲ 卡薩斯之家。照片提供：攝影師Rafael Caballero。

店裡曾展示各式各樣充滿品味、深具設計感的生活、家居、家具用品，令人驚豔。現在店裡已沒有多少當年卡薩斯留下來的東西，但還是可以在二樓看到以前的壁爐、天花板、地上的馬賽克、地磚，以及豪華大樓梯。二樓後面有個優雅浪漫的後陽台花園，被店家拿來展示戶外家具，內有兩棵巨大法國梧桐，樹蔭下可以暫離塵囂，是小憩的好地方，還可以看到米拉之家從街上看不到的後立面。

⓫ 羅貝特宮（Palau Robert）

Web http://www20.gencat.cat/portal/site/PalauRobert?newLang=en_GB　**Add** Passeig de Gràcia, 107

新古典式的羅貝特宮本來是羅貝特侯爵的宮殿，現在屬於加泰隆尼亞自治區政府所有。內有展覽廳，也有加泰隆尼亞旅遊局的諮詢中心，有最周全的加泰隆尼亞旅遊資訊，免費提供巴塞隆納地圖。外面還有個小花園，走累了可以在那裡坐一下，享受難得的綠意和清新空氣。

▼ 羅貝特宮和加泰隆尼亞旅遊局的諮詢中心。

⑫ 福斯特之家（Casa Fuster - Hotel Casa Fuster）

Web http://www.hotelcasafuster.com/　**Add** Passeig de Gràcia, 132

　　多梅內克在巴塞隆納設計的最後建築，具新哥德式氣息。三面白色大理石外牆的立面在轉腳處形成建築師常用的圓柱體封閉式露台。不過，這棟建築可以說是非常不尋常的加泰隆尼亞現代主義建築，因為多梅內克在頂層設計了一層帶點法國風味的閣樓。當初多梅內克還設計了一個類似聖保羅醫院行政大樓上方的尖塔，但是後來沒有加上去。

　　40年代時，這棟建築物的一樓是頗負盛名的維也納咖啡館（Café Vienès），是城裡的藝文中心。地下室是多瑙河舞廳（El Danubio），是西班牙內戰後人們約會的地方。2004年，整棟建築由一家旅館業集團買去，耗資整修之後，成為現今的五星級高檔飯店Hotel Casa Fuster，維也納咖啡館也重新開張。

▼ 福斯特之家。照片提供：攝影師Rafael Caballero。

冠馬拉之家。照片提供：攝影師Rafael Caballero

⓭ 寇馬拉之家（Casa Comalat）

Add Av. Diagonal, 442

　　在這棟異常壯觀的建築物上可明顯看到高第的影響。兩個立面都很特別，正面是對稱的，背面比較不正式，色彩豐富，以百葉窗、繽紛的陶瓷和木質陽台裝飾。內部沒有外表壯觀，除了華美的馬賽克，還有形狀特殊的精妙家具，如長凳和前廳的燈飾。

⓮ 夸德拉斯男爵宮（Palau Baró de Quadras）

Add Av. Diagonal, 373

　　普意居應夸德拉斯男爵的要求，對原建築進行改造和擴大而成的加泰隆尼亞現代主義建築。內部華麗的大廳、外部鑄鐵的大門，以花卉裝飾、融合哥德式風格和西班牙銀匠風格的正立面，處處可見建築的創意和優雅。

　　此建築有兩個立面，一面朝對角線大道（Avenida Diagonal），混搭各種風格，包括新哥德式的雕像和美麗的彩色花窗玻璃等，突顯出男爵宮獨特高雅的風格。一面朝魯西永（Rosselló）大街，較樸素普通，表現出男爵宮住宅的特質。內部比較突出的是前廳用馬賽克、多彩木製裝飾、牆飾影線和木製百葉窗的裝飾，帶點東方味道，而裡面的各個小細節：門把、貓眼、燈、窗戶、天花板等都讓人驚歎！

　　以前這裡曾是西班牙官方機構「亞洲之家」的所在地，旨在促進西班牙和亞洲大陸的官方、文化、學術和經濟交流，現在是拉曼右爾研究中心（L'Institut Ramon Llull）所在地。

▲ 夸德拉斯男爵宮。照片提供：攝影師Rafael Caballero。

▲特拉德斯之家。照片提供：攝影師Rafael Caballero。

⑮ 特拉德斯之家
（Casa Terrades）

Web http://www.casalespunxes.com/
Add Av. Diagonal, 416

乍看是一棟房子，但其實是由三棟公寓組成，是建築師普意居於1903到05年為特拉德斯三姊妹建造的。因其四個圓 柱形塔樓上面的圓錐塔尖和針狀鑄鐵 裝飾，又稱為「刺針之家」(Casa de les Punxes)。

有365扇窗、四個以圓錐狀塔樓為頂的塔、一個圓頂主塔和許多哥德式三面凸出窗。建築的立面由紅磚砌成，底層則是石頭，飾有新哥德式風格的窗戶和陽台，此外還有很多裝飾細節，尤其是花卉裝飾圖案。

普意居將中世紀的傳統建築風格發揮得淋漓盡致。特拉德斯之家因醒目的外形，成為加泰隆尼亞現代主義最巨大、最著名的建築之一，具中歐的新哥德式風格、有如童話故事的城堡面貌。但是，普意居沒忘記賦予此建築強烈的民族特色，他在立面上方放置一塊聖喬治屠龍圖案的陶瓷板，上有一段銘文：「加泰隆尼亞的守護神，把自由還給我們」。

此建築於2016年開放成為供參觀的景點。

⑯ 馬卡亞之家（Casa Macaya）

Web https://macaya.caixaforum.org/es/home　　**Add** Passeig de Sant Joan, 108

　　普意居同時設計馬卡亞之家和阿馬特耶之家，所以這兩棟不同的建築讓人有種熟悉的感覺。不過，普意居特意設計的白色外牆，更加突顯出門口、窗口、陽台上的金黃色石材裝飾，讓人不得不承認，馬卡亞之家絕對是一百多年前巴塞隆納最引人注目的建築之一。

　　現在是凱夏儲蓄合作社（La Caixa）的社會文化基金會的一部分。

▲ 馬卡亞之家。

❺ Syra Coffee咖啡館

Web https://syra.coffee/　　**Add** Pg. de Sant Joan, 6

　　巴塞隆納少數的「純咖啡館」，專賣咖啡和咖啡豆，可找到不同產地的咖啡。店裡沒有桌椅，可外帶咖啡到Passeig de Sant Joan這條散步大道的行道椅上享受。

聖家堂的建築專訪：
高第和聖家堂

▲ 作者和剛退休的聖家堂首席建築師波內特先生。

為了寫這本書，我如願採訪到2012年10月剛退休的聖家堂首席建築師波內特先生（Jordi Bonet）。他擔任聖家堂的首席建築師長達28年，堪稱是當今高第和聖家堂的最高權威。現在他不需要負責工程的部分，卻仍負責詮釋高第的部分。

87歲的老先生記憶很好，對高第建築、聖家堂、建築分析、工地的事都非常清楚，身體健朗，帶我到上面的工地參觀時，在鷹架上的木板走起來「健步如飛」，最後還能從螺旋梯一路「飛奔」下來，真希望我 87 歲時也能這樣。

採訪內容豐富得可以單獨寫一本書，因為篇幅的關係，我把與波內特先生談話的內容加以整理，融入這一章。

高第

高第（Antoni Gaudí i Cornet）的母親生了五個子女，兩個很早就夭折，他是家中的老么，出生於1852年6月25日，而他的出生地至今仍有許多爭議。

◀ 聖家堂。照片提供：攝影師Rafael Caballero。

聖家堂完成後的模樣。插圖繪製提供：Mb。

　　西班牙從1870年才實施全國統一的出生和死亡
登記。高第出生時，唯一的證明文件是他於1852
年6月26日在雷烏斯（Reus）教堂的受洗記載，
上面沒註明他的出生地，因此高第的入學登記資
料就以受洗地為出生地。但是，根據高第自己後
來的說法，他出生在位於雷烏東斯（Riudoms）
的爐匠莊園（Mas de la Calderera）。於是，現在
雷烏斯和雷烏東斯的居民都說，高第是我們這裡
出生的偉人。

▲ 聖家堂地下博物館的高第畫像。

高第自幼患風濕症，無法和同齡小孩在街頭嬉戲，只能在一邊旁觀，所以從小養成驚人的洞察力，敏銳觀察大自然，日後因而成為師法自然的建築師。而他家世代是製作鍋爐的鐵匠，從小在父母的工坊長大，所以培養出良好的空間結構能力與立體幾何感。

17歲時，他隨家人搬到巴塞隆納。1873年就讀巴塞隆納建築學校，在學期間，他的哥哥和母親相繼於1876年去世。他除了在課堂上學習建築理論與繪圖技巧，也在好幾處建築師事務所打工賺錢。

高第在學校的表現並不特別優異，卻顯露出他執拗且特立獨行的個性。1878年通過結業考試、拿到建築師執照後，當時的建築師校長羅傑特（Elias Rogent）曾說：「我們不知到底是把執照頒給天才還是瘋子，就讓時間來告訴我們吧！」

1878年，高第畢業，開了家建築師事務所，替市政府設計皇家廣場的兩盞街燈，還接了一個藥局的整修案，並參與城堡公園的建築工程。而他替手套製造商科梅亞（Esteve Comella）設計的玻璃櫥窗擺在巴黎萬國博覽會，展示科梅亞生產的手套，引起桂爾先生的注意，兩人才因而相識。

馬達羅勞工合作社（La Obrera Mataronense）的勞工宿舍和合作工會工廠是他的第一個大案子。在那期間，他愛上年輕前衛的莫雷烏（Josefa Moreu）。可是求婚遭拒後，高第再也不提婚事，終生未娶，除了工作，沒有特別嗜好。1879年，高第的姊姊去世，留下三歲大的女兒由高第照顧，從此高第就與父親和外甥女同住。

高第在這段事業起步期並沒有接到很多重要案子，便和老師馬托雷爾（Joan Martorell i Montells）合作，替老師畫些草圖。當時，聖若瑟虔誠信徒宗教組織正開始興建聖家堂，馬托雷爾正是這個宗教組織創始者波卡貝亞（Josep Maria Bocabella i Verdaguer）的技術顧問。所以，高第的老師在聖家堂的第一位建築師辭職後，大力推薦高徒承接這項工程。

1906年，高第一家三口搬到偏遠的桂爾公園社區。父親於同年底以93歲高齡去世，後來外甥女在1912年去世，高第身邊就沒有近親了。1925年，他從山上的桂爾公園社區搬到教堂的工地，過著節衣縮食的簡樸生活，全心投入聖家堂的興建和結構設計的研究。

▲ 聖家堂地下室博物館的舊照片：高第在教堂工地的工作室裡的床。

▲ 聖家堂地下博物館的高第葬禮照片。

　　1926年6月7日下午，高第下班後從聖家堂走到老城區，要到聖斐理伯內利教堂禱告，卻在半路被電車撞昏。當時他沒帶證件，路人看他衣衫破舊，以為他是流浪漢，便把他送到最近的醫療中心，後來轉診到專收窮人的聖十字醫院。直到隔天才被四處找他的聖家堂神父認出來，三天後去世，享年74歲。

　　1926年6月12日，在一片哀淒的氣氛下，高第葬在聖家堂的聖壇地下室。送葬隊伍從聖十字醫院蜿蜒一公里長，街道兩旁擠滿成千上萬人，等著向建築界的奇才高第致上最後敬意。

　　去世後的高第仍有影響力。高第去世後幾個月，一個東方人抵達巴塞隆納，到處打聽高第。原來是慕名而來的日本建築師今井兼次，他本來想認識高第，卻只能見到高第的墳墓。但是，光是能親眼看到高第的聖家堂，就讓他感動萬分，因而改信天主教。

　　高第除了設計集合創意、造型、實用和色彩的建築，還依照當時的慣例，替屋主設計家具、門把、桌椅等。米拉之家的閣樓有個展示圖片、照片和模型來介紹高第建築的「高第空間」，可看到高第設計的符合人體工學和實用美觀的座椅和門把。

▲ 高第設計的門把。

高第設計的符合人體工學和實用美觀的坐椅。

高第很有主見和自信心，不會因顧客不喜歡他的設計而修改，卻常以幽默的方式解決反對他的意見。有一次，保守的米拉夫人對高第說她不喜歡他設計的米拉之家，高第竟回答：「我的設計不是為了要討好妳！」

當高第建造聖德雷沙學院（Col.legi de les Teresianes），因為教會經濟拮据，修士向高第抱怨，他指定的建材價錢太昂貴，高第一聽，馬上叫修士致力於彌撒傳教，世間物質之事由建築師負責。

桂爾公園建造期間，高第大量使用阿拉伯統治時期流傳下來的瓷磚拼貼（Trencadís），參觀工地的人看到兩批工人，一批在敲碎磁磚，一批在拼磁磚碎片，有位太太當場問高第：「你在搞什麼鬼？」高第不服輸地回答：「大太陽底下，沒什麼鬼好搞。」

1901年，桂爾先生的女兒伊莎貝結婚，家人送她平台大鋼琴當結婚禮物。但是經高第整修的新婚宅第設計特別，大鋼琴放不進形狀狹長的房間。伊莎貝問高第解決方案，高第竟幽默回答：「伊莎貝小姐，聽我的建議，改拉小提琴吧！」

高第有些設計超越當時世俗眼光，不是人人可以接受，得經過好幾代才能被賞識。當時的人誤解唾棄高第的設計，有時還惡意嘲弄，雜誌漫畫就把米拉之家畫成外星船停機坪。西班牙內戰後的漫畫還以兩人的對話諷刺工程浩大的聖家堂：

「真奇怪，竟沒把它燒掉。」

「就是因為還沒建好嘛！」

高第的作品包括：

1. 1878-1883：位於馬達羅（Mataró）的勞工合作社的勞工宿舍及合作工會工廠

2. 1878：皇家廣場的兩盞街燈

3. 1883-1885：位於科米亞斯（Comillas）的奇想屋（El Capricho de Comillas）

4. 1883-現在：聖家堂，列入世界遺產。聖家堂於1882年動工，高第是1883年接手

5. 1883-1888：文森之家，列入世界遺產

6. 1884-1887：桂爾別墅

7. 1886-1889：桂爾宮，列入世界遺產

8. 1888-1890：聖德雷沙學院

9. 1889-1893：位於阿斯托佳（Astorga）的主教宅邸（Palacio Episcopal de

Astorga）

10. 1891-1892：位於雷昂（León）的波提內斯之家（Casa de Los Botines）

11. 1895-1901：位於加拉弗（Garraf）的桂爾酒莊（Celler Güell）

12. 1898-1899：卡爾貝之家

13. 1898-1914：位於聖賽維由的科洛瑪（Santa Coloma de Cervelló）的桂爾紡織村教堂，列入世界遺產

14. 1900-1907：蒙瑟拉特修道院的第一個玫瑰經奧義「玫瑰經榮耀」紀念碑

15. 1900-1909：美景別墅（Torre de Bellesguard）

16. 1900-1914：桂爾公園，列入世界遺產

17. 1901-1902：米拉耶斯之門（Porta de la Finca Miralles）

18. 1903-1914：位於馬約卡的主教座堂的整修

19. 1904-1906：巴特由之家，列入世界遺產

20. 1905：里葉村（La Pobla de Lillet）的阿爾提卡斯花園（Jardins Artigas）

21. 1905：里葉村的卡亞拉斯別墅（Xalet del Catllaràs）

22. 1906-1912：米拉之家，列入世界遺產

23. 1909：聖家堂學校（Escuela de la Sagrada Familia）

聖家堂（Basilica de la Sagrada Familia）

Web https://sagradafamilia.org/　　Add C/Mallorca, 401

| 建造史 |

　　巴塞隆納除了有國王貴族出錢建造的主教座堂，還有兩座由人民所建、為人民而建的教堂，分別是海上聖母馬利亞教堂和神聖家族教堂（又稱聖家堂），它們被稱為「人民的大教堂」，而後者更有「窮人的大教堂」之稱。

　　神聖家族是指耶穌、聖母馬利亞和耶穌在人間的父親聖若瑟。神聖家族教堂則是恭奉神聖家族的教堂，原名神聖家族贖罪教堂（Templo Expiatorio de la Sagrada Familia），2010年11月7日教宗造訪後，正式把此教堂升等為神聖家族宗座聖殿，簡稱聖家堂。

▲ 聖家堂。照片提供：聖家堂。攝影師：Pep Daudé（©Pep Daudé. Basílica de la Sagrada Família）。

　　聖家堂以捐款為主要的建造資金，捐款多少直接影響到工程的進度，所以至今仍未完工，但近幾年門票捐款頗豐，工程進度相當穩定。它是高第的遺作，也是世界上唯一還未竣工，已完成的部分就列為世界遺產的建築。

　　1866年，虔誠的書商波卡貝亞創立聖若瑟虔誠信徒宗教組織，宣傳天主教神聖家族的精神。1872年，他到羅馬拜會教宗，決心修建專門供奉神聖家族的教堂。於是他慢慢籌錢，最後在1881年12月31日以聖若瑟虔誠信徒宗教組織之名花了172,000西幣（相當於現在的1034歐元）買下擴建區靠近聖馬蒂小鎮（Sant Martí de Provençals，現在這個村莊已屬於巴塞隆納市的一個區了）的偏僻地帶，成立教堂建築管理委員會，於1882年3月19日下午五點動土，請當時德高望重的建築師比亞爾（Francesc de Paula del Villar）設計「贖罪教堂」。但不到一年，比亞爾和波卡貝亞的技術顧問、建築師馬托雷爾意見不合，因而辭職，馬托雷爾遂推薦31歲的高第擔任下一任建築師。

　　1883年11月3日，高第正式接手，他依照第一任建築師比亞爾的設計圖，完成聖壇的地下室結構，唯一稍加修改的是裝飾部分，以大自然的花草裝飾柱頭。後來，他捨棄原先比亞爾的設計，重新設計整座教堂，由原先規模較小的新哥德式風格改為工程浩大的加泰隆尼亞現代主義風格。高第非常遺憾無法把聖家堂的坐向調正，對他來說，聖家堂最理想的方位是傳統的東西向軸線，坐東朝西，也就是說，半圓形後殿朝日出的方向，正門朝日落的方向，教徒可以面向基督來臨的方向。因為聖壇地下室的工程已開始，只能保留第一任建築師原始設計的坐向。

因此,現在的聖家堂是坐北朝南,正確來說,是坐西北偏北,朝東南偏南。

1885年3月19日,聖壇地下室的聖若瑟小禮拜堂舉行聖家堂的第一次彌撒。1889年,聖壇地下室正式竣工,接著開始半圓形後殿的工程。這段期間,聖若瑟虔誠信徒宗教組織意外收到一大筆捐款,高第和波卡貝亞因而改變主意,原計畫中的小規模新哥德式教堂被巨大雄偉的加泰隆尼亞現代主義風格教堂所取代。

▲ 聖家堂外牆上有標動工年份。

高第當時就已知道,建造教堂相當耗時。所以為了讓信徒持續捐錢,他採取不同的建造程序,決定先建造一個完整的立面,讓大家看到教堂完成之後的模樣,捐錢會更踴躍。所以,半圓形後殿的牆面完成後,他就先建造「誕生立面」。

高第重新設計的聖家堂是拉丁十字的平面,長90公尺,寬60公尺,中殿和偏殿共寬45公尺,中殿高45公尺,偏殿高30公尺,中間圓頂高60公尺。

聖家堂有三個立面,東面是「誕生立面」,西面是「受難立面」,算是兩個側門,南面的「榮耀立面」則是正門,走進正門到底就是位於北面半圓形後殿的聖壇。

聖家堂有18座高塔。每個立面各有四座鐘塔,三個立面共有12座鐘塔,代表耶穌的12個門徒,「誕生立面」的四座鐘塔最低,再來是「受難立面」的鐘塔,最高的是「榮耀立面」四座鐘塔。

中間圓頂上面還有六座高塔,分別代表耶穌基督、聖母馬利亞及四位福音作

3:因為聖家堂位於緩坡上,所以從正立面算和從正背面算的高度不同。對建築團隊而言,是170公尺,但是聖家堂內部的模型上標示的是172.5公尺。

者。六座高塔中，最高的是耶穌基督塔，高達172.5公尺，位於聖家堂十字平面交叉處的正上方，也就是說，在聖家堂的平面圖上畫個十字，把「榮耀立面」和半圓形後殿連成一線，將「誕生立面」和「受難立面」連成一線，兩條線交叉處就是教堂中殿和耳堂交叉的地方，稱為十字平面交叉處（Crucero），在十字平面交叉處的正上方，就是代表耶穌基督的高塔。

穌基督塔的四周環繞著四座高塔，代表福音作者瑪寶（馬太）、馬爾谷（馬可）、路加、若望（約翰），高達135公尺。聖壇上方還有一座高塔，代表聖母，高達138公尺。

聖家堂完成後，將會打破烏爾姆主教座堂（Ulm Minster）161.53公尺高的紀錄，成為世上最高的教堂。高第才會希望聖家堂附近有足夠寬廣的空地，讓大家能好好欣賞這座宏偉建築。

「誕生立面」代表聖納伯的鐘塔於1925年完成，是聖家堂18座高塔中最早完成的第一座，也是高第去世前唯一看到的一座。1926年高第去世後，他的助手按照他的設計把已快竣工的「誕生立面」及四座鐘塔完成。接下來幾年，西班牙動盪不安，工程因此停頓。1936年西班牙內戰爆發，高第在聖家堂的工作室慘遭祝融，還殃及聖壇的地下室和聖家堂學校，高第留下來的寶貴資料也受到毀壞。

還好，西班牙內戰前，建造聖家堂的宗教組織有先見之明，預先在倫敦銀行存了一筆錢，所以1936年內戰結束後，有錢可以重建被燒毀的聖壇地下室和聖家堂學校。

1954年聖家堂再度復工，正式動工建造「受難立面」。1977年「受難立面」和四座鐘塔竣工，高第設計的18座高塔，已完成了8座。1978年，聖家堂的側廊正式動工，1986年開始建造中殿、柱子、拱頂、正殿、耳堂（十字型翼部）、十字平面交叉處和後殿。

2010年11月7日，教宗造訪聖家堂，聖家堂建築委員會趕在這一天把聖壇正殿完工，從此之後，聖家堂不再是「工地」，買門票進去參觀的觀光客越來越多，門票收入豐厚，塔式吊車的數量也持續增加，聖家堂的工程進度不但穩定，還比以前快很多。漸漸地，門票收入取代了私人捐款，成為聖家堂主要的建造經費來源。疫情前幾年，每年參觀人次都超過450萬人，每年門票收入約一億歐元，建造速度因此相當迅速，每隔幾個月就能看得出進度。

隨著建築技術進步，現在聖家堂的建築團隊以預鑄方式興建剩下的高塔，建造速度加快許多，加上經費充裕，聖家堂在2015年10月宣布，預計將在高第去世100週年、2026年竣工。但是沒人想到2020年會發生一場影響全球的疫情。

2020年3月中，因為疫情，聖家堂在西班牙進入緊急狀態前就直接關門，謝絕參觀，連工程都停下來。2020年門票收入比預期少了8300萬歐元，無法支撐龐大建造經費，聖家堂在2020年9月宣布，只能確定有經費在2021年完成聖母馬利亞塔，其他工程經費還沒有著落，2026年應該無法竣工。

▲ 聖家堂最後完成的三個塔在2022年聖誕節期間點燈的夜景。
照片：Roser Salvadó。

2021年底，聖母馬利亞塔如期竣工，塔上有個12角的星星，12月8日晚上還舉行「點亮星星」的彌撒。

2022年底，馬爾谷（馬可）以及路加的高塔竣工，代表馬爾谷（馬可）的活物形象「獅子」和代表路加的活物形象「公牛」被放在塔尖上，聖誕節期間還點燈光照明。

聖母馬利亞塔的塔頂是星星，象徵馬爾谷（馬可）福音是「獅子」，象徵路加福音的是「公牛」。照片：Roser Salvadó。

| 迴廊和三個立面 |

高第設計的迴廊與眾不同。傳統教堂的迴廊附屬在教堂一側，中有花園，高第卻讓迴廊和聖家堂融合在一起，利用迴廊把整個教堂圍起來。

聖家堂跟所有教堂一樣，以《聖經》場景為題，彷彿是一本描述耶穌基督一生的立體《聖經》。現在已建好、可以參觀的是「誕生立面」和「受難立面」。

「誕生立面」面向東方，以耶穌誕生為主題。由圓潤的雕塑、喜樂的氣氛和大自然的動植物描述聖母馬利亞童貞受孕、耶穌基督誕生及成長的故事。它有三個門，分別是代表聖母的信仰之門，代表聖若瑟的希望之門和代表耶穌基督的慈善之門。

| 市政府的烏龍 |

高第因為更改前任建築師的設計，1885年向當時的聖馬蒂鎮公所重新申請更改建築許可，卻一直沒收到鎮公所的回音，最後成為一樁烏龍事件。

聖馬蒂鎮公所沒有回覆高第的申請，但是根據1891年的鎮公所地圖，在現今聖家堂的位置已繪有一座教堂，代表鎮公所知道聖家堂正在興建。後來聖馬蒂鎮在1897年規畫成巴塞隆納市的一個區，聖家堂建築管理委員會沒有再次申請建築許可，因為照理這是巴塞隆納市政府的事。1916年，高第向市政府提交一項「星形廣場」（Plaça estrellada）計畫，建議市政府在聖家堂附近預留廣場，以便大家能在廣場上同時看到聖家堂的兩個立面，也證明高第和市政府雙方都知道聖家堂正在建造中。而鎮公所收到建築許可申請卻沒回覆，聖家堂從隸屬聖馬蒂小鎮到隸屬巴塞隆納市，一拖拖了一百多年，都沒收到任何官方的回音，真是只有在西班牙才會發生的事！

聖家堂就在市政府沒有回應下施工至2007年，因為高鐵隧道經過聖家堂榮耀立面下方，引起眾人注意，才被發現聖家堂沒有建築許可。

2010年11月7日教宗來訪後，市政府認為歷經120年，聖家堂建築委員會應該要有新的建築執照，讓市政府可以得到聖家堂建築的第一手資料，因為市政府只有上個世紀的資料，並沒有現在建築技術的資料。雖然聖家堂沒有在晚上施工，附近居民沒人抗議施工噪音，巴塞隆納市政府卻連施工時段都不知道。

　　為此，聖家堂積極地和市政府一起解決延宕多年的程序問題。2018年10月18日，聖家堂與巴塞隆納市政府簽約，承諾在十年內用3600萬歐元改善聖家堂周遭地區的交通、設施等，甚至付費維持周邊環境與交通秩序，以換取建築許可，讓工程合法化。

｜尚未解決的拆遷事件｜

　　聖家堂四邊各鄰一條街道，「誕生立面」在海洋街（Calle Marina），「受難立面」在薩丁尼亞街（Calle Cerdeña），「榮耀立面」在馬約卡街（Calle Mallorca），半圓形後殿在普羅旺斯街上（Calle de Provenza）。

　　根據高第在1916年向市政府提交的星形廣場圖稿，他建議在聖家堂四周預留八塊空地當八角形的星形廣場，好在距離聖家堂150公尺外的地方同時看到兩個立面。如果以九宮格來想像，聖家堂在最中間，四周環繞廣場。後來礙於成本，高第降低要求，把八角形星形廣場改成四個角的星形廣場。

　　很可惜的是，高第的這個夢想沒有實現，現在只有「誕生立面」和「誕生立面」的對面有廣場。市政府另外開闢出一條高第大道（Av. de Gaudí），在這條半步行的街道上，可以同時看到誕生立面和半圓形後殿。觀光客若要拍照，只能到聖家堂誕生立面對面的高第廣場（Plaza de Gaudí），或是受難立面對面的聖家堂廣場（Plaza de la Sagrada Familia），才能拍到全景。

　　榮耀立面因為地勢，大門開在二樓高的地方，所以必須把榮耀立面對面的大樓拆遷，才能按照高弟的原始設計，建造橫跨馬約卡街的天橋和台階。不拆遷就無法建造台階，沒有台階就無法上天橋，沒有天橋則沒路通往榮耀立面的大門。而目前尚未解決的拆遷事件，可能影響到以後聖家堂的正門入口。

◀中間是聖母馬利亞塔，右邊是馬爾谷（馬可）塔，左邊是路加塔。照片：Roser Salvadó。

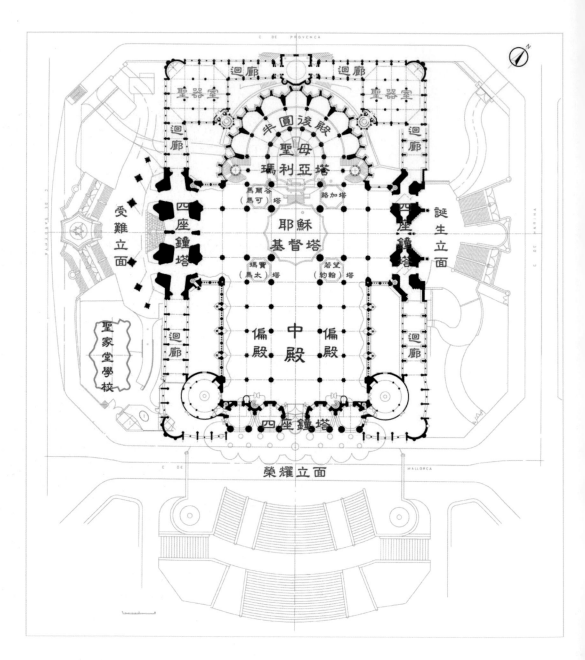

聖家堂平面圖。照片提供：聖家堂（fotografías/imágenes: Junta Constructora del Templo de la Sagrada Familia. Todos los derechos reservados.）。

　　高第在世時，有人問他聖家堂何時完工，他說：「我的客戶（天主）不急。」因為對高第而言，教堂能完美建成比快快完工還重要。所以在「誕生立面」有兩個烏龜雕像在柱子下方，象徵慢工出細活，烏龜慢慢地走，總有一天會抵達目的地；教堂慢慢建造，總有一天會完工。更有趣的是，高第把海龜雕像放在教堂靠海的一邊，把陸龜雕像放在教堂靠山的一邊，由此可見高第對烏龜雕像的重視。

　　「受難立面」面向西方，以耶穌基督的死亡為主題。為此，高第希望用簡約的現代線條和樸實的造型來表現受難的悲痛，而雕刻家蘇比拉克斯（Josep María Subirachs）按照高第留下的文字記載和模糊不清的草圖，刻出了耶穌由最後的晚餐到復活的受難過程，表現出悲傷、無生機的苦路。

　　但是，不是每個受難立面的雕像都是《聖經》人物。雕刻家為了紀念去世的高第，拿建築師生平最後一張照片當參考，把高第的雕像放在受難立面上。

　　此外，雕刻家還想出一個「數獨」，無論是橫加或是豎加，都是33，共有310個組合，每四個數字加起來都是33，代表耶穌受難的歲數！而且還暗藏玄虛：

　　INRI是IESVS NAZARENVS REX IVDAEORVM（Iesus Nazarenus Rex Iudaeorum）的縮寫，是「耶穌，拿撒勒人，猶太人的君王」之意。

▲ 高第生平最後一張照片。

▲ 高第的雕像。

最早的拉丁文只有21個字母，後來為了翻譯希臘文的東西，加入Y(y)和Z(z)這兩個字母，但是，I(i)和J(j)是同一個字母，U(u)和V(v)是同一個字母，直到文藝復興時期，為了區分母音和子音，才又加上J(j)和V(v)。

　　如果我們把拉丁文字母跟數字對照：1=a，2=b，3=c，4=d，5=e，6=f，7=g，8=h，9=i(j)，10=k，11=l，12=m，13=n，14=o，15=p，16=q，17=r，INRI則是9+13+17+9=48 在這「數獨」上面有2個10和14，加起來是：10+10+14+14=48，和INRI一樣。

　　因此，雖然受難立面的十字架是水平狀，讓大家仰頭就可看得清清楚楚，但是在鋼製十字架的頂端漆成紅色，剛好成為I這個字母，也是代表INRI的意思。

　　「榮耀立面」面向南方，是日照時間最長的一面，也是聖家堂工程中最後的部分。建好之後的正門直通一道橫跨馬路的天橋，車子由天橋下經過，馬路對面是教堂的台階，所以教堂對面的房舍以後得拆遷。

◀ 聖家堂的數獨。
▼ 高第安息之地。

　　自從我於2007年考到官方導遊執照，至今已帶團進聖家堂超過兩千次，看過裡面充滿鷹架、還是工地的面貌，感受到2010年11月7日內部正殿完成後的震懾驚豔，看到日本雕刻師外尾悅郎（Etsuro Sotoo）雕出的四道銅門怎樣裝上「誕生立面」，也看到畫家兼花窗藝術家畢拉格勞（Joan Vila-Grau）製作的彩色花窗玻璃怎樣一片一片地裝上去，這十年間，聖家堂在我眼前慢慢成形。

▲ 聖家堂冬季或傍晚的彩光映照在東北面冷色系的彩色花窗玻璃上。

左：高塔預鑄的部分。　右：預鑄方式可以加快建造速度。照片提供：聖家堂。攝影師：Pep Daudé（©Pep Daudé. Junta Constructora del Templo de la Sagrada Família）。

在聖家堂地下室博物館可以透過三個窗俯看高第安息之地。還可看到「高第的計算機」，藉由這個繩索倒掛模型，我們能了解高第獨創的力學結構，理解聖家堂和傳統教堂的差別。

▲ 日裔雕刻家外尾悅郎。

｜幾何和數據比例｜

高第從大自然找到許多靈感。例如，當高第看到老人拄拐杖，拐杖很少跟地面垂直，高第就想到，如果傾斜的拐杖可以支撐住老人，傾斜的柱子也可以撐得住建築物。另外，高第發現，大自然中也有不少幾何形狀非常堅固，而且用料精準，像是薄薄一層蛋殼就足以保護雞蛋，所以覺得這些大自然的形狀可以應用到建築上。因此，他畫了許多幾何設計圖，但遇到兩個問題，一是聖若瑟虔誠信徒宗教組織的會員聽不懂他的解釋，連他身邊的建築團隊都搞不懂大師的心意。所以為了讓大家了解他的幾何觀點，他用石膏做幾何模型，先是細節清晰的1：10比例，再來是可以看出整體的1：25比例，讓大家看到從未運用在建築上的幾何體到底是什麼樣子。

▲ 聖家堂學校的劈錐曲面屋頂。

　　因此高第依照形體特徵、結構、照明、傳音效果和建築特性來結合不同的幾何體，用螺旋面創造出建築史上一個非常特殊的雙旋柱，用雙曲面設計出窗戶和拱頂，用拋物面連結拱頂和屋頂，用雙曲拋物面創造出「受難立面」的概念，用橢圓體的加減組合出柱頭，還用劈錐曲面設計聖家堂學校的屋頂。

　　高第知道他的設計是可行的。為此，他透過精確的幾何學找到可以正確執行的方式，又開發出可以應用在所有數據的比例系統，透過不斷重複的比例，用少數數字就可以推斷出整個教堂的長寬數據，例如聖家堂長90公尺，寬60公尺，中殿和偏殿共寬45公尺，中殿高45公尺，偏殿高30公尺，中間圓頂高60公尺等。

| 柱子 |

　　高第在設計柱子時，希望柱子有很強的承重力，也希望柱子能透過色彩和動感來表現出生命力，所以他從星座旋轉的原理找到靈感。經過長年研究，他在70歲時從所羅門柱式創造出特殊的雙旋柱，從星狀的多角形底座開始，一個螺旋體往上右旋，另一個螺旋體往上左旋，兩個螺旋體在空間交錯就產生出以倍數增長的紋路，最後會變成一個圓周。舉例來說，從八角形的底座開始，一邊往上升八公尺，一邊旋轉22.5°，會變成16角形；再一邊往上升四公尺，一邊旋轉11.25°，會變成32角形；再一邊往上升兩公尺，一邊旋轉5.375°，會變成64角形；若往上繼續旋轉，到了16公尺的高度，就會變成圓柱體。從這個原理，只要變化基底的形狀，就可建造出不同大小粗細高度的柱子。

　　這個不凡的創新，成為現今建築界的研究話題，高第也因此達到大自然永不間斷的境界，就像樹幹、樹枝、樹葉的連續性一樣。高第從樹木森林找到靈感，整個教堂就像一座森林，柱子如分叉的樹枝，拱頂如重疊的樹葉，每根柱子就

▲彩色的光芒映照在聖家堂的柱子上。

▲ 從教堂高處可以看清楚雙旋柱的紋路。

如每棵樹一樣，單獨承受樹枝樹葉的重量。除此之外，聖家堂連採光都與其他教堂不同，傳統教堂的光線來自牆上的彩色花窗玻璃，但在森林狀的聖家堂，光線還從上方拱頂照亮整個教堂，就像陽光從樹葉間灑落一樣。2010年11月7日，教宗蒞臨聖家堂，太陽突然穿透雲層，照亮整個聖家堂，讓教宗驚嘆不已。不過，現在因為正在建造中間的六個主塔，屋頂圍起來施工，所以這幾年暫時看不到陽光從上方拱頂灑落的美景。

整個教堂內部像一座森林。

▲ 聖家堂地下博物館的雙曲面拱頂的模型和解說。

| 拱頂 |

經過長期推敲研究，高第打破傳統的桶形、十字尖肋等拱頂，以雙曲面為基礎，利用一種直紋曲面設計出特殊的天窗。整個拱頂由數個雙曲面組成，空間在圓形頸部流動，光線從外面進來，通過不同質地的拱頂營造出不同的色澤，照亮整個教堂，成為世界上第一個天然光線從拱頂灑下的教堂。

| 結構 |

從建築力學來看，高第的聖家堂結構設計是歷代教堂建築史上最特別的一個。高第的懸鏈拱和纜索帶動拱，以及樹枝狀結構的柱子，可以提供足夠的支撐力，所以聖家堂不需要扶壁或飛扶壁來支撐，卻又可以建造出高聳的塔和巨大的窗，以達到哥德式教堂的高大和光線明亮的境界，和傳統的仿羅馬式或哥德式教堂完全不同。

早在1898年，桂爾請高第設計桂爾紡織村教堂時，高第就利用這個規模小的紡織村教堂當實驗，以4.5公尺的斜柱和當地傳統的拱頂來測試新的力學結構。

高第先按照教堂的結構，用繩索製作倒掛的教堂模型，以繩索代表柱子及拱的軸向，將內有小鉛彈的袋子依照重量比例懸吊在這些繩索上，來衡量垂直力的比例，並因此探究出重力施加於建築物的情況，然後把模型拍照，再將相片反過來，就可以在沒有計算機、電腦的時代，把結構算出來。

當年高第還利用這樣的模型計算出聖家堂25公尺高的雙旋柱受力結果，於1923年發表了一篇關於聖家堂力學結構的文章。

聖家堂夏天或早上的光影。

▲ 聖家堂冬天或傍晚的光影。

| 光影 |

　　聖家堂彩色花窗玻璃的顏色是畢拉格勞按照高第的構想而設計製造出來的。白天或夏天的陽光從東北面冷色系的彩色花窗玻璃透進來，帶來藍色、綠色光影，傍晚或冬天的陽光則從西南面暖色系的彩色花窗玻璃照進來，帶來紅色、橘色光影，也就是說，一年四季、一天早晚的光影都不同，陽光成為令人讚歎的畫家，在聖家堂的牆上、柱子上、地上揮灑出七彩光芒。

| 傳承 |

　　高第一生43年的心血都投注在聖家堂，留下許多幾何設計圖、資料和設計稿，以及1：10和1：25的模型，但只留下一張「受難立面」的草圖。他常跟助手們說：「你們只要用雙曲拋物面和我給你們的這張草圖就能完成這個立面。」

1 2 3　　1. 聖家堂地下博物館裡的力學模型的照片。
4　　　　2. 聖家堂地下博物館倒掛的教堂力學模型。
　　　　　3. 聖家堂地下博物館的舊照片：紡織村教堂的力學模型和草圖。
　　　　　4. 高第畫的「受難立面」草圖。

　　「誕生立面」竣工後，西班牙動盪不安，工程也因此停頓。1936年，西班牙內戰爆發，高第在聖家堂的工作室失火，還殃及聖壇的地下室和聖家堂學校，高第留下來的寶貴資料也因此燒毀。還好，聖若瑟虔誠信徒宗教組織在西班牙內戰前有先見之明，預先在倫敦銀行存了一筆錢，所以內戰結束後，有錢重建燒毀的聖壇地下室和聖家堂學校。接著，高第的助手們先把高第留下來、破碎的模型拼湊起來，再研究以前的舊照片、舊文獻資料、幾何定律、數據比例等，1952年摸索推測出高第設計的大部分，才再次復工。

　　是否要繼續建造聖家堂一直是備受爭議的問題。有人覺得應該尊重高第的設計，不應該再由他人繼續教堂的工程，但是高第在世時就希望後人能把教堂完成，而高第的助手們就是為了完成高第的遺志而繼續教堂的工程。

　　1954年，高第的助手依照大師的遺囑，從「受難立面」開始動工，至1977年完成立面結構鐘塔部分，雕像部分由雕塑家蘇比拉克斯於1986至2006年完成。

　　如果高第是第一代建築師算起，波內特是第五代，現在的建築師法伍利

（Jordi Fauli）則是第六代了。

1981年，波內特先生剛接掌自治區政府的藝術文化遺產局主任職位，就被聖家堂建築管理委員會邀聘擔任首席建築師。雖然他父親是第四代建築師，但他還是覺得這個工作壓力太大，以無法分身為由推托。然而，四年任期一過，聖家堂的建築管理委員會再度請他擔任首席建築師，他無法拒絕，在建築工程最艱辛的時候上任。當時聖家堂的工程是貸款建造的，負債累累，工作人員少得可憐，只有一個工頭、兩個水泥匠、兩個工人、一個製圖師和一個祕書，沒有國際知名度，沒什麼私人捐款，教堂只有半圓形後殿的矮牆、「誕生立面」和「受難立面」這三面牆，整個教堂不但還差一面牆，內部更是空蕩地，連柱子、屋頂都沒有。

波內特先生知道高第使用精確的幾何學讓後人可以完全無誤地建造他心中的教堂，所以一上任就先從高第留下來的模型著手，利用重複的模型以及正模負模研究高第的幾何法則和數據比例系統，並重新計算高第於1923年發表的力學結構。波內特先生說，雖然他自己查過算過高第留下來的結構，但他不是結構專家，為了審查結構，他特別請當地最好的結構學教授幫忙，最令人驚訝的是，經過電腦驗證，高第算出的結構竟是正確無誤的。

雖然高第當年的圖稿都在內戰時被火焚毀，但是坊間還留有不少相關文獻。波內特先生就給我看一本印製於1925年的聖家堂介紹手冊，用五種文字、各種照片和圖稿詳細介紹教堂完成後的模樣，送給當年重要的贊助人。

在這本介紹手冊裡，加泰隆尼亞文介紹的部分有很多雷烏斯用語，由此可見，這是在雷烏斯長大的高第親自口述的詳細資料，不是聖若瑟虔誠信徒宗教組織的祕書寫的。

這本已有將近90年歷史、紙頁泛黃的手冊詳細介紹了聖壇地下室、聖壇、半圓後殿、鐘塔、「誕生立面」、「受難立面」、「榮耀立面」、中間圓頂、正殿、側殿、合唱團、兒童唱詩班等各部分。

波內特先生說，雖然內戰後沒留下多少高第的圖稿，但是經由幾何法則、數據比例系統和坊間留下的相關文獻，在正殿偏殿的部分，他們研究推敲出高第99%的原意，可以說是按照高第的設計施工的。

「誕生立面」上代表使徒巴拿巴的鐘塔已在高第生前完成，連鷹架都拆除了，因此大師曾很欣慰地說，能看到這座高塔已讓他死而無憾！

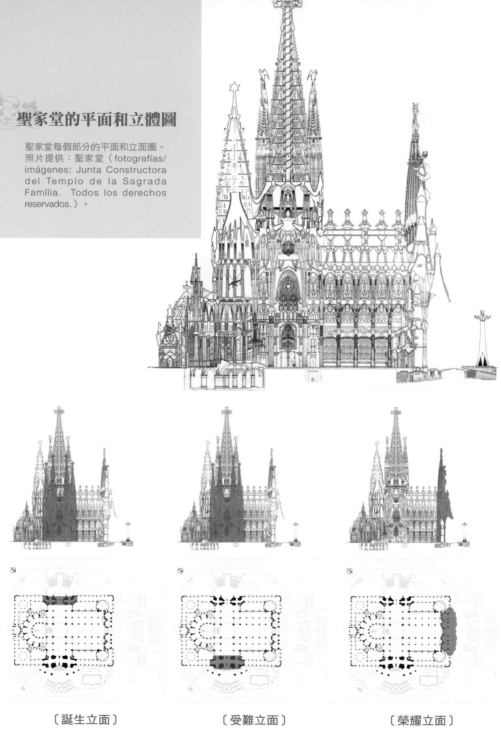

聖家堂的平面和立體圖

聖家堂每個部分的平面和立面圖。
照片提供：聖家堂（fotografías/
imágenes: Junta Constructora
del Templo de la Sagrada
Família. Todos los derechos
reservados.）。

〔誕生立面〕　　　　　〔受難立面〕　　　　　〔榮耀立面〕

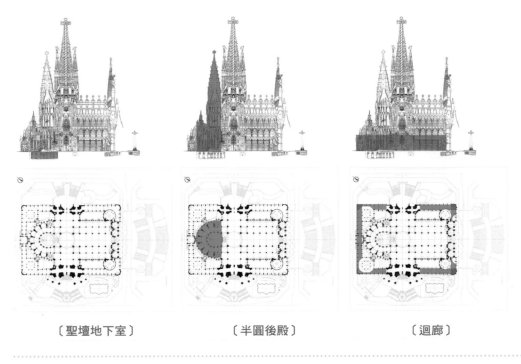

〔聖壇地下室〕　　　　　〔半圓後殿〕　　　　　〔迴廊〕

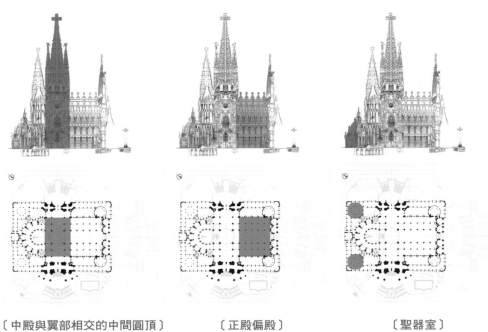

〔中殿與翼部相交的中間圓頂〕　　　〔正殿偏殿〕　　　　　〔聖器室〕

1 2 | 3
    | 4

1. 正殿地上的聖家堂標識,從左到右:J代表耶穌,M代表馬利亞,J代表聖若瑟。 2. 聖家堂正殿的管風琴。
3. 抬頭看正殿偏殿。 4. 加泰隆尼亞拱。

但是,高第心裡還是有點遺憾,他說,雖然他已把正殿偏殿的模型完成,卻無法看到竣工的模樣。

也因此,雖然高第說,位於教堂兩個角落的圓頂聖器室將是教堂中殿與翼部相交的中間圓頂的一個實驗,照理,波內特先生一接手就應該先從聖器室開始動工,但是當時預計要蓋聖器室的地方還有一間教會專用的小房舍,所以他決定先建造正殿和偏殿,把教堂的第四道牆蓋好,讓彌撒可以在正殿舉行。這樣,高第在天之靈可以早日看到正殿偏殿的模樣。

現在教堂的第四道牆已圍上,教堂的拱頂和聖器室正在建造中。等到聖器室完工,建築團隊就可以利用相同的經驗來建造教堂中殿與翼部相交的中間圓頂,而「榮耀立面」則是最後一個階段。

高第那個時代已有電力、電梯、電燈,也有鋼筋水泥,所以高第在「誕生立面」就已採用鋼筋水泥為建材,只是當年鋼筋的比例比現在建築法規定的還少。因此,現在用鋼筋水泥來建造聖家堂不足為怪。

不過,鋼筋水泥不能持久,鋼筋遇水氧化後會膨脹八倍,會把水泥撐開。而高第當年就知道這個缺點,所以他千交代萬交代,屋頂絕對不能以鋼筋為建材,只

能用陶瓷和石材。因此對波內特先生而言，聖家堂的拱頂是整個工程最複雜的部分。

高第沒有留下屋頂的詳細圖稿，但是波內特先生為了徹底依照高第的指令，採用建築上「加泰隆尼亞拱」（Catalan vault/Bóveda catalana）的工法來蓋聖家堂的屋頂，用輕薄的陶磚交叉

▲ 用輕薄的陶磚交叉黏著而成的加泰隆尼亞拱。

黏著，組成一般厚磚做不出來的形狀和堅固性，就如米拉之家、巴特由之家的屋頂，這樣一來，可以完全達到高第的要求。

雖然高第當年已考慮到電梯、換燈泡的細節，甚至還想到，最上面的窗戶要用透明玻璃，不能用彩色花窗玻璃，避免陽光灑下的色彩擾亂拱頂的圖案和顏色。但是有些部分很難推測出高第的原意，例如，高第說某個地方要用藍色，某個地方要用綠色，某個地方要用黃色，卻沒有精確說出每個顏色的色調，因此波內特先生只能自己揣測了。

另外，在中間高大的主塔裡，高第只說要把樓梯放在中間，卻沒有留下更多資料。因此波內特先生按照高第生前建造的「誕生立面」四座鐘塔中的樓梯為範本，設計出中間主塔的樓梯。或許，高第會設計出不同的樓梯，但是根據高第提交給巴塞隆納市政府的「星形廣場」（Plaça estrellada）建議圖，波內特先生他們

左：最上面的窗戶的透明玻璃。　右：拱頂的圖案和顏色。

的推測是正確的。當年，市政府想規畫聖家堂附近，高第因此希望市政府在聖家堂附近預留廣場，以便大家能夠在廣場上同時看到聖家堂的兩個立面。所以，在圖上有八個聖家堂的輪廓，代表從八個不同的角度看到的聖家堂。

在石材上，巴塞隆納的建築一直都是用蒙特居易克山的石頭，聖家堂也不例外。但是採石場因為歷經2000年的開採，在20世紀中已關閉。為了繼續用高第常用的石材，現在的建築團隊一方面回收城裡舊房舍拆除下來的石材，一方面還利用巴塞隆納奧運會場施工時挖出的山石當建材。因此，受難立面的柱子以及四座福音作者的高塔，用的石材跟高第建造的誕生立面的石材一樣。至於教堂內部的石材，高第曾根據石材的承載力留下文字記載，訂定每根柱子的直徑和石材，現在的建築團隊就根據這些資料，採用蒙特居易克山的石頭、西班牙和法國的花崗岩、西班牙和義大利的玄武岩，以及伊朗的斑岩來建造。

▼ 聖家堂的柱子是用不同石材建造的。

從教堂最上面，不開放給觀光客的地方俯瞰聖家堂的聖壇。

左：聖家堂窗戶頂端的多彩水果裝飾。　右：聖家堂「榮耀立面」的正門。

| 上帝的旨意 |

高第曾說，聖家堂的一切都是上帝的旨意。而根據波內特先生所言，真的是這樣。

教堂內部施工期間，他們從伊朗購買斑岩來建造柱子，結果竟有一塊規格過大的斑岩，跟他們的訂單不符。建築團隊沒有拆箱，決定直接退貨，但是波內特先生基於好奇看了一下貨單上的斑岩尺寸，很驚訝地發現，竟然跟高第設計的聖壇的尺寸幾乎一模一樣。於是，他們就利用那塊送錯的斑岩來建造聖家堂的聖壇。

在聖家堂窗戶的頂端，高第設計了一些多彩的水果，代表聖靈所結的果子。而令人驚訝的是，高第當年的威尼斯玻璃供應商至今仍在，現在還繼續提供聖家堂工程所需的建材。高第還在某些窗戶的頂端以麵包（無酵餅）和葡萄酒造型來代表聖餐禮。但是，他的1：10石膏模型在內戰時受損，後來只拼出代表「葡萄酒」的模型。建築團隊本想自己設計代表麵包的造型，可是在建造整地期間，竟挖出當年因內戰而埋在廢墟內、代表麵包的模型，意外地解決難題。

雕刻師蘇比拉克斯在聖家堂「榮耀立面」的正門上用加泰隆尼亞語刻了天主經（主禱文）全文：「我們的天父，願祢的名受顯揚，願祢的國來臨，願祢的旨意奉行在人間，如同在天上。求祢今天賞給我們日用的食糧，求祢寬恕我們的罪過，如同我們寬恕別人一樣，不要讓我們陷於誘惑，但救我們免於凶惡。」[4] 另外用50種文字刻了主禱文中的一句話：「求祢今天賞給我們日用的食糧（賜給我們今天所需的飲食）。」雕刻師完工後，跟波內特先生商量，要在門上加個門把，波內特先生建議加在110公分高的地方，結果無巧不巧，剛好是在CAIGUEM（陷於）這個字上。於是雕刻師利用I這個字母當門把，結果門把兩邊竟是A和G，剛好就是高第（Antoni Gaudí）姓名的A和G。

4：聖家堂是天主教堂，在此採用天主教白話文版本的天主經（主禱文）譯文，與基督教的主禱文翻譯略有不同。

2-8　新舊間的萬種風華：
其他地區和景點之一

歐塔-吉納多區 | Horta-Guinardó
格拉西亞區 | Gràcia

歐塔-吉納多區（Horta-Guinardó）

❶ 聖十字及聖保羅醫院（Hospital de la Santa Creu i Sant Pau）

Web http://www.santpaubarcelona.org/   **Add** Sant Antoni Maria Claret, 167   **metro** Sant Pau/L5（藍線）

　　高第大道（Avenida Gaudi）長達一公里，兩邊飾以美麗的街燈，一頭是聖家堂，另一頭是聖保羅醫院。

　　保羅‧希爾（Pau Gil）出身巴塞隆納，和哥哥在法國金融界打出一片天地，成為成功的銀行家。保羅單身未婚，1896年去世，遺囑上吩咐將銀行結束營業後的遺產分成兩半，一部分給他的姪子們，一部分捐給巴塞隆納市政府，以建造醫院。

▼聖十字及聖保羅醫院。

當時城裡的聖十字醫院年久失修，市政府剛好利用那筆捐款買地興建新醫院，1902年1月18日動土，建築師多梅內克負責設計，建造出光線充足、空氣流通、先進的醫療中心。

醫院建築採紅磚、馬賽克、彩色玻璃、鑄鐵裝飾為建材，

▲ 醫院建築物上的G。

以聖喬治和聖喬治十字、加泰隆尼亞旗的顏色或標幟為裝飾，充分表現出加泰隆尼亞現代主義建築的特色，而醫院大門設在方格街區的轉角，讓整個醫院成為對角取向，是建築師不認同塞爾達都市計畫的表達。

入口處是行政大樓，以高塔和時鐘為冠，裡面有兩道光線明亮、飾著多彩瓷磚和花窗玻璃的走廊，樓上有個挑高的禮堂，結合了建築、雕塑、彩繪玻璃、馬賽克、陶瓷等藝術，是整棟大樓裝飾最華麗的空間。大樓後面是一棟棟小樓，裝飾多彩瓷磚，每棟小樓就是一個專科部門，以地下通道互相連通。

建築師多梅內克認為新鮮的空氣、充足的陽光和綠意的環境有利病人復元，因此每棟小樓間點綴著花草樹木，為病人創造舒適、寬敞的療癒環境，每個病人（每張病床）有145m2的空間，遠遠高於其他歐洲醫院的友善療癒空間比例。

依照多梅內克的原始設計，整個醫院總共有48棟小樓，他完成12棟小樓去世之後，由他的兒子接手，但是經費在醫院未完成就已耗盡，最後開幕時總共只有27棟小樓。

為了紀念捐錢人，市政府把新醫院和聖十字醫院合併，稱為「聖十字及聖保羅醫院」，但是巴塞隆納人仍習慣叫它聖保羅醫院。醫院建築物上有許多G和PG這兩個字母的圖形，代表捐款人姓名縮寫。正門口還有保羅的雕像，象徵照顧老少的博愛。

1930年，聖保羅醫院正式啟用，1997年列為世界遺產，2009年後面的新大樓正式啟用，2010年醫院搬遷到新大樓，開始維修被列為世界遺產的加泰隆尼亞現代主義建築部分，歷經四年的維修之後，2014年3月正式開放成為巴塞隆納的另一項值得參觀的世界遺產景點。

1

2 3

1. 聖保羅醫院內的花園。　2. 聖保羅醫院每年聖誕節都有燈光秀。　3. 聖保羅醫院行政大樓走廊。

❷ 迷宮公園（Parc del Laberint）

Web http://www.barcelona.cat/es/que-pots-fer-a-bcn/parcs-i-jardins/parc-del-laberint-d-horta_92086011952.html
Add Pg. Castanyers, 1-17　**metro** Mundet/L3（綠線）

　　1791年，Llupià i d'Alfarràs侯爵興建了這個具新古典主義和浪漫主義風格的花園，現在是城內最古老的花園，共有三層不同的高度：最底層植物遍布，有義大利式的柏樹園藝迷宮、泉水和小瀑布；第二層以圓頂小亭裝飾；最高層有水池和小亭。另外在花園入口處還有一棟新古典主義建築，是當年侯爵的宅邸和上流社會舉辦晚宴的地方。

　　這裡也是電影「香水」的拍攝場景，除了有名的迷宮公園出現在電影中，那棟新古典主義建築也是蘿拉生日宴會的場景。

▼迷宮公園。照片提供：攝影師Rafael Caballero。

格拉西亞區（Gràcia）

❸ 桂爾公園（Park Güell）

Web http://www.parkguell.cat/
Add C/Olot, s/n　Bus 24和92　metro Lesseps/L3（綠線）

　　1895年，桂爾先生在巴塞隆納城外俗稱「禿山」（Montaña Pelada）的地方買了兩塊農莊以及農莊上的房舍，打算利用這占地17.18公頃的山坡開發成英式「花園城市」社區，所以以英文的Park為名。

　　農莊上的房舍順理成章成為桂爾先生的宅邸，高第理所當然是社區的建築師，而那些因為發展工業而致富的資產階級則是他的客戶群。

▲ 透過桂爾公園的鐵門看公園內部。
▼ 高第故居博物館。

▲ 公園裡的高架橋或斜坡道路。

　　整個社區的工程從1900年開始，高第規畫出廣場、市場、露天劇場、教堂、門房、警衛等公共設施。根據最初構想，預計出售60塊地，讓富豪們自行找建築師設計豪華別墅。

　　社區開發後沒多久，桂爾的律師好友特里亞斯（Martí Trias i Domènech）在1901年買下兩塊地，蓋了一幢別墅。

　　1902年，高第請助手設計一個樣品屋，完工後無人問津。1906年，高第買下樣品屋跟桂爾成了鄰居，1960年由高第之友協會收購，現在成為高第故居博物館（Casa-Museo Antoni Gaudí）。

　　當時桂爾公園位於偏僻的荒山之上，距離巴塞隆納太遠，所以這個房地產開發案並沒有預想中成功。真正的買主只有兩人，其中一個還是建築師自己，而這個社區只住過三戶人家，桂爾先生一家、高第一家和律師特里亞斯一家。

　　高第的特色遍布整座公園。長凳、小路、長廊、柱子和高架橋全由曲線組成，蝸牛、蕈菇、葉子、花朵或樹幹等動植物形態表現出建築師師法自然的風格，而他更把這些建設融入大自然。以人車分道的概念，在不同坡度上建造高架橋或斜坡道路，分別給馬車和行人通行。高第甚至利用山坡上60公尺的落差設計了一條上坡路徑，在最高點設計小教堂。但是，整個工程在1914年因第一次世界大戰而中斷，計畫中的小教堂則簡化為三個十字架，稱為三十字架丘陵（Turó de les Creus），又稱各各他紀念碑（Monumento al Calvario），紀念耶穌基督受難之地。

▲ 三十字架丘陵。

1918年，桂爾去世，開發案因此停滯。桂爾的繼承人在1922年把整個社區賣給巴塞隆納市政府，最後在市政府整理下，成為對外開放的桂爾公園。

整個桂爾公園從圍牆到正門、廣場都由一種叫Trencadís的彩色碎瓷磚拼貼而成，美麗多彩，但是非常脆弱，踩在腳下，會被鞋子上的沙子磨壞表面。為此，市政府每年都要花大錢維修這個公園，後來因為經費短缺，市政府於2013年10月25日把公園改成收費景點。

環繞著桂爾公園的圍牆由紅白相間的條紋裝飾，牆上用Trencadís拼出Park和Güell兩字，而在這兩個字裡面的星形符號，則跟當時盛行的共濟會有關。

現在公園的正門兩側有造型圓潤、色彩亮麗的小屋，靈感來自童話世界的「糖果屋」，屋頂和窗戶以Trencadís裝飾；較大的是「門房之家」（La Casa del Guarda），有個蘑菇狀屋頂，可以買票入內參觀；較小的是「社區管理辦公室」（Pabellón Administrativo），屋頂上有高第特有的「四臂十字架」，是社區管理辦公室，現在則是小小的紀念品店。

1
2 3
1. 三十字架丘陵。
2. 有星形符號的Park。
3. 桂爾公園映照在門房之家的窗戶上。

上：門房之家和社區管理辦公室。
下：五彩Trencadís拼出的蠑螈，又稱「火蜥蜴」。

　　進入正門，映入眼簾的是巨大的臺階，上端有一隻用五彩Trencadís拼出的蠑螈（又稱「火蜥蜴」），現在已成為公園的代表象徵。每個參觀的遊客一定都要跟它拍張照片，旁邊永遠圍滿照相的人群。

　　沿著臺階會通抵多柱廳（Sala Hipóstila），原是社區的菜市場。天花板上有陶瓷、碎酒瓶、碎碗盤等拼出的五彩圖案。多柱廳上方是公園的廣場，廣場周邊蜿蜒的座椅則由色彩繽紛的Trencadís拼成。當時高第已有綠建築的概念，下雨時，廣場上的雨水經由多柱廳86根中空的多立克式柱流進多柱廳下方的蓄水池，回收雨水當噴泉用水。

上：多柱廳。　下：廣場周邊色彩繽紛的坐椅。

桂爾公園曾有位義工老先生，叫做貝爾納（Juli Bernat），對有禮貌、尊重高第作品的遊客很親切，對膽敢把腳踩到Trencadís上的人卻非常兇。事實上，在公園還沒收費之前，貝爾納先生的口哨曾是防止大意的遊客破壞公園的一大功臣。

桂爾公園早上8點就開門，建議越早去遊客越少，拍照越方便。至於公園的廁所、咖啡廳等公共設施則在10點以後才開。

文森之家客廳外的陽台。

❹ 文森之家（Casa Vicens）

Web http:////casavicens.org/
Add C/Carolines, 24　**metro** Lesseps/L3（綠線）

　　高第設計的第一棟民宅，建於1883至88年，是文森先生[5]請31歲的年輕高第設計的避暑別墅，位於巴塞隆納城外的格拉西亞小鎮[6]，具穆得哈爾和東方風味，屬於高第「東方時期」的作品。

　　高第在這裡表現他對獨門獨院宅第的見解，建築和裝飾合而為一。客廳外有設計精巧的陽台，主臥房外有舒適的大露台，室內每一廳均有做工繁複精緻的天花板及牆面，其中又以深具中東風格的吸煙室最令人讚嘆。高第以紅磚、石材和磁磚建造出引人注目的三個立面，直切的線條和高第晚期作品的曲線迥然不同，但仍充滿想像力，隱約讓人看見一代宗師後期的建築元素。

　　據說高第在探勘地形時看到棕櫚樹和黃色花朵，因此激發靈感，設計出不少取材大自然的特別磁磚，他利用棕櫚樹葉形來設計文森之家的鐵欄杆，利用黃花來設計磁磚。

　　文森之家最早包括一棟避暑別墅和一片花園，花園裡還有瀑布和池塘，文森先生的遺孀將這棟房子轉賣之後，新屋主在1925年請建築師塞拉（Joan Baptista Serra de Martínez）擴建。很可惜的是，因為一大部分土地後來遭變賣，瀑布和池塘現已不復存在。

　　文森之家在2004年列為世界遺產，2007年出售，要價3500萬歐元，後來被安道爾一家銀行購得，經過幾年整修後，於2017年11月開放，成為景點。

5：曾有傳說屋主是磁磚工廠老闆，但是，根據後來的調查，他是股票交易員。
6：後來格拉西亞小鎮於1897年被併入巴塞隆納，現在是巴塞隆納的一個區。

左：文森之家的客廳外的陽台。　右：文森之家的客廳。

❺ 基納多公園瞭望台（Mirador Parc del Guinardó）

從瞭望台的置高點可俯瞰整個巴塞隆納以及地中海。

❻ 卡梅爾碉堡瞭望台（Mirador Búnkers del Carmel）

建造在西班牙內戰時的防空炮台之上，俯瞰整個巴塞隆納和地中海的絕佳地點。

Ⓐ Pastisseria Carrió（Oriol Carrió）甜點店

Web https://www.pastisseriacarrio.cat/　Add C/Bailèn, 216

販售的甜點傳統中見創意，有金牌杏仁（panellets）等傳統甜點，也有精緻創意糕點。

巴塞隆納濱海區

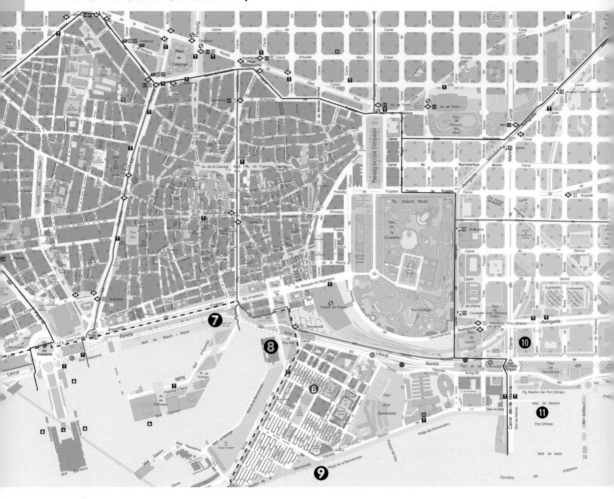

巴塞隆納濱海區（Fachada Marítima de Barcelona）

　　巴塞隆納從中世紀至今一直是地中海沿岸的重要海港，現在更是豪華遊輪的停靠地。而且歷經整修之後，以前舊港地區廢棄的倉庫現在是充滿藝術和熱帶氣息、遍布美味海鮮餐廳的碼頭散步區，以前廢棄的工業區如今是新興的奧運村，以前屬於貧民窟的海邊現在則是澄淨的藍旗海灘和新興的議會中心。

Fachada Marítima de Barcelona

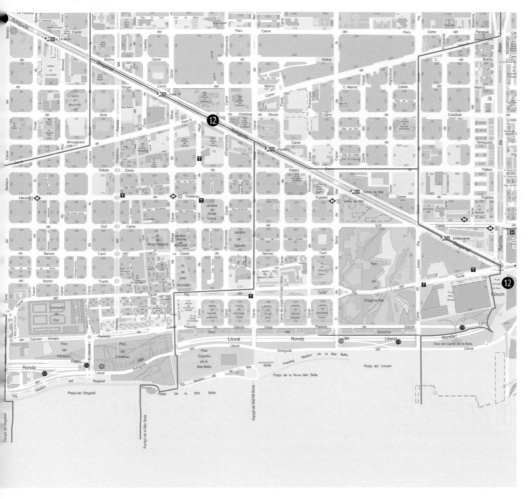

一百多年前，海灘附近住滿從西班牙各地來此打工的人，一間間簡陋的房舍形成一個又一個的貧民窟，最著名的有兩個：Somorrostro和Pekín。貧民區旁就是巴塞隆納的工業區。

之所以稱為Pekín（北京），是因為當年最早的居民是從古巴渡海到西班牙的廣東移民。

▲ 巴塞隆納濱海區。

　　至於Somorrostro，則是佛朗明哥舞的傳奇人物卡門‧阿瑪雅（Carmen Amaya）的出生地。卡門是吉普賽人，生於1913年，從沒踏進任何舞蹈學校，自小在Somorrostro的吉普賽人圈子裡耳濡目染下開始跳舞。為了討生活，六歲時便跟隨父親四處表演，在「七道門」餐廳登台跳舞，初試啼聲就一鳴驚人。10歲在馬德里贏得熱烈迴響，馬上在西班牙巡迴演出。16歲在1929年的巴塞隆納萬國博覽會精彩的表演令在場貴賓瞠目結舌，從此打響卡門的國際知名度。西班牙內戰時，她和家人逃離戰火，到世界各國巡迴演出，將佛朗明哥舞推廣到全世界。

　　她第一次進美國海關時，因為不識字，不會簽名，還被拒入境。想不到她後來不但學會寫字認字，還受當時的總統羅斯福和杜魯門邀請，在百老匯演出，並在好萊塢拍過數部電影。

　　從生於Somorrostro貧民窟的吉普賽女兒到一週淨賺一萬四千美元的富婆（這在40年代可是天文數字），卡門沒有忘掉她那些住在貧民窟的族人。她以散盡千金為樂，曾說：「不，我真的沒處理過銀子，它是牽絆。世間太多疾苦，如果我身上有錢，我一定送給第一個向我求助的人。如果無人求救，我會以十倍價錢買一包菸，這樣一來，我就身無分文，可以安心入睡了。」因此她幾乎沒什麼財產。後來她的美國朋友威爾森（John S. Wilson）看得心疼，為她在貝古爾鎮（Begur）買棟房子，讓她有個家。

1959年，巴塞隆納用卡門的名字替一個噴泉命名。當天她在加泰隆尼亞音樂廳有表演，但是當她在表演時得知許多Somorrostro窮困的鄰居沒錢買門票，她馬上趕回出生的貧民窟，徹夜在那裡當街跳給鄰居族人看，成為居民永生難忘的回憶。

現在Somorrostro已不復存在，取代它的是五星級飯店、餐廳、賭場和藍旗海灘。然而以卡門之名命名的街道和噴泉仍在，紀念這位生於貧民窟的傳奇佛朗明哥舞者。

❼ 巴塞隆納之臉（La Cara de Barcelona）

Add Moll de la Fusta - Mirador del Port Vell
metro Barceloneta/L4（黃線）

「巴塞隆納之臉」位於哥倫布大道邊的木頭碼頭（Moll de la Fusta），是美國普普藝術大師李奇登斯坦（Roy Lichtenstein）和西班牙雕塑家德爾加多（Diego Delgado Rajado）合作的大型雕像，高五公尺。屬於李奇登斯坦的Brushstrokes系列作品，但特別採用陶瓷拼貼技術，向此城的加泰隆尼亞現代主義建築致敬。

▲ 巴塞隆納之臉。

❽ 海洋宮（Palau de Mar）

Add Edifici Palau de Mar, Plaça Pau Vila nº1, baixos　　**metro** Barceloneta/L4（黃線）

從哥倫布紀念塔到巴塞羅內塔區（La Barceloneta）是巴塞隆納港歷史最悠久的部分，所以稱為舊港（Port Vell）。有些中文書把它翻譯成「貝爾港」，殊不知，Vell在加泰隆尼亞語就是「舊」的意思，不能音譯。

海洋宮就是舊港旁的倉庫，建於1894到1900年間。百年後經過整修，成為加泰隆尼亞歷史博物館，展覽內容從舊石器時代到18世紀當地歷史。海洋宮面向海港的一樓則是林立的海鮮餐廳，頂樓上也有餐廳、咖啡廳，可以眺望遊艇碼頭和港邊景色。

▲海洋宮。

▲巴塞羅內塔海灘上的公共藝術「受傷的星星」。

❽ Can Ramonet餐廳

Web http://grupramonet.com/canramonet/
Add C/Maquinista, 17
metro Barceloneta/L4（黃線）

從1753年[7]營業至今，可以說是城裡最資深的百年餐廳。在這裡可以吃到鮮美的海鮮，還可以嘗到海鮮Tapas，更可以感覺到歷史氣息。不過，價錢可不便宜喔！

❾ 巴塞羅內塔海灘
（Playa de la Barceloneta）

metro Barceloneta/L4（黃線）

18世紀因為建造軍事城堡而拆除海岸區房舍，市政府為了安頓那些因此無居所的人，開闢了巴塞羅內塔區。有些中文書把這裡翻譯成「小巴塞隆納」，但是它的名字跟巴塞隆納沒有關係。

這區以海灘著名，探索頻道曾把巴塞羅內塔海灘評為世界最佳城市海灘。沙灘上有德國藝術家蕾蓓卡‧洪（Rebbecca Horn）設計的公共藝術〈受傷的星星〉。

❿ 奧運村（Vila Olímpica）

metro Ciutadella-Vila Olímpica/L4（黃線）

這裡曾經是巴塞隆納100年前的工業區，在戰亂、經濟變遷之後成為一片破舊的倉庫和廠房。於是，市政府利用1992年的奧運重新整頓，把工廠遷往別處，以公園綠地和五、六層的紅磚樓房取代，成為環境幽雅的奧運村。

7：也有人說是1763年，不過可以確定的是，從18世紀開始，它就是港邊的酒吧了。

左：奧林匹克港。　右：建築大師蓋瑞設計的公共藝術「魚」。

⑪ 奧林匹克港（Port Olímpic）

Add　Pg. Marítim del Port Olímpic
metro　Ciutadella-Vila Olímpica/L4（黃線）

　　奧運村旁就是現代化的奧林匹克港，舉辦過各種海上活動。現在則是繁華熱鬧的娛樂區，有建築大師蓋瑞（Frank Gehry）設計的公共藝術「魚」、有海濱散步大道、海灘、兩座142公尺高的孿生塔樓，一棟是五星飯店Hotel Arts，裡面有米其林二星餐廳Enoteca，另一棟是辦公大樓。

　　附近還有數十家餐廳和酒吧，其中Marina Bay by Moncho's餐廳的二樓視野最佳，可以遠眺地中海，也可以近觀「魚」，而最具特色的則是Ice Barcelona，整個酒吧冰天凍地！

◉ BD（Barcelona Design）設計品牌

Web http://www.bdbarcelona.com/ **Add** C/Ramon Turró, 126 **metro** Llacuna/L4（黃線）

　　BD由西班牙數位建築師暨室內設計師博內特（Pep Bonet）、西里西（Cristian Cirici）、柯洛泰（Lluís Clotet）、列拉（Mireia Riera）和圖斯蓋特（Óscar Tusquets）創於1972年的設計品牌，原名是Bd Ediciones de Diseño。

　　BD目前是西班牙最具代表性和最負國際盛名的家具設計品牌之一。型錄上不但有當代最重要的設計師作品，還生產高第和達利設計的家具，Showroom-gallery很值得一看，裡面還有outlet喔！

⑫ 世界文化論壇和22@（Forum＆22@）

metro El Maresme-Fòrum/L4（黃線）和 Glòries/L1（紅線）之間

　　這裡曾在2004年舉辦過世界文化論壇，現在則舉辦重要國際會議，還是巴塞隆納的新天際線。當代建築遍布期間，有瑞士建築師赫佐和德梅隆（Jacques Herzog & Pierre de Meuron）設計的世界文化論壇大樓（Edificio Fórum）、西班牙建築師圖斯蓋特設計的飯店Hotel Barcelona Princess和Hotel Hilton Diagonal Mar、西班牙建築師馬希普（Enric Masip Bosch）設計的西班牙電訊局大樓、西班牙建築

師米拉耶斯設計的海之對角線公園（Parc Diagonal Mar）、英國建築師奇普菲爾（David Chiperfield）設計的D197大樓、法國建築師努維爾（Jean Nouvel）設計的阿格巴塔（Torre Agbar）和波布雷諾公園（Parc Central del Poblenou）、法國建築師佩洛特（Dominique Perrault）設計的飯店Hotel ME，未來還有伊拉克裔英國女建築師札哈‧哈蒂（Zaha Hadid）設計的螺旋塔（Torre Espiral）。

所以這一區是建築愛好者的最愛之一。

1 2 | 3

1. 赫佐和德梅隆設計的世界文化論壇大樓。
2. 米拉耶斯設計的海之對角線公園。
3. 法國建築師努維爾設計的阿格巴塔。

西班牙廣場和旁邊紅磚舊鬥牛場改建而成的購物中心。
照片提供：攝影師Rafael Caballero。

聖哲-蒙居意克區 | Sants-Montjuïc

聖哲-蒙居意克區（Sants-Montjuïc）

蒙居意克山曾是猶太人墓園所在，Montjuïc這個字由Mont Jueus（猶太山）而來。它是巴塞隆納海邊一座175公尺高的山丘，山腳下舉辦過1929年的萬博會，山上舉辦過1992年的奧運。它還是眺望港口和全城風光的好地方，也可以搭乘不同的纜車上山或是過海。蒙居意克山一直是巴塞隆納城中建築石材的來源，據說最盛時期有28個採石場，中世紀的海上聖母馬利亞教堂、主教座堂、松之聖母馬利亞教堂，以及上個世紀的聖家堂的石材都來自此山。

跟著官方導遊漫步蒙居意克山區：從地鐵站Espanya開始。

❶ 西班牙廣場（Plaça d'Espanya）

1929年萬博會的中心，廣場中心有座巨大噴泉，中間豎有一組三面石雕，飾以優雅的街燈和精美的雕塑。廣場一邊有英國建築師羅傑斯（Richard Rogers）利用舊鬥牛場改建而成的購物中心，還保留著鬥牛場的紅磚圓形立面，購物中心頂樓是欣賞西班牙廣場的瞭望台，還可以遠眺藝術家米羅設計的公共藝術〈女人與小鳥〉。

廣場另一邊有兩座紅磚尖塔，是模仿威尼斯聖馬可廣場旁的四角形紅磚鐘樓而建，也是1929年萬博會的入口。兩個紅磚尖塔兩側則是巴塞隆納會展中心（Fira Barcelona）。

左：米羅設計的〈女人與小鳥〉。　右：西班牙廣場的噴泉夜景。

❷ 魔術噴泉（Fuente Mágica）

因應1929年萬博會而設計的噴泉，1929年啟用後又經過幾次翻修，現在的水泉隨著音樂改變顏色和形狀，水柱最高可達到54公尺，組成各種美妙的畫面。從1929年至今仍是最吸引人的景點之一，遊客絡繹不絕。

魔術噴泉平常有表演時間，1、2月還有年度維修，建議先詢問旅遊局的諮詢櫃台，以免白跑一趟。

▲ 魔術噴泉夜景。

❸ 凱夏論壇（Caixa Forum）

Web http://caixaforum.org/es/barcelona/home　　**Add** Av. Francesc Ferrer i Guàrdia, 6-8

建築師普意居設計的卡沙拉夢納（Casaramona）紡織工廠，是很好的加泰隆尼亞現代主義工業建築範例。工廠關閉後，曾是國家警察局的馬廏。1998年，凱夏儲蓄合作社的社會文化基金會耗資修復，重金禮聘磯崎新等大師把這棟舊紡織廠改建為凱夏論壇總部，定期舉辦特展，展示重要的藝術收藏，像是當代藝術家塔比耶斯、戚藝達、沙烏拉等人的作品。

凱夏論壇。

進入凱夏論壇可以欣賞加泰隆尼亞現代主義的特色，看看古老建築如何再利用，可上頂樓從屋頂俯瞰這棟建築，或到高雅幽靜的咖啡館喝杯香醇咖啡，在旅途上享受一下悠閒和免費的無線網路！

❹ 密斯‧凡德羅的德國館（Pabellón Mies van der Rohe）

Web http://www.miesbcn.com/　**Add** Av. Francesc Ferrer i Guàrdia, 7

這棟現代化建築的線條簡單，以鋼材框架、玻璃、四種不同質地顏色的大理石所建造，是德國建築師暨設計家密斯‧凡德羅（Mies van der Rohe）為1929年的萬博會設計的德國館，也是當時德國當局接待西班牙國王阿方索十三世（Alfonso XIII）的地方。金黃色的瑪瑙大理

▲ 密斯‧凡德羅的德國館。

石，配上黑色地毯和紅色窗簾，剛好是德國國旗的三個顏色。

　　密斯設計的德國館立於一基座上，長約50公尺，寬約25公尺，包含一個主廳、兩個附屬房間、兩座水池和幾道圍牆，打破傳統的封閉箱式空間。整座建築以八根十字形斷面的鋼柱支撐，以薄板為屋頂，玻璃和大理石為隔牆，牆壁在室內室外之間縱橫交錯，相互穿插地切割空間，有些還延伸到室外，組成自由流動、分隔又連通的半戶外空間。在這組牆壁裡，屋頂也算是一面水平牆，在垂直牆壁上滑動，整個空間因為這些水平和垂直平面而保持連續性。

　　密斯利用這些牆壁組合出兩個院子，在那裡設計兩「片（水平的）」水池，加深整個建築物的水平感，營造出不同的倒影效果。大水池由小鵝卵石襯底，整座德國館隱約倒映在池底；小水池由黑色大理石為底，玻璃牆面和池水把德國雕刻家科爾貝（Georg Kolbe）的作品〈黎明〉映在池底和玻璃牆面上，形成很有趣的倒影遊戲。

1. 德國館外觀。照片提供：密斯‧凡德羅基金會提供。攝影師：Pepo Segura。

2. 德國館打破了傳統的封閉箱式空間。照片提供：密斯‧凡德羅基金會提供。攝影師：Pepo Segura。

3. 牆壁在室內室外之間縱橫交錯。照片提供：密斯‧凡德羅基金會提供。攝影師：Pepo Segura。

4. 密斯設計的「巴塞隆納」椅。照片提供：密斯‧凡德羅基金會提供。攝影師：Pepo Segura。

5. 大水池由小鵝卵石襯底，把整個德國館隱約地映在池底。

　　這棟建築反映了精簡結構的理念，室內空間的自由創造和簡單優雅的材質創造出簡潔、開放、明亮的空間，乍看之下很簡單，卻是經過精密的幾何研究而成。

　　萬博會結束後，這棟建築於1930年拆除。50年後，巴塞隆納市政府有鑒於德國館在20世紀建築史上的重要性，於1980年決定在原地重建。現在的密斯德國館是在1983年完成、1986年正式開幕的。

　　在重建的德國館裡，還可看到密斯設計的「巴塞隆納」椅，坐墊是格子狀的白色山羊皮，椅架則是弧度優美的交叉鋼管，造型簡單雅致，把「Less is more」的精神發揮到淋漓盡致的境界。

❺ 西班牙村（Poble Espanyol）

Web http://www.poble-espanyol.com/
Add Av. Francesc Ferrer i Guardia, 13

因應1929年萬博會而建造，是露天的「西班牙博物館」，經由這裡模仿卡斯提亞、安達盧西亞和加泰隆尼亞等地區的廣場、街道、房舍、紀念碑等，可以領略西班牙17個自治區不同的風貌。這裡每天晚上有佛朗明哥舞表演，有時還有傳統舞蹈和音樂會，夜生活很熱鬧。

這裡還有許多藝術家和民俗手工藝者現做現賣西班牙傳統的手工皮件、祭壇裝飾品、玻璃器皿、陶瓷、服飾珠寶、木製品等。

其中值得一提的就是Luesma Vega的玻璃器皿和Casa Otero手工刺繡。

Luesma Vega是elBulli餐廳的餐具供應商，杯盤別具特色，連玻璃擺飾都深具藝術價值。

Casa Otero的繡花或傳統手工蕾絲手帕、桌巾、餐巾、香料袋等，都是物美價廉又方便攜帶的伴手禮。

▼國立加泰隆尼亞藝術博物館。

❻ 國立加泰隆尼亞藝術博物館
（Museu Nacional d'Art de Catalunya，MNAC）

Web http://www.museunacional.cat/　**Add** PPalau Nacional. Parc de Montjuïc, s/n

　　當地最重要的博物館之一，由1929年的萬國博覽會舊址改建而成，保存著從11世紀到20世紀中期的加泰隆尼亞和世界藝術品，其中最讓我震撼的是仿羅馬藝術品的收藏。

　　20世紀初，加泰隆尼亞山區小鎮仍矗立著建於11、12世紀的仿羅馬式教堂，牆上彩繪溼壁畫，是利用色粉加水調成的水性顏料畫在濕灰泥牆上。溼壁畫經過千年時光的洗禮，已逐漸斑駁脫落，為了保存這些無價藝術，專家們在1919至23年間把許多教堂的溼壁畫整個連牆面一起拆下來，在博物館建造和原本教堂一模一樣的「模擬教堂」，再把拆下來的溼壁畫放在「模擬教堂」相對應的牆面，於是這些溼壁畫就這樣搬到博物館去保存了！看到這樣用心保存古物，讓人很感動。去現場看，就像穿梭在一堆仿羅馬式教堂中，這種感覺跟參觀普通博物館截然不同。

　　博物館還收藏從哥德式到20世紀下半葉的歐洲藝術品，可以看到哥德式教堂內部的重建和繪畫真跡，以及格雷科（El Greco）、祖巴蘭（Zurbaran）、委拉斯蓋茲、魯本斯、安基利軻（Fra Angelico）、提香、丁托列托（Tintoretto）、提耶波羅（Tiepolo）、畢亞契達（Piazzetta）、米爾（Joaquim Mir）、卡薩斯、魯西紐爾、畢卡索、達利、米羅、塔比耶斯的作品，還有高第、多梅內克和普意居等建築師設計的家具。

❼ 奧林匹克環（Anella Olímpica）

　　這裡聚集了1992年奧運的主要體育設施，還有座高聳的通訊塔，流線的造型和醒目的白色充分表現了瓦倫西亞建築大師卡拉特瓦（Santiago Calatrava）的特色。底座有個顯示時間的刻度盤，所以這個通訊塔還可以充當日晷，旁邊還有奧運會場和室內體育館。

▲ 奧林匹克環。

▼ 鳥瞰奧運會場和奧林匹克環。

❽ 奧運會場（Estadi Olímpic Lluís Companys）

Add Av. de l'Estadi, s/n

　　1929年竣工，以一場足球賽正式開幕。原預計在1936年舉辦「人民奧運」，跟柏林奧運打對台，卻因為內戰爆發而取消。後來巴塞隆納成功爭取到1992年奧運主辦權，開始其擴建和整修工程；施工期間挖出的石塊剛好送給聖家堂當石材。改建後成為具兩層看台和金屬頂蓬的會場，可以容納五萬六千人，是當年奧運開幕式和閉幕式的場地。

　　1992年的巴塞隆納奧運是奧運史上璀璨的一頁，開幕式重頭戲——點燃聖火儀式首創以射箭點燃，舉世驚豔，津津樂道。此後，主辦國無不絞盡腦汁想出不同凡響的點聖火花招。

　　目前這個奧運會場除了舉辦體育活動，不時也有音樂會和各式活動。

❾ 米羅基金會（Fundació Joan Miró）

Web http://www.fundaciomiro-bcn.org/　**Add** Parc de Montjuïc, s/n

　　這座由米羅的朋友塞特（Josep Lluis Sert）設計的純白色建築，明亮大膽，充滿現代氣息又兼具地中海風格，裡面珍藏著一萬四千件米羅的油畫、雕塑、織布

▲ 米羅基金會的雕塑。

畫、素描、手稿等,堪稱是全球最完整的收藏,包括藝術家早期受印象派、野獸派、未來派、立體派影響的畫作,到巴黎後的超現實主義風格,以及米羅精練的符號語言,以女人、小鳥和星星為主題的星座系列。另外,基金會二樓陽台的雕塑也別有情趣。

除了米羅的作品之外,還有少量其他當代藝術家的作品,例如動態雕塑創始者卡爾德(Alexander Calder)的〈水銀噴泉〉,1937年和畢卡索的〈格爾尼卡〉一起在巴黎萬博會的西班牙館展出。

米羅基金會的門口寫著巨大的CEAC,是「當代藝術研究中心」(Centre d'Estudis d'Art Contemporani)的縮寫,因為基金會致力於推動年輕藝術家的作品,常常舉辦臨時特展。

❿ 市長瞭望台
(Mirador del Alcalde)

Add Carretera de Montjuic, s/n.Plaça del Mirador-Parc de Montjuïc

從米羅基金會附近可以搭纜車到瞭望台,一路欣賞巴塞隆納美景。到了瞭望台,可以180度遠眺城市、海港和地中海,看到明顯高聳的聖家堂和阿格巴塔。在瞭望台旁還有代表當地傳統舞蹈Sardana的雕塑。

▲ 纜車上的風光。

⓫ 蒙居意克城堡
(Castillo de Montjuïc)

Web http://ajuntament.barcelona.cat/castelldemontjuic/
Add Ctra. de Montjuïc, 66

建於1640年,擴建於18世紀,是多場戰役的必爭之地。曾在西班牙王位繼承戰爭後用來統治整座城市,也曾當監獄用。1963年成為軍事博物館,2007年重新交由市政府管理。

遠離戰爭的陰影，現在的蒙居意克城堡是舉辦活動展覽的場地，裡面有花園、餐廳和咖啡廳。在城堡頂上可遠眺巴塞隆納城，把海闊天空的地中海盡收眼底。

另外，在蒙居意克山腳下還有兩家人氣美食：

Ⓐ Horchateria Turroneria Sirvent 冰淇淋豆漿店

Web http:/turronessirvent.com/
Add C/Parlament, 56
metro Sant Antoni/L2（紫線）

天氣一熱，這家店門口就擠滿當地人，拿著號碼大排長龍。他們家的冰淇淋好吃、便宜又大碗，是大家夏天的最愛。夏天賣冰淇淋和西班牙豆漿（Horchata），冬天賣Turrón糕點。沒有觀光客，店員不會英文，但是實在很值得推薦！

Ⓑ Enigma餐廳

Web https://www.enigmaconcept.es
Add C/Sepúlveda, 38
metro Paral•lel/L3（綠線）

2010年，名廚費朗‧亞德里亞宣布elBulli餐廳將於2012年停止營業，便跟弟弟亞伯特在巴塞隆納城內合開餐廳，從2011年的Tickets開始一系列叫作elBarri的餐廳。

Tickets是亞德里亞兄弟合開的第一家餐廳，因為位於電影院和劇院雲集的Paral.lel街上，在這條街買「票」看表演是天經地義的事，所

以取名Tickets，專門供應下酒小菜，把傳統西班牙小菜改成無國界的創意小菜，成為米其林一星餐廳。

2013年春天，亞德里亞兄弟合開結合祕魯和日式料理的Pakta，開幕不到一年就榮獲米其林推薦，不到兩年就榮獲米其林一星。2013年底，兄弟倆在一棟建於1900年的建築開了

▲ Enigma餐廳內部。

小酒館Bodega 1900。2014年秋開了兩家墨西哥餐廳Niño Viejo和Hoja Santa。Niño Viejo意指「老男孩」，著重墨西哥街頭美食特色，餐廳裝潢五彩繽紛，散發一股歡樂雀躍的熱鬧感。Hoja Santa是指「墨西哥胡椒葉」，是墨西哥料理常見的調味料，兄弟倆希望透過這家餐廳傳達墨西哥的傳統與美食，而Hoja Santa也真的不負眾望，破紀錄地在一年內就摘到米其林一星。

2017年1月，兄弟倆再開Enigma餐廳，由2017年普立茲克建築獎得主RCR建築事務所設計，創意非凡，只供應Tasting menu，不到一年即榮獲米其林一星。

很不幸的，受疫情影響，除了Enigma，其他餐廳都被迫關門熄燈。希望亞德里亞兄弟在疫情過後，能在這一區附近繼續經營更多創意美食餐廳。

⦿ Calle Blai（加泰隆尼亞文Carrer de Blai）布萊街

布萊街長度不到半公里，是一條狹窄、安靜的步行街。近十年來，這裡聚集了大量酒吧和餐廳，大多數都有露天座，提供各式Pintxos，儼然已成為巴塞隆納的Pintxos美食街。

Pintxos是一種以小型串燒方式呈現的tapas，底下墊麵包，食物用木籤插在麵包上，不用點菜。如果是冷Pintxos，酒吧和餐廳會放在吧台上，讓食客自己取用；如果是熱Pintxos，一做出來服務生就會拿到你眼前，有興趣的就自己取用。這種「自助式」吃法很適合看不懂菜單的觀光客，吃完後木籤要留著，最後以木籤的數量來結帳。

布萊街上著名的Pintxos酒吧有：Blai 9、Restaurant La Tasqueta de Blai、La Esquinita de Blai、Calle Blai、Taberna Blai Tonight、Pincho J、Tribal Café、Bar La Bota、La Tiza BCN、Zodiaco、L'Atelier de Blai、Viandbeers等。

雷斯科爾特區 | Les Corts

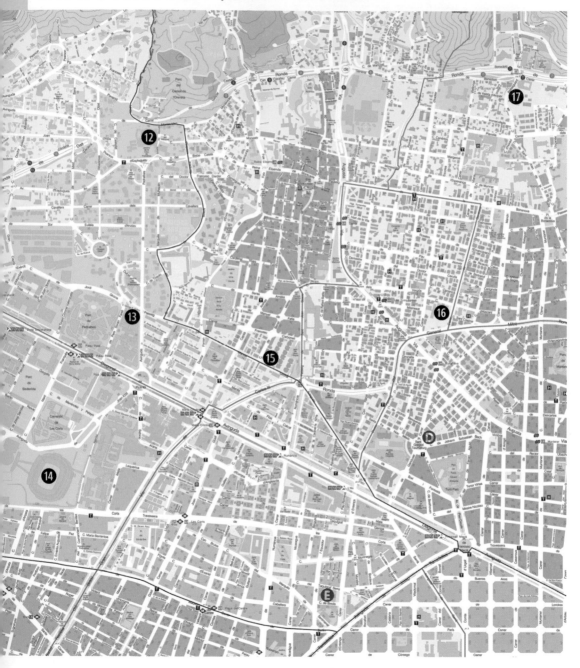

雷斯科爾特區（Les Corts）

⑫ 佩德拉貝斯聖馬利亞皇家修道院
（Reial Monestir de Santa Maria de Pedralbes）

Web http://www.monestirpedralbes.barcelona/
Add Baixada del Monestir, 9　**Bus** 22、64、68、75

　　這座加泰隆尼亞哥德式風格的修道院包括教堂、迴廊、宗教區以及保護周邊的外牆，風貌簡樸，其中最引人注目的是三層樓高的優雅迴廊。修道院教堂有中殿、半圓後殿、側小禮拜堂和交叉拱頂，柱頂用皇家和蒙特卡達家族的紋章做裝飾，因為這是當年艾麗森達王后（Elisenda de Montcada）下令建造的。

　　阿拉貢-加泰隆尼亞的交馬二世國王結過四次婚，前三位都是鄰國的公主，算是政治婚姻。到了1322年，55歲鰥居年老的國王想要再婚，決定在當地貴族中選一名自己喜愛的妻子，因為將繼位的王子已能獨當一面，國王也不需以婚姻為政治工具。最後，他愛上蒙特卡達家族30歲未婚、慈善溫和的艾麗森達。

　　婚後，國王得知妻子想要成立修道院的心願，便在城外買下一塊土地，於1326年動工建造佩德拉貝斯修道院。隔年完成第一部分修道院工程。1327年底，國王

▲ 佩德拉貝斯聖馬利亞皇家修道院。照片提供：城市歷史博物館。攝影師：Pere Vivas。

CASERIO DE PEDRALBES
DISTRITO, MUNICIPAL
DE SARRIA
CUARTEL DE PONIENTE

佩德拉貝斯聖馬利亞皇家修道院門口。

駕崩，35歲的艾麗森達遂搬到修道院裡的小皇宮，在那裡度過餘生。1364 年，王后去世，以兩種身分葬在修道院。她的陵墓位在修道院迴廊和教堂之間，在教堂那一面牆的雕像戴皇后之冠，在迴廊那一面的雕像著寡婦之服。

依據艾麗森達的遺囑，小皇宮在她去世後拆除，所有財產留給修道院，並把修道院託付給巴塞隆納城，一旦有災難，市政府須出兵保護。

如今修道院還住著聖嘉勒修女會的修女，另一部分則是佩德拉貝斯博物館，收藏很重要的中世紀藝術品。

⓭ 桂爾別墅（Pabellones de la Finca Güell）

Web http://www.portalgaudi.cat/　**Add** Avinguda Pedralbes, 7
Bus 7、33、63、67、75、78、H6、L14、L79、L97

1884年桂爾委託高第的第一個案子，替他在郊區的莊園設計主要入口和兩側的附屬建築（門房和馬廄）。這是高第的早期作品，一如文森之家，帶有明顯的回教風格，卻仍能從他對色彩的應用、對拋物拱和磚拱頂的喜愛，看出高第的手筆。高第在主要入口的大門上用鑄鐵設計出雄偉的巨龍，是此建築最引人注目的地方。

▲ 桂爾別墅門口的巨龍。

每天都有人遠從巴塞隆納市中心搭車到這裡一睹巨龍身影，並和鑄鐵巨龍合影。

⓮ 巴塞隆納足球俱樂部（FC Barcelona）

Web http://www.fcbarcelona.es/　**Add** Avenida d'Arístides Maillol, s/n　**metro** Collblanc/L5（藍線）

成立於1899年，第一個球場不大，也不在此。當時球迷直接坐在球場矮牆上，面向球場看球，路人因此在球賽期間看到球場矮牆上凸出的一排屁股。

▲ 鳥瞰巴塞隆納足球俱樂部。

屁股的西班牙語是culo，加泰隆尼亞文是cul，所以路人嘲笑地稱呼巴塞隆納足球迷為culé（複數是culés），這個稱法延續至今，已沒有嘲笑的意味了！

現在的球場叫做Camp Nou，「新球場」之意，有時在西語會誤稱為Nou Camp，所以中文普遍誤譯為「諾坎普球場」。

這裡是球迷朝聖之地，也是門票最貴的景點。裡面可以參觀客隊的更衣室、記者招待廳、貴賓席、球場、現場轉播席，以及展示獎盃、照片、資料的博物館。紀念品店有各式商品，上至球衣球鞋，下至印著巴塞隆納隊徽的鑰匙圈、茶杯，應有盡有。

ⓓ Chocolate Oriol Balaguer 甜點店

Web http://www.oriolbalaguer.com/　**Add** Pl. Sant Gregori Taumaturg, 2
Bus 6、7、33、34、63、67　**Train** FGC 火車　起站：Plaça Catalunya　終站：La Bananova/L6

巴拉格爾（Oriol Balaguer）在elBulli餐廳當過甜點師傅，得過2008年西班牙最佳美食店、2008年西班牙最佳甜點店、2003年加泰隆尼亞最佳甜點師傅、2001年世界最佳甜點、1997年西班牙最佳甜點、1997年西班牙最佳餐廳甜點師傅、1993年西班牙最佳手工甜點等獎項，連他寫的書都榮獲「2000年世上最佳甜點書」獎，是最有創意的年輕巧克力師傅之一。他的巧克力層次分明，香滑柔順，不同濃度的巧克力搭配讓人驚豔的內餡，口口是驚喜。

⓯ 米拉耶斯之門（Porta de la Finca Miralles）

Add Passeig Manuel Girona, 55-57　**Bus** 6、16、34、66、70、72、H6
Train FGC火車　起站：Plaça Catalunya　終站：Les Tres Torres/L6

　　米拉耶斯跟桂爾買了一塊城外的土地，請高第
設計一棟有花園的別墅。後來別墅由他的助手負
責，高第於1901-02年建造36段圍牆，但如今只有
正門和附近的圍牆保存下來。

　　長牆用不規則大石塊建造，上覆白色陶瓷，邊
緣呈波浪狀，與門口直線條的屋簷形成鮮明對
比。圍牆具有很大的可塑性和動感，呈有機動態
形式，門上還冠以高第特有的「四臂十字架」。
2000年整修之後，正門下方還加上高第的雕像，
紀念這位巴塞隆納最著名的建築師。

▲ 米拉耶斯之門以及高第的雕像。

❸ Cocina Hermanos Torres餐廳

Web https://cocinahermanostorres.com　**Add** Carrer del Taquígraf Serra, 20
Bus V9、V7、D40、H8、78、54、59、27　**metro** Sants Estació 或 Entença

　　陶雷斯兄弟檔開的餐廳，
Sergio和Javier是雙胞胎，他
們在2008年開的Dos Cielos餐
廳，兩年後拿到一顆星，2018
年關掉Dos Cielos，開了Cocina
Hermanos Torres，一年後拿到
兩顆星，2023年晉升為三星。
這家餐廳有800平方公尺的空
間，訂到桌位的機會比其他米
其林三星或二星餐廳高很多。

▼ Cocina Hermanos Torres餐廳。

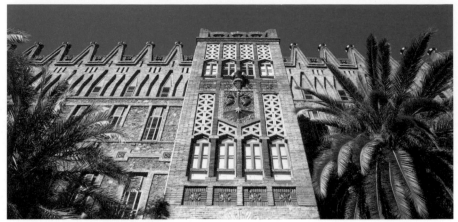

▲聖德雷沙學院。照片提供：攝影師Rafael Caballero。

⑯ 聖德雷沙學院（Col.legi de les Teresianes）

Add Ganduxer, 85-105　　**Bus** 14、16、70、72、H6
Train FGC火車　　起站：Plaça Catalunya　　終站：Les Tres Torres/L6

　　優雅的獨棟建築，是高第替另一位建築師接手的作品。因是教學中心，所以高第必須嚴守預算，精簡用料，和其他案子不同。儘管如此，高第還是能在結構系統上展現出他的天才，利用兩個內部中庭和走廊上細長的拋物拱，讓光線從最頂樓照到一樓。正門立面藏在鐵門和花園之後，有著高第獨特的拋物拱型窗。

⑰ 美景別墅（Torre de Bellesguard）

Web https://bellesguardgaudi.com/
Add C/Bellesguard, 16-20　　**Bus** 60、123、196

　　Bellesguard是「美景」之意，位於提比達波山（Tibidabo）腳下、視野絕佳之地，曾是馬丁一世（Marti l'Huma，外號「人道的馬丁」）國王夏宮的所在。高第以中世紀氣氛為靈感，採用石材和磚塊為主要建材，設計出類似中世紀城堡的建築，有城垛和門前的塔樓，塔頂飾以高第特有的「四臂十字架」，十字架以黃紅兩色的陶

▲美景別墅。

瓷裝飾，代表加泰隆尼亞旗幟，向巴塞隆納伯爵家族的最後一位阿拉貢-加泰隆尼亞國王致敬。

美景別墅附近還可看到高第特有的「高架橋」，石拱和傾斜狀讓人聯想到桂爾公園，是高第最具標誌性的擋土牆。

❶ 科伊賽羅拉山（Collserola）／提比達波山（Tibidabo）

Bus T2A號公車從加泰隆尼亞廣場直達提比達波遊樂園
藍色電車（Tramvia Blau）轉接提比達波山纜車（Funicular del Tibidabo）
詳細交通資訊 http://www.tibidabo.cat/en/info/com-arribar-transport-public

巴塞隆納面臨地中海，背靠科伊賽羅拉山，山上最高峰叫提比達波；Tibi dabo 在拉丁文裡是「我給你」之意，在這裡暗指魔鬼以山下財富誘惑基督，說：「如果你臣服於我，我就把山下的財富全給你。」

現在提比達波山頂矗立著聖心贖罪教堂（Temple Expiatori del Sagrat Cor），教堂內有個以魔鬼誘惑基督的《聖經》故事為主題的花窗玻璃，教堂頂上有尊巨大的基督像，從教堂可以鳥瞰整個巴塞隆納。

教堂旁邊是提比達波遊樂園（Parc d'atraccions del Tibidabo）。科伊賽羅拉山上還有英國建築師佛斯特（Norman Foster）為1992年奧運設計的科伊賽羅拉通訊塔（Torre de Collserola）。

▼聖心贖罪教堂。

Part 3 ｜ 周邊景點

巴塞隆納城裡不是只有高第，

而加泰隆尼亞地區也不是只有巴塞隆納，

在巴塞隆納郊外有羅馬遺跡遍布的古城，

也有聖母曾顯靈的朝聖之地，有浪濤洶湧的奇石岩岸，

也有充滿傳奇故事的小城，有盛產葡萄的酒鄉，也有達利瘋狂的迷幻夢境，

暢遊巴塞隆納，不妨也出城走走。

3-1 　　上山下海出城探訪：
　　　　巴塞隆納周邊之一

Onyar河的河畔人家。

巴塞隆納周邊之一 | Cerca de Barcelona

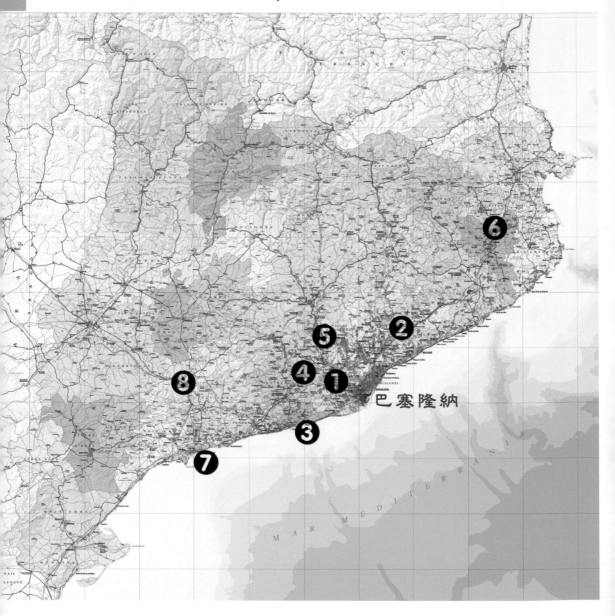

巴塞隆納周邊有不少值得去的地方，在此以距離分類，列出城市周邊景點。越先提到的離巴塞隆納越近，安排行程時較方便取捨。

西班牙的火車只有高鐵（AVE）、Alaris、Altaria、Alvia、Arco、Diurno、Estrella、Euromed、Talgo、Trenhotel這幾個車等有對號入座，必須預先買票。其他連通近郊的火車MD、REGIONAL和Cercanías（亦稱 Rodalies）都沒有對號入座，不需預先買票，只要提前到車站當場買票即可。

❶ 桂爾紡織村（Colonia Güell）

Web http://www.gaudicoloniaguell.org/
Add C/Claudi Güell, 6 08690 Santa Coloma de Cervelló, Barcelona
Train FGC火車，S33, S8和S4這三線，每15分鐘一班
　　　起站：Plaça Espanya　終站：Colonia Güell，出火車站，依照地上的標示就可抵達

桂爾先生基於勞資衝突的社會因素，在1890年把位於巴塞隆納城裡的紡織工廠遷至近郊的聖科洛瑪得賽維由（Santa Coloma de Cervelló）。接著以紡織工廠為中心，建造紡織村，內有工人宿舍、藝文中心、劇院、學校、商店和花園，並委託高第設計教堂，就是現在的桂爾紡織村教堂（La cripta de la Colonia Güell）。

▼桂爾紡織村教堂。照片提供：桂爾紡織村。

左：下殿內部。　右：雙曲拋物面拱頂。照片提供：桂爾紡織村。

　　高第研究了幾年，設計出與當地自然環境融合的創新教堂，具懸鏈拱結構、雙曲拋物面的外牆和拱頂，有上下兩殿、幾個側塔和一座高達40公尺的穹塔。教堂於1898年動土，但是在1914年因社會動亂而在尚未完成時停工。

　　雖然桂爾紡織村教堂只完成下殿，但是高第在這個教堂的研究心得奠定了往後聖家堂結構的基礎，可以說，高第先以桂爾紡織村教堂為實驗，再把結果應用在聖家堂。

❷ 拉羅卡購物村（La Roca Village）

Web http://www.thebicestercollection.com/la-roca-village/es
Add 08430 Santa Agnès de Malanyanes（La Roca del Vallès）
Train 大眾運輸有數種，Shopping Express公車是最方便的，不需轉車，起站在市中心
　　　起站：加泰隆尼亞廣場附近（換過幾次，最好事先查詢購物村的官網）
　　　終站：La Roca Village

　　這個Outlet購物村離巴塞隆納市中心約30、40分鐘車程，匯聚了50多個國際時尚品牌，有些商品折扣高達60%以上，內有Burberry、Versace、Zegna、Loewe、Tommy Hilfiger等國際品牌，也有Roberto Verino、Antonio Miro、Desigual、Women Secret、Camper等西班牙當地品牌。購物中心的諮詢中心可以免費拿到10%的打折券。

❸ 西切斯（Sitges）

Web http://www.sitgesanytime.com/
Train Renfe系統的Rodalies Barcelona
起站：Passeig de Gràcia或Sants
終站：Sitges

位於巴塞隆納南部37公裡處。居民富冒險精神，早在1778年就展開移民潮，蜂擁至美洲淘金，發財之後想展現自己的財富，於是返鄉大興土木。至今我們仍能在此看到當年那些具殖民地、新古典主義或加泰隆尼亞現代主義風格的豪宅。

西切斯也是畫家魯西紐爾當年避暑的小鎮，他的故居「鑄鐵穴」（Cau Ferrat）因其鑄鐵藝術品收藏而得名，是藝術家聚集宴會之地，現在則是「鑄鐵穴博物館」（Museu Cau Ferrat），藏有魯西紐爾和那時期畫家如卡薩斯、畢卡索等人的畫作，以及魯西紐爾的收藏。

如今則是度假小鎮，擁有亮麗的風景線和濃厚的節慶氣氛。它的狂歡節是加泰隆尼亞地區最盛大熱鬧的，慶祝基督聖體節的方式也很特別，街道的地面用不同顏色的花瓣排出各種圖案，大人偶和遊行隊伍就走在香氣撲鼻的花朵圖案上。

◀畫家魯西紐爾的故居「鑄鐵穴」。

❹ 聖薩杜尼達諾亞（Sant Sadurní d'Anoia）

Web http://www.santsadurni.org/
Train Renfe系統的Rodalies Barcelona
起站：Arc de Triomf或Plaça de Catalunya或Sants
終站：Sant Sadurní d'Anoia

位於巴塞隆納南部40公里的佩內德斯區（Penedés），屬石灰岩土壤地質。早在西元前七世紀希臘人在伊比利亞半島地中海沿岸定居時，這裡已是產酒區。19世紀末，法國釀酒區遭受蟲害，佩內德斯區產的葡萄酒

▲ 佩內德斯區的葡萄園。

◀ 普意居設計的
Codorníu酒莊。

因品質優良而受重視，開始打入葡萄酒國際市場。但好景不長，1887年，佩內德斯區的葡萄園也染上蟲害，當地人因此開始種白葡萄，以氣泡酒（Cava）代替以前大量生產的紅葡萄酒，成為最大的氣泡酒產地。

現在西班牙95%的氣泡酒主產於佩內德斯區，聖薩杜尼達諾亞則是此區產量最多的小鎮，有近百家氣泡酒酒莊，最大的兩個是Codorníu和Freixenet。

Freixenet酒莊就在火車站旁，交通方便。Codorníu酒莊較遠，設計出自普意居之手，據說靈感來自米拉之家的閣樓，是棟由拋物拱組成的紅磚建築，裡面有超過20公里的地下酒窖隧道。不過，佩內德斯區不是只產氣泡酒，還有品質優異的葡萄酒，其中以Jean Leon酒莊最具傳奇性。此酒莊的創始者Jean Leon原名Ángel Ceferino Carrión Madrazo，1928年生於西班牙，偷渡到美國後，不但成為好萊塢明星如瑪麗蓮・夢露、詹姆斯・狄恩的摯交，開了一家好萊塢最高級最時尚的餐廳，還在佩內德斯區成立酒莊，用他的名字釀出雷根總統就職晚宴上用的美酒。

❺ 蒙瑟拉特山（Montserrat）

Web http://www.montserratvisita.com/　http://www.escolania.cat/
Train FGC火車　起站：Plaça Espanya
　　　　　終站：Monistrol de Montserrat，接高山火車上山；Montserrat-Aeri，接纜車上山

山勢特異，長10公里，寬5公里，是始新世時期的河底沉積物經過多年風化侵蝕和地殼變動而成，最高峰達海拔1236公尺。Montserrat是由兩個字組成，Mont

1. 搭纜車看風景。2. 蒙瑟拉特修道院。　3. 蒙瑟拉特山。　4, 黑臉聖母像。

1 2
3
4

是「山」，Serrat是「鋸齒」，由此可知，Montserrat是座鋸齒狀的山脈。

蒙瑟拉特的本篤會修道院位於海拔725公尺，成立於1025年，在15至19世紀達到全盛時期。1811年慘遭拿破崙大軍破壞，迫使修道院於1844年重建。目前修道院有80幾位修士，教堂金碧輝煌，是對外開放的朝聖之地，內部供奉的黑臉聖母像也開放讓信眾觀拜。

　　蒙瑟拉特修道院的男童合唱團在14世紀就有文獻記載，是歐洲最古老的兒童合唱團之一，常應邀在各類宗教活動中演唱並錄製不少唱片，獻唱的時段可在官網查到。修道院圖書館藏書超過25萬冊，包括12世紀末加泰隆尼亞最早的文獻。附設美術館則有格雷科、卡拉瓦喬、莫內、希斯里、竇加、畢卡索、米羅、達利等人的名畫，大多是信徒捐贈的。

　　現在不光是加泰隆尼亞地區供奉「黑臉聖母」，在義大利、墨西哥、智利、祕魯、冰島及整個美洲大陸也有許多恭奉祂的教堂。

　　Montserrat這個名字，除了指山、修道院外，也成為加泰隆尼亞地區很通俗的女生名字。西班牙有名的女高音卡芭葉，全名叫Montserrat Caballé。

　　哥倫布在1493年發現今屬英國的Montserrat島，也是以這座名山命名的。

🄰 吉容納（Girona）

Web http://www.girona.cat/turisme/cat/index.php
Train Renfe火車　起站：Sants　終站：Girona

　　地處Ter、Güell、Galligants和Onyar四條河流交會的顯要之地。古羅馬人因其戰略地位，西元前三世紀在山頂設了一個軍事據點。Gerunda（吉容納的舊名）於西元前一世紀建城，沒有典型的羅馬城市結構，只有不規則的城市建築，城牆在中世紀期間久經戰亂，卻還是完善地保存到19世紀。

　　吉容納在中世紀期間開始穩定成長，主要商業活動集中在繁榮的猶太區。人口成長的速度大於城牆擴建，城區開始往Onyar河的對岸發展，猶太區就是這個城市歷史的輝煌見證。13世紀出了很多傑出的猶太學者，但14世紀猶太區沒落，最

▲ 猶太區的小巷弄。

後在西班牙天主教雙王的統治下，不願意改信天主教的猶太人遭驅逐出境，猶太區從此消失。然而，幾百年後，吉容納的猶太區卻成為歐洲保存最好的猶太區之一，也是吉容納重要的景點。

吉容納的舊區目前仍保留純中世紀的風格，沿著河流延伸到古老的城牆處。城區不斷向上擴展，最後以大教堂為冠。大教堂前的力量街（Força）曾是古羅馬時期的奧古斯塔路（Via Augusta），是舊區的主要幹道，沿著這條古老的小巷子，就會經過稱為Call的猶太區。

每年5月中旬，吉容納市政府會舉辦很特別的花季（Temps de Flors）。博物館、公家機關、私人中庭花園、教堂、公園等都擺設各式各樣的花藝作品，開放參觀。整座城市成為構局、顏色和香味迥異的大庭園，愛花愛攝影的人絕不能錯過！

老饕到吉容納，更不能錯過西班牙最好的餐廳El Celler de Can Roca的甜點師傅、羅卡三兄弟的老三喬迪開的冰淇淋店Rocambolesc，就在艾菲爾設計的鐵橋（Pont de Ferro）附近，地址是Santa Clara 50 Girona。

其他景點還包括建於11至17世紀、有世界最寬的哥德式教堂中殿的主教座堂（La Catedral）、建於12世紀的聖佩雷德加伊甘特修道院（Monestir de Sant Pere de Galligants）、古老的聖斐理教堂（Església de Sant Feliu）、12世紀的羅曼式阿拉伯澡堂、歐洲最大、保存得最好的猶太區、Onyar河畔人家、建於9世紀和14、15世紀的古老城牆，但是吉容納最引人的不是電影「香水」的拍攝場景，而是古城的傳奇故事。

左：花季。　右：艾菲爾設計的鐵橋。

傳奇軼聞之一：
母石獅（La Leona）

吉容納有一句諺語：「誰沒親過母獅的屁股，就不是吉容納的好市民。」

這個「母獅」就是爐匠街（Carrer dels Calderers）和聖斐理廣場（Plaça de Sant Feliu）交接處的石柱上的母石獅。根據傳統，吉容納市民出城、進城都要親一下它的屁股，這對外地人是一種宣誓儀式，只要親過它的屁股，就可以成為吉容納市民。現在，外地人只要親過它的屁股，就會再回來。

▲ 母石獅。

傳奇軼聞之二：
大教堂的巫婆（La Bruja de piedra）

在中世紀的建築上，常會看到高牆上方伸出一根根動物或鬼怪造型的東西，把屋頂的雨水排出，這就是「滴水嘴獸」。吉容納大教堂的滴水嘴獸全是動物造型，只有一個例外，竟是女人的造型。

據說這個女人是巫婆，常常當街咒罵天主，還對信徒丟石頭。有一天，她對聖週遊行的信徒丟石頭時，天上突然傳來神聖的聲音說：「妳丟石頭，妳就會變成石頭。」於是，她被天主變成石頭，罰她在大教堂的牆上排水，讓水經過她的嘴流下來，把嘴巴洗乾淨。

▲ 大教堂的滴水嘴獸「巫婆」。

▲ 跟達利很像的翹鬍子雕像。

傳奇軼聞之三：達利

　　到吉容納的人有沒有發現，吉容納大教堂建於1686年的立面上，竟有達利的頭像！是古人有預言能力？還是達利是從吉容納大教堂取得造型靈感？還是純屬巧合？

傳奇軼聞之四：El Tarlà

　　據說，古早以前為了隔離傳染病，一整條街的居民都被禁止外出。有個雜技演員為了娛樂這些被隔離的人，就在街上兩邊的住家掛起繩索，表演走鋼絲特技。現在在春天或是節慶期間，吉容納街頭就會掛上一個叫做Tarlà的人偶來紀念這個雜技演員。

傳奇軼聞之五：聖納西斯和蒼蠅（San Narciso y las Moscas）

　　聖納西斯是吉容納的主保聖人，埋葬在聖斐理教堂內。相傳1285年，法軍攻占吉容納城，士兵進到聖斐理教堂，想將教堂洗劫一空。沒想到，聖納西斯的棺木卻突然飛出一堆大蒼蠅，對那些法國士兵又叮又咬，把他們趕出教堂。

1 2
3

1. El Tarlà。　2. 聖斐理教堂。　3. 聖納西斯的棺木。

❼ 塔拉戈納（Tarragona）

Web http://www.tarragonaturisme.cat/es/   **Train** Renfe火車   起站：Sants   終站：Tarragona

羅馬帝國將西班牙的領土分成北部的Hispania Citerior和南部的Hispania Ulterior兩個省，並沿著地中海岸修築穿越整個伊比利半島的奧古斯塔路（Via Augusta），連結兩個省。塔拉戈（Tarraco）就是塔拉戈納的舊名，位於俯視地中海的小山丘上，是以前Hispania Citerior的行政中心，後來改制為Tarraconensis的首府，管理的領土從地中海直到現在的西班牙西北部。

2000年，聯合國教科文組織把塔拉戈納及其周圍地區的羅馬遺跡列為世界遺產。如果從巴塞隆納搭火車到塔拉戈納，出車站後，我們會先看到這幾個羅馬遺跡：

1. 建於二世紀、靠海的羅馬競技場（Anfiteatro Romano），是以前古羅馬鬥士在這個可容納一萬四千人的場地進行生死搏鬥的場地。在羅馬帝國迫害天主教徒時期，塔拉戈納的主教於259年在競技場被活活燒死。六世紀時，競技場的石塊被當作建材，在競技場上建造教堂，現在還可以在競技場中央看到教堂的遺址。

2. 羅馬競技場旁是羅馬賽車場（Circo Romano），從斷垣殘壁中很難想像這是可容納兩萬五千人的場地。

3. 羅馬競技場旁是省議會（Fórum Provincial），以指揮官府塔（Torre del Pretorio）為地標，現在只剩下一部分，分布於現今的論壇廣場（Plaça del Fòrum）、帕又爾廣場（Plaça del Pallol）和國王廣場（Plaça del Rei）。

4. 古老的羅馬城牆（Murallas），最早砌於西元前二世紀，高六公尺，寬四公尺，長五公里，城區範圍是59公頃，現在只剩下1300公尺，可以走上去，在考古花園間漫步。

除了古羅馬建築群外，塔拉戈納還有中世紀的遺跡，例如建於羅馬神殿之上的仿羅馬式和哥德式過渡風格的主教座堂，也因此現在看不到羅馬神殿的遺跡。

1	2	4
	3	

1. 羅馬競技場。　2. 羅馬賽車場。　3. 塔拉戈納有趣的街景。　4. 塔拉戈納主教座堂。

▲ 孟布蘭克的城牆。

❽ 孟布蘭克（Montblanc）

Web http://www.montblancmedieval.cat/
Train Renfe火車，上官網點選Find all stations，出發地Barcelona，目的地Montblanc，就可看到火車班次
　　　起站：Sants　終站：Montblanc

　　孟布蘭克給人的中世紀印像來自保存完好的城牆，建於14世紀，長約1500公尺，有30座左右的方形基座塔樓。1948年，這座城牆評選為西班牙歷史藝術建築群，美到連加泰隆尼亞的民族學家阿馬德斯（Joan Amades）都把聖喬治屠龍之地定在孟布蘭克的城牆邊。

　　傳說中的聖喬治，史上真有其人，是三世紀出生於卡帕多細亞的羅馬軍人，以騎士精神著名。雖然無法考證他是否到過孟布蘭克，但是聖喬治屠龍的故事卻流傳至今。這個小鎮如今仍年年舉行孟布蘭克中世紀週（Semana Medieval de Montblanc），慶祝聖喬治節。

　　中世紀週在4月底兩個週末間舉行，大家化裝成中世紀時代的人物，整個城市彷彿穿越時光隧道，回到中世紀時期。廣場、塔樓、城牆到處是旗幟和騎士領主的標記。市政府還舉行各式活動，把大家帶回中世紀時期，有傳說中的聖喬治，也有中世紀騎士、晚宴、市集，甚至中世紀傳統手工藝，如鐵匠煉鐵、草藤編織、羊毛編織等，連小朋友都穿上中世紀服飾參與活動。

　　另外，在孟布蘭克附近還有列為世界遺產的岩洞壁畫。

巴塞隆納周邊之一 ✦✦✦ 上山下海出城探訪

1. 滿街的旗幟。
2. 鐵匠用傳統方式煉鐵。照片提供：攝影師Rafael Caballero。
3. 化妝成中世紀騎士的人。照片提供：攝影師Rafael Caballero。
4. 中世紀的遊行。

修道院的迴廊。

3-2　　尋幽探勝出城小遊：
　　　巴塞隆納周邊之二

巴塞隆納周邊之二 | Cerca de Barcelona

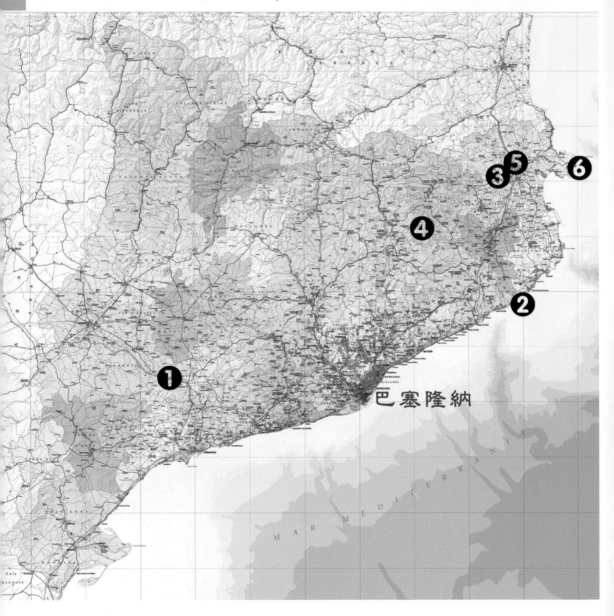

❶ 波布雷特修道院（Reial Monestir de Santa Maria de Poblet）

Web http://www.poblet.cat/   Add Plaza Corona de Aragón, 11 43448 Poblet, Tarragona
Bus Plana SL公車或Vibasa SA公車
　　起站：Plana SL公車的起站是Tarragona或Montblanc，Vibasa SA公車的起站是Montblanc或Lleida
　　終站：Plana SL公車的終站是Poblet（Hostal Fonoll），Vibasa SA公車的終站是Poblet（Cruce Ctra.
　　de Vimbodí）

　　全名是「波布雷特聖母馬利亞皇家修道院」，是熙篤會修道院之路上最具代表
性的一個，成立於1150年，建造於12、13世紀，14世紀是黃金時期，當時修道院
的權力大到有權指定村長人選。14世紀後，修道院漸漸式微，但仍有相當的影響
力。到了15、16世紀，有兩位加泰隆尼亞自治區首長是波布雷特修道院長出身。
1835年，西班牙政府拍賣教會財產，修士們被迫離開修道院，修道院因此無人看
管，開始荒廢毀壞。高第小時候住在那附近，常到這個修道院散步，從小看慣了
這個別具特色的古蹟，使他對建築產生強烈興趣。

　　1940年，修士們重回修道院，波布雷特修道院又恢復舊觀。後在1991年列為世
界遺產，現在那裡還住著30多位修士。

▼ 波布雷特修道院。

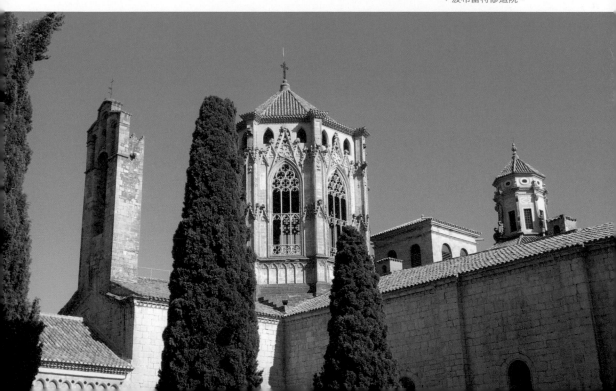

修道院除了有特別的宗教意義、藝術價值外，還有歷史和文化重要性。它曾是阿拉貢-加泰隆尼亞王國的文化中心，圖書館豐富的典藏包括13世紀最早的手抄本，而且從12世紀以後，就是阿拉貢-加泰隆尼亞王國的皇陵所在地。第一位葬在此的是第一位同時世襲「阿拉貢國王」頭銜和「巴塞隆納伯爵」爵位的阿方索一世（「嚴肅的阿方索」），第二位是征戰四方所向無敵的國王交馬一世（「征服者」）。到了14世紀，佩雷四世（「講究儀式的佩雷」）定下規矩，把波布雷特修道院立為皇陵所在地。14世紀末，馬丁一世（「人道的馬丁」）下令在修道院建造行宮，只可惜未建完人就去世了。現在行宮成為博物館，收藏無價的宗教藝術品，修道院教堂、飯廳、臥房和食物儲藏室都屬開放參觀的部分。

波布雷特修道院的交通不是很方便，但其歷史藝術價值卻很值得造訪。

▼修道院的教堂是皇陵的所在。

❷ 托薩（Tossa de Mar）

Web　http://www.infotossa.com/
Bus　Sarfa公車
　　　起站：Estación de Autobuses Barcelona Nord
　　　終站：Tossa de Mar

▲ 托薩的海灘。

托薩位於海邊，稱為「海之托薩」，在那裡可以感受到陽光吻在肌膚上，聞到大海的味道，享受寧靜的日光浴。從19世紀起，這個小城就成為藝術家隱居、創作、聚會的地方。如今夏天是吵雜人多的度假勝地，冬天是幽靜懷古的濱海小村。

托薩的舊城區小巷幽靜，到處是驚喜。城牆上仍保存著大部分的塔樓，其中值得一提的是鐘塔（las Hores），15世紀時這座塔樓上曾有加泰隆尼亞地區第一個設置在公共場所的大鐘，塔樓之名由此而來。

走上托薩最有氣勢、建於12世紀、用來防海盜的城牆，可以觀賞布拉瓦海岸（Costa Brava）特有的海景，而觀賞海景的最好方式則是坐船。

從托薩可以搭乘不同的遊船觀賞海景。其中以Fondo de Cristal最特別，因為這艘船不大，走的路線最少人跡、最原始也最美，沿途可以看到經過海浪數億年沖打形成的岩石和岩洞，如果遇到大一點的岩洞，小遊船還可以開進去。

▲ 托薩的小巷弄。

1

2 3

1. 托薩的城牆。　2. 托薩的岩岸。　3. 布拉瓦海岸特有的海景。

❸ 貝薩陸（Besalú）

Web http://www.besalu.cat/turisme/
Bus Teisa公車　起站：從巴塞隆納的C/ Pau Clarís, 117，班次較少；
從吉容納的公車站Estació d'Autobusos，班次較多　終站：Besalú

　　位居交通樞紐，因此在中世紀成為重要的城鎮，是現在加泰隆尼亞自治區保存最好的中世紀古城之一，其中又以中世紀橋和猶太淨身澡堂最具代表性。

　　建於11世紀的中世紀橋又稱「老橋」，是進入古城的唯一通道。橋中間有個塔樓，算是中世紀的「收費站」，進城前要先交過路費。這個中世紀橋歷經戰火，但經過多次重建整修，至今仍保留原始風格和特點。

　　這座古城保存許多仿羅馬式教堂和修道院，以及中世紀的猶太區、猶太會堂和猶太淨身澡堂（Miqvé）。

　　猶太淨身澡堂是伊比利亞半島唯一挖掘出來的遺跡，也是歐洲10個同類古蹟中的一個。位於猶太人廣場（Plaça dels Jueus）、老橋的入口旁，是石造的仿羅馬式地下室，內部中間有個浴池，在桶型拱頂邊有個狹窄的窗，池中的水來自流動的活水，如山泉、溪流、大海或湖泊，讓人透過三次連續的全身浸泡來滌淨靈魂。

▲ 從橋頭看向橋中間的塔樓。

▲ 老橋夜景。

❹ 盧皮特（Rupit）

Web http://www.rupitpruit.cat/
Bus Sagalés公車，要在Vic轉車
　　起站：Estación de Autobuses Barcelona Nord
　　終站：在Vic轉車到Rupit

　　由兩個人口極少的小鎮合併而成，現在依舊人口稀少，居民才300多人，是享受清幽的絕佳之地，適合度假忘憂。

　　這座小城剛好建在大岩石山上，16、17世紀的石頭房舍、街道和階梯沿著坡地而建，呈現引人注目的古樸，襯著哥德式或晚期哥德式的窗戶，形成很有特色的建築遺產。

◀ 古樸的石頭房舍。
▼ 進小鎮之前要先過吊橋。

❺ 達利戲劇博物館（Teatre-Museu Dalí-Figueres）

Web http://www.salvador-dali.org/　　**Add** Plaça Gala-Salvador Dalí, 5, 17600, Figueres
Train Renfe火車　　起站：Sants　　終站：Figueres

　　雖然達利後來定居於Cadaqués的Portlligat港，他還是把達利戲劇博物館設在他的出生地：費格拉斯。

　　1974年，達利戲劇博物館開幕，由毀損破敗的老劇院改建而成，內部展出達利早期、超現實主義和最後幾年的作品。

　　老劇院一樓的觀眾席布置得像中庭花園，展示著下雨的凱迪拉克車，車子上方有艘小船，還有一堆超現實主義裝飾，如一把黑傘、一堆藍色水珠等，也就是說，達利用凱迪拉克車代表「CAR」，用小船代表「NAVAL」，以「Carnaval」來暗指：「這個博物館是Carnaval（狂歡節），其中真真假假，假假真真，如夢似真，如真似夢。」

　　老劇院舞台正下方是達利安息之地。從舞台上可以看到〈迷幻鬥牛士〉、〈望海的裸體卡拉（在18公尺外看即變成林肯的肖像）〉，以及寶藏廳，內有〈麵包籃〉和〈球體卡拉〉等畫作。

　　上樓梯後就可看到梅蕙絲廳（sala Mae West），內有著名的紅唇沙發。在二樓正對舞台的是風宮廳（sala Palau del Vent），內有達利畫在天花板上的壁畫，畫中達利和卡拉高高在上，把所有參觀者「踩在腳底下」！

◀ 達利戲劇博物館。

　　達利是超現實主義先驅，作風也「超級現實」，博物館內有些裝置要投幣，博物館外牆則以費格拉斯的麵包裝飾，滿牆都是一團團象徵金錢的麵包，顯示金錢的重要！

　　到了費格拉斯還可以去杜蘭旅館（Hotel Duran）喝杯咖啡，吃頓飯。這家有150歷史的百年旅館是達利每到費格拉斯必去的地方；他一定在杜蘭旅館餐廳用餐，然後上樓午睡。達利在籌畫設立達利美術館時，離美術館不到10分鐘路程的杜蘭旅館就成為達利的辦公室，美術館的籌備中心。

上：達利博物館。　下：滿牆的麵包。

❻ 卡達蓋斯（Cadaqués）

Web http://www.cadaques.cat/
Bus Sarfa公車　起站：Estación de Autobuses Barcelona Nord　終站：Cadaqués

西班牙文的Costa是指「海岸」，Brava是陰性形容詞，指「兇猛」，很兇的鬥牛叫Toro Bravo（Bravo是陽性形容詞）。Costa Brava的Brava在這裡形容海浪「洶湧澎湃」，我們在這裡就音譯為「布拉瓦海岸」。

這個海岸有狂野的本色、湛藍的天空、優美的海灣、洶湧的海濤、大片的沙灘、險峻的絕崖礁石、遺世的小漁村和恬靜安逸的小鎮，景致迷人，極具特色。

布拉瓦海岸奇特險峻的海景不僅是藝術家度假的地方，也激發當代著名畫家的靈感。卡達蓋斯雖然只是個白色小漁村，但全世界沒有一個小漁村像她接待過那麼多有名的藝術家，像是馬諦斯、畢卡索、杜象、曼雷、恩斯特、德漢（André Derain）、達利等。

這個小鎮依著岩岸而建，有著地中海小漁村的恬靜特色，窄小的坡道，特殊的石板道路，白色土牆。秋冬季少有度假人潮，可以安閒地享受小鎮風情。

畢卡索在「四隻貓」酒館結識當時城裡的藝術家，其中印象派畫家皮喬特（Ramon Pichot）出身卡達蓋斯，兄弟中一個是小提琴家，另一個是大提琴家，是大提琴師卡薩爾斯（Pau Casals）的得意門生，姊妹一個嫁詩人，一個嫁聲樂家。無巧不巧，皮喬特一家和達利一家是世交，因為達利的父親也是卡達蓋斯人，達利一家每年夏天一定回卡達蓋斯度假。1910年，皮喬特邀畢卡索和德漢夫婦到卡達蓋斯度假，畢卡索還因此見到年僅六歲的小達利呢！達利和皮喬特一家的交情深厚不斷，皮喬特的侄子後來還被達利聘為達利美術館的館長。

達利從小受到皮喬特的鼓勵，立志學畫。1929年到巴黎後，透過米羅介紹認識了超現實主義藝術家。可是年年在卡達蓋斯度假的達利對這個小鎮的優美景致和特殊光線念念不忘，便邀請巴黎的藝術家到卡達蓋斯跟他一起度假。就這樣，戈曼斯（Camille Goemans）和女友、馬格利特（René Magritte）和妻子、布紐爾（Luis Buñuel）、艾呂雅（Paul Éluard）和妻子卡拉（Gala）及女兒，一行人於1929 年7月抵達卡達蓋斯。達利在那時遇到卡拉，從此就和卡拉密不可分。卡拉

後來成為達利的妻子、密友，也是創作靈感和模特兒，是他生活的撫慰和精神情感上的主宰。

後來達利與父親決裂，和卡拉在卡達蓋斯的Portlligat港定居。當時那裡是孤靜的小漁港，只有一排靠著小溪建造的小屋，共20幾間，是漁夫居住和儲藏漁具的地方。達利買下一間漁夫的小屋，整修成他和卡拉的安樂窩，1932年擴建為兩間小屋，1935年的擴建工程更大。後來達利和卡拉雖然在西班牙內戰時遠離戰火，旅居各地，繼而遠走美國避開世界大戰，但達利一生真正只有一個家，一個安定的住所。

所以1948年夏天，達利和卡拉從美國返回西班牙，就決定把Portlligat港的房子當成永久住所，好讓達利有地方作畫，也有地方擺放那些遊居歲月無法收集的東西。從此以後，這個房子不斷擴建增大，加了畫室、書房、臥房、圓形屋、後院、夏季餐廳和游泳池，直到1971年才定形，成為我們今天認識的、像迷宮般的達利故居。

達利故居位於西班牙最東角，而他為了當第一個看見第一道陽光的西班牙人，在床的對面放面鏡子。達利個性狂傲自大，這裡有兩句話可證明：

"A los seis años quería ser cocinera. A los siete quería ser Napoleón. Mi ambición no ha hecho más que crecer; ahora sólo quiero ser Salvador Dalí y nada más."

「我六歲時想當廚師，七歲時想當拿破崙。我的志向一直不斷增長，現在我只想當薩爾瓦多·達利。」（達利的全名是薩爾瓦多·達利，「薩爾瓦多」是名，「達利」是姓。）

"Cada mañana, cuando me levanto, experimento una exquisita alegría, la alegría de ser Salvador Dalí y me pregunto entusiasmado '¿qué cosas maravillosas logrará hoy este Salvador Dalí?"

「每天早上醒來，我都感受到精緻的喜悅，那是當薩爾瓦多·達利的喜悅。我興奮地問自己，這個薩爾瓦多·達利今天會做出什麼美妙的事情？」

達利，真是很值得認識的藝術家！

城市概況

巴塞隆納

- ◆ 巴塞隆納省的省會，加泰隆尼亞自治區的首府
- ◆ 市政府官網：http://www.bcn.cat
- ◆ 旅遊局官網：
  http://www.barcelonaturisme.com
- ◆ 自治區官網：http://www.catalunya.com、
  http://www.gencat.cat/temes/eng/turisme.htm

地理位置

位於西班牙東北部，離法國邊界不到200公里，背靠科伊賽羅拉山（Sierra de Collserola），面臨地中海，北鄰貝索斯河（Besòs），南瀕尤布雷加河（Llobregat），海邊另有蒙居意克山（Montjuïc），城市面積100.4平方公里。

人口

160萬人，其中133萬是西班牙籍，16000位華人。

每年觀光客

2019年有1197萬名外國觀光客，將近一半是舊地重遊。

分區：共分成10區

1. 老城區（Ciutat Vella）：又細分為哥德區（El Gòtic）、聖佩雷區（Sant Pere）、聖卡德琳娜區（Santa Caterina）、海岸區（la Ribera）、拉巴爾區（El Raval）和巴塞羅內塔區（La Barceloneta）
2. 擴建區（L'Eixample）
3. 格拉西亞區（Gràcia）
4. 歐塔-吉納多區（Horta-Guinardó）
5. 雷斯科特區（Les Corts）
6. 諾巴里斯區（Nou Barris）
7. 聖安德烈斯區（San Andrés）
8. 聖馬丁區（Sant Marti）
9. 聖哲-蒙居意克區（Sants-Montjuïc）
10. 薩里亞-聖捷爾瓦西區（Sarrià-Sant Gervasi）

如何認路

巴塞隆納每個街口的牆上都有街道名稱，每棟建築的牆上都有門牌號碼。如果以地鐵為交通工具，下車後在月台上就有地鐵站附近的地圖，每個地鐵出口也都有標示出口附近的街道名稱。

氣候

地中海氣候。冬季溫暖多雨，不常下雪；夏季炎熱少雨，7、8月最熱；春秋溫差較大，可採「洋蔥式」穿法，在短袖衣服外加上長袖衣服和薄外套，上午時一件件脫下，下午時一件件穿上。

語言

西班牙語和加泰隆尼亞語。西班牙人英文不太溜，但熱情親切，聽到觀光客用西班牙語的Hola（h 不發音，唸成〔ola〕）打招呼，也會比手畫腳地幫忙。不過，自助旅行最好自備西班牙文／英文字典。

貨幣：歐元（Euro）

- ◆ 紙幣：500、200、100、50、20、10、5元
- ◆ 硬幣：1分、2分、5分、10分、20分、50分、1元、2元

信用卡

Visa、Master Card、Diners Club等均可接受，但大都須核對身分證或護照，大部分商店拒收American Express。

旅行支票

越來越難兌換，大多要收鉅額手續費。

銀行上班時間

如果要兌換外幣，一般對外開放時間為週一至週五，08:00-14:00。

時差

比台北慢7小時，夏令時間（三月底到十月底）慢6小時。

電壓

220V，歐洲雙圓柱型插頭。

租車

租車公司有Avis、Europcar、Hertz、Easycar、Sixt、Atesa、Pepecar等，需備有信用卡及國際駕照。自排車要提前預約，市區觀光建議搭乘大眾運輸工具或計程車。

飲水

自來水有衛生保證，但水質略帶鹹味，不習慣的人可買瓶裝礦泉水。

旅遊咨詢中心

在以下旅遊咨詢中心（Oficina de Turismo）可以

拿到地圖，以及景點、餐廳、住宿等的最新資料。

羅貝特宮（Palau Robert）
- 地址：Passeig de Gràcia，107
- 地鐵站：Diagonal
- 服務時間：期一到星期六:9:00-19:30，星期天和假日9:00-14:30
- 資訊最齊全，地圖免費

巴塞隆納機場（Aeropuerto de Barcelona-El Prat）
- 服務時間：每天8:30-20:30

聖哲火車站（Estación de Barcelona Sants）
- 服務時間：每天8:30-20:00

遊輪港口
- 服務時間：遊輪靠港期間

聖交馬廣場（Plaça de Sant Jaume）
- 地址：Ciutat，2
- 服務時間：星期一到星期五：08:30-20:30，星期六：09:00-19:00，星期天和假日：09:00-14:00。1月1日和12月25日休息。

加泰隆尼亞廣場（Plaça de Catalunya）
- 地鐵站：Catalunya
- 服務時間：每天8:30-20:30。聖誕假期時間會更改，12月25日關門
- 地圖收費

治安

巴塞隆納和巴黎、羅馬等觀光大城一樣，吸引不少世界各國的專業小偷扒手。這跟西班牙的失業率無關，因為除非西班牙公司裁員之前有「偷竊技巧速成訓練」，不然普通的失業者絕對沒有如此專業的技巧！

巴塞隆納的專業小偷扒手不分年齡國籍，有四五十歲的摩洛哥小偷，也有十幾歲的羅馬尼亞小扒手；有時單獨行動，有時幾個人合作，聲東擊西，但是通常不拿兇器，不用暴力。所以，人身傷害的案子非常少，大家都是在神不知鬼不覺的情況下被扒的。

自保防身之道如下：

1. 只要小偷看到遊客把皮包斜背在身體前面或是雙肩背包背在胸前，又把手放在包包上，就知道遊客已有提防之心，會另找「沒謹防竊賊的肥羊」下手。
2. 皮夾絕不可放在褲子後頭的口袋。
3. 帶個貼身內袋緊貼著肚皮藏好，將錢、護照、回程機票、大頭照、信用卡、提款卡放在裡面，每天只拿一天半的旅費（吃、交通、門票、買東西、意外的錢）放在貼身內袋外，切忌結帳時點數一大把現金。
4. 如果住在四星以上的飯店，可將護照和機票鎖在飯店的保險箱。隨身攜帶護照影本、護照號碼、身分證字號、機票副本、信用卡號、外交部緊急聯絡電話號碼等。
5. 不要隨便放東西，皮包、背包、照相機、手機等不可隨意放在景點、咖啡廳或餐廳的桌椅上，還是要背在身體前面。
6. 無論何時何地，一定要注意隨身的行李和手提包等。
7. 天黑之後避開老城區。
8. 避免單獨一人走進小巷道、地下道等。
9. 單獨旅遊需切記自身安全，不要理會搭訕的人。搭乘臥舖，請將貴重財物分開存放於隨身衣服的內袋或貼身內袋中。
10. 會英文的「警察」十之八九是假的，因為西班牙的警察幾乎全不會英文。
11. 如果有人用英語問話，可以用中文和台語回答，打消歹徒行騙意圖。

住宿篇

基本注意要項

1. 除非是華人朋友、留學生私下出租的私人民宿，最好找正規的住宿。建議到巴塞隆納旅遊局的官網找「Where to sleep」推薦的、登記在案的飯店（Hotel）、小旅社（Hostal）或公寓（Apartment）。也可以參考巴塞隆納旅館工會官網：http://www.barcelonahotels.es/
2. 選擇市區內安全的地點。

如何選擇住宿地點

1. 選在寬大的大街上，別在小巷弄裡，千萬避免老城區一帶，這是「紅色警戒區」。老城區的地鐵站包括：Liceu、Drassanes、Barcelonaeta、Jaume I，另外Urquinaona和Catalunya地鐵站以南、Paral·lel和Sant Antoni地鐵站以西也屬於這一區。
2. 以加泰隆尼亞廣場（Plaça de Catalunya）為標準，越往北越安全，越往南越亂。建議住在加泰隆尼亞廣場以北、市中心的擴建區。另外，只要大眾運輸方便，加泰隆尼亞廣場以東、以西、東北、西北的其他八個地區也可以考慮。
3. 不要被Downtown或in the heart of Barcelona這些字眼迷惑，事實上，老城區只是巴塞隆納十個區之一，不是唯一的「市中心」，而且就算住在老城區，還是要去別區參觀景點。
4. 大眾運輸方便：景點並不集中在同一區，只要有地鐵、公共交通，只要住在城裡，有沒有住在市中心都沒關係。
5. 省市之分：巴塞隆納省的省會是巴塞隆納市，如果在「巴塞隆納」之前、郵遞區號之後還有其他文字，可能就是巴塞隆納市區以

外的小鎮名字！例如：

C/Alberedes, 16 08830 Sant Boi de Llobregat, Barcelona

C/Marina, 19-21 08005 Barcelona

第一個位於Sant Boi de Llobregat，是巴塞隆納城外、巴塞隆納省的小鎮；第二個位於巴塞隆納市裡。

對外交通

■ 航空

世界各大城市都有直達巴塞隆納的班機，但很遺憾地，台灣目前沒有！

西班牙境內

如果在西班牙境內的車程超過四小時，建議搭飛機，因為現在廉價航空的機票比火車或公車還便宜。西班牙境內的廉價航空如下：Vueling、AirEuropa、Ryanair、Air Berlin，可自行上網比價。

歐洲境內

廉價航空公司如下：GermanWings、EasyJet、Transavia、Jetairfly、Skyscanner、Norwegian、eDreams、Last Minute。

■ 火車

西班牙各地和法國的一些城市都有直達巴塞隆納的火車。

西班牙境內

西班牙國鐵系統的火車分成三種：

1. 高鐵和長程火車（AVE y Larga Distancia），又分成以下車等：AVE、Alaris、Altaria、Alvia、Arco、Diurno、Estrella、Euromed、Talgo、Trenhotel，其中Diurno是最便宜的，行車速度慢，停靠車站多，沒有商務車廂（Clase Preferente），只有經濟車廂（Clase Turista），而夜車是Estrella和Trenhotel。
2. 中程（Media Distancia）。
3. 短程（Cercanía）：在加泰隆尼亞地區又稱為Rodalies。

官網：http://www.renfe.com/

歐洲境內

歐洲鐵路的火車通行證有分成單一國家和多國聯營，可在以下網站找到相關資料：http://www.raileurope.com。

■ 公車

- 西班牙各地和歐洲大城都有直達巴塞隆納的公車。
- 長途公車公司：ALSA（http://www.alsa.es）

機場交通

■ 機場公車（Aerobus）

Aerobus分兩種，A1到T1航站，A2到T2航站，從早上5點多到晚上12:30或1:00，5到10分鐘一班，每趟車程約30分鐘。但不是普通的公共交通，不能用T10的地鐵公車票，上車要另外買票。2018年票價一張5,90歐元，通常每年會漲價。

官網：http://www.aerobusbcn.com/

■ 地鐵（Metro）

機場第一（T1）跟第二（T2）航廈跟巴塞隆納之間有地鐵9號線（L9），雖然沒有直達巴塞隆納市中心，不過可以在Torrassa（L1）、Collblanc（L5）和Zona Universitària（L3）轉車到巴塞隆納其他地鐵站。不可用T-10，但Hola BCN!、Billete aeropuerto（到機場的車票）、T-50/30、T-Dia、T-Mes、T-Trimestre、T-70/30、T-Jove、T-FM/FN、T-16、T-4都適用，75分鐘內可以在同一區（zone）的短程火車、公車和地鐵之間轉車。

官網：https://www.tmb.cat/en/visit-barcelona/public-transport/metro-airport

■ 短程火車（Cercanías）

機場第二航廈（T2）跟巴塞隆納Sants及Passeig de Gràcia火車站之間有短程火車（Cercanías），第二航廈（T2）和第一航廈（T1）之間則有免費接駁車。T-10、T-50/30、T-Dia、T-Mes、T-Trimestre、T-70/30、T-Jove、T-FM/FN、T-16、T-4均適用，75分鐘內可以在同一區（zone）的短程火車、公車和地鐵之間轉車。

官網：http://www.renfe.com/EN/viajeros/cercanias/barcelona/index.html

■ 普通46號公車

機場第一（T1）和第二（T2）航廈跟巴塞隆納的西班牙廣場之間有46號公車，T-10、T-50/30、T-Dia、T-Mes、T-Trimestre、T-70/30、T-Jove、T-FM/FN、T-16、T-4均適用，75分鐘內可以在同一區（zone）的短程火車、公車和地鐵之間轉車。

官網：https://www.tmb.cat/en/barcelona/buses/-/lineabus/46

■ 計程車（Taxi）

城裡有一萬一千輛黑車身、黃車門的計程車，車頂亮綠燈的計程車都可以招手搭乘，照表計費。通常城內車費在5-10歐元左右，機場到城裡約20-30歐元，夜間假日加成收費。進出機場、遊輪港、火車站和會展中心，以及節慶前夕（聖若翰洗者之夜、耶誕夜、除夕）和載運大件行李均另外加價。

官網：http://www.taxibarcelona.cat/

城內交通

普通公共交通

◆ 巴塞隆納大眾運輸很方便，75分鐘內在公車（Bus）、地鐵（Metro）、輕軌電車（Tram）、蒙居意克地下纜車（Funicular de Montjuïc）、加泰隆尼亞火車（FGC）或巴塞隆納近郊火車（Cercanía，亦稱 Rodalies）等不同系統的公共交通工具之間轉車都只算一段票。每次上車都要打卡，打卡機器會自動辨識，車票背後印着你剩下的票數。

◆ 公車、地鐵和輕軌電車是城內交通，加泰隆尼亞火車或巴塞隆納近郊火車是城內交通也是城外交通。出城的車票很貴，小心別坐錯車！

◆ 所有巴塞隆納城都屬於zone 1，只有出城才用到zone 2或zone 3，也就是説，巴塞隆納市區圖上的範圍都屬zone 1，所有城裡的景點都在zone 1。而上蒙居意克山最便宜的方式，就是在Paral·lel地鐵站搭乘蒙居意克地下纜車。

◆ 地鐵、公車、近郊火車，只要是同一個區，車票都可以通用。

◆ 地鐵線這幾年仍不斷興建、延長，請自行到官網下載最新地鐵圖：http://www.tmb.net/img/genplano.pdf。

巴塞隆納大眾運輸不同的車票：

◆ 10趟票（T-casual 10 viajes）：限單人使用，不可以多人共用一張票，可搭10趟，zone 1的T-casual 10 viajes票價約8歐元（年年漲價）。

◆ 8趟票（T-familiar）：家庭票，可以多人共用一張票，30天內可搭8趟，zone 1的T-familiar票價約10歐元（年年漲價）。

◆ 70趟票（T-grup）：團體票，可以多人共用一張票，30天內可搭70趟。zone 1的T-grup票價約80多歐元（年年漲價）。

◆ 一日票（T-Dia）：限單人使用，一天內不限搭乘次數，zone 1的T-Dia票價約10歐元（年年漲價）。

◆ 月票（T-usual 30 días）：記名車票，憑當證件購票，限購票人使用，30天內不限搭乘次數，zone 1的T-usual 30 días票價約20歐元（年年漲價）。

◆ 青年票（T-Jove）：記名車票，憑當證件購票，限25歲以下單人使用，90天內不限搭乘次數，zone 1的T-Jove票價約40歐元（年年漲價）。
官網：https://www.tmb.cat/

觀光交通

針對觀光客，價錢較高的交通工具：

◆ 巴塞隆納卡（Barcelona Card）：享有zone 1無限次數的公共交通，參觀美術館和博物館可享折扣，有些博物館還可免費入場。價錢請參考旅遊局官網。

◆ 巴塞隆納觀光巴士（Barcelona Bus Turístic）：有三個不同路線，可在任一站上下車，只有單向行駛，兩個景點之間搭乘地鐵只需要10分鐘，搭乘觀光巴士卻可能要耗掉一兩個小時。價錢請參考旅遊局官網。
網站：http://www.barcelonabusturistic.cat/web/guest

觀光纜車、電車

不算大眾運輸，不能用地鐵票，要另外買票：

◆ 蒙居意克纜車（Telefèric de Montjuïc）：從蒙居意克山腰到山頂瞭望台、古堡的纜車。
網站：http://www.teleferimedemontjuic.cat/

◆ 空中纜車(Transbordador Aereo，亦稱 Teleférico del Puerto):從巴塞納港到蒙居意克山上的纜車。
網站：https://www.telefericodebarcelona.com/

◆ 提比達波山纜車（Funicular del Tibidabo）：上提比達波山的纜車。
網站：http://www.tibidabo.cat/en/plan-your-visit/how-to-get-here/public-transport

◆ 藍色電車（Tramvia Blau）：上提比達波山的觀光電車，車廂古色古香。
網站：http://www.barcelonabusturistic.cat/web/guest/tramviablau

出城交通

如果要到近郊的小城，交通如下：

1. 西班牙國鐵系統的中程火車（Media Distancia）：http://www.renfe.com/。
2. 西班牙國鐵系統的短程火車（Cercanía，又稱Rodalies）：http://www.renfe.com/EN/viajeros/cercanias/barcelona/index.html。
3. 加泰隆尼亞火車（FGC）：http://www.fgc.cat/。
4. 巴士，公司如下：Sarfa、Teisa、Sagalés等。

飲食篇

◆ 用餐時間：西班牙人一天吃三餐再加兩頓點心，早上十點吃點心，下午兩點以後吃午餐，下午六點再吃個點心，八、九點是晚餐時間。所以，不論是中餐館或西餐館，下午一點以後才開門，晚餐則要等到下午八點以後。

◆ 價位：早餐約2-4歐元。許多餐廳在週一到週五非假日的中午有經濟實惠的當日套餐（Menú del día），價錢約在10到15歐元左右，三道式含前菜、主菜和甜點，是西班牙人的最愛，對旅客也相當方便。晚餐通常只能單點，所以花費較高。小費隨意，約消費額的5-10%。

■ 米其林餐廳

米其林三星餐廳
- Lasarte，地址：C/de Mallorca, 259
- Cocina Hermanos Torres，地址：Carrer del Taquíí graf Serra, 20
- ABaC，地址：Av. del Tibidabo, 1

米其林二星餐廳
- Angle，地址：C/Aragó, 214
- Disfrutar，地址：C/Villarroel, 163
- Enoteca Paco Pérez，地址：C/Marina, 19
- Moments，地址：Passeig de Gràcia, 38
- Cinc Sentits，地址：C/Entença, 60

米其林一星餐廳
- Aleia，地址：Passeig de Gràcia, 132
- Alkimia，地址：Ronda de Sant Antoni, 41
- Atempo，地址：C/Còrsega, 200
- Aürt，地址：Pg. del Taulat, 262
- Caelis，地址：Via Laietana, 49
- COME by Paco Méndez，地址：Av. de Mistral, 54
- Dos Palillos，地址：C/Elisabets, 9
- Enigma，地址：C/Sepúlveda, 38
- Hisop，地址：Passatge de Marimon, 9
- Hofmann，地址：C/Granada del Penedès, 14-16
- Koy Shunka，地址：C/Copons, 7
- Mont Bar，地址：C/Diputació, 220
- Oria，地址：Passeig de Gràcia, 75
- Slow & Low，地址：Comte Borrell, 119
- Via Veneto，地址：C/Ganduxer, 10
- Xerta，地址：C/Còrsega, 289

■ 其他好餐廳

傳統Tapas
- A Mi Manera Restaurant：C/Parlament, 15
- Bar Cañete：C/Unió, 17
- Bar Mut：C/Pau Claris, 192
- Casa de Tapas Cañota：C/Lleida, 7
- Cervecería Catalana：C/Mallorca, 236
- Ciudad Condal：Rambla de Catalunya, 18
- El Vaso de Oro：C/Balboa, 6
- El Xampanyet：C/Montcada, 22
- Jardín del Alma（米其林餐盤）：C/Mallorca, 271
- La Cova Fumada：C/Baluart, 56
- La Gastronomica (Platillos)：C/Calábria, 118
- Paco Meralgo（米其林餐盤）：C/Muntaner, 171
- Quimet & Quimet：C/Poeta Cabanyes, 25
- Rosal 34：C/Roser, 34

- Sense Pressa：C/Enric Granados, 96
- Soma：C/Provença, 179
- Tapeo：C/Montcada, 29
- Ten's Tapas（米其林餐盤）：C/Rec, 79
- Vinitus：C/Consell de Cent, 333

創意Tapas
- Blavis, racó gastronomic：C/Saragossa, 85
- BORO Bar：C/Diputació, 286
- Brugarol Barcelona - X：C/Còrsega, 231
- Brugarol Barcelona：C/Salomó ben Adret, 10
- Contracorrent Bar：C/Ribes, 35
- Dos Pebrots（米其林餐盤）：C/Doctor Dou, 19
- Gresca（米其林餐盤）：C/Provenza, 230
- La Mundana（必比登推介）：C/Vallespir, 93
- Lata-Bern@：C/Torrent de Les Flors, 53
- La Tartarería（米其林餐盤）：C/Muntaner, 26
- La Taverna del Clinic：C/Rosselló, 155
- Mediamanga：C/Aribau, 13
- Teatro Kitchen & Bar（米其林餐盤）：Av. del Paral·lel, 164
- Teòric Taverna Gastronòmica：C/Bailèn, 117
- The Sopa Boba：Bruc, 115

精緻傳統菜
- Al Kostat（米其林餐盤）：Ronda de Sant Antoni, 41
- Antigua：C/Marià Cubí, 59
- Avenir（必比登推介）：C/Avenir, 72
- Barra Alta Barcelona（米其林餐盤）：C/Laforja, 11
- Berbena（必比登推介）：C/Minerva, 6
- Bicos：Avinguda Diagonal, 287
- Bonanova：C/Sant Gervasi de Cassoles, 103
- Can Vallès：C/Aragó, 95
- Capet（米其林餐盤）：C/Cometa, 5
- Casa Amàlia：Passatge del Mercat, 14
- Cierzo：C/Bailèn, 56
- Contraban：C/Riudarenes, 7
- Deliri（米其林餐盤）：C/Còrsega, 242
- El Cercle：C/Arcs, 5
- El Xalet de Montjuïc：Avinguda Miramar, 31
- Embat：C/Mallorca, 304
- Fonda España（米其林餐盤）：C/Sant Pau, 9-11
- Gaig Barcelona：C/Córcega, 200
- Gatblau：C/Comte Borrell, 122
- Gorría：C/Diputació, 421
- Jobs Restaurant BCN：C/Mallorca, 170
- L'Olivé：C/Balmes, 47
- La Balsa：C/Infanta Isabel, 4
- La Estrella 1924：C/Ocata, 6

- Sushi Bar BCN：C/Tenor Viñas, 4
- Suto（米其林餐盤）：C/Violant d'Hongria Reina d'Aragó, 134

南美創意料理
- Ají（米其林餐盤）：C/Marina, 19
- Oaxaca：Pla del Palau, 19

夜生活篇：依照夜間安全區域排列

- Bikini Barcelona，地址：Avinguda Diagonal, 547
- Hyde Club Barcelona，地址：Passatge de Domingo, 3
- Opium Barcelona，地址：Pg. Marítim de la Barceloneta, 34
- Twenties Barcelona，地址：C/Rosselló, 208
- El Cinco，地址：Plaça de Joan Llongueras, 5
- Undead Dark Club，地址：C/Violant d'Hongria, 128
- Coyotes Disco Pub Barcelona，地址：C/Tenor Masini, 65
- Luz de Gas，地址：C/Muntaner, 246
- The Sutton Club，地址：C/Tuset, 13
- Sala Razzmatazz，地址：C/Almogàvers, 122
- Dry Martini，地址：C/Aribau, 162

愛樂篇：古典音樂

- 利塞奧大歌劇院（Gran teatro del Liceu），地址：La Rambla，51
- 加泰隆尼亞音樂廳（Palau de la Música Catalana）地址：C/Palau de la Música, 4-6
- 音樂廳（L'Auditori），地址：C/Lepant, 150

愛樂篇：爵士樂

- Milano Jazz Club，地址：Ronda de la Univ., 35
- JazzMan，地址：C/Roger de Flor, 238
- New Fizz，地址：C/Balmes, 83
- Velvet Room，地址：C/Aviació, 5
- Harlem Jazz Club，地址：C/Comtessa de Sobradiel 8
- Jamboree Dance Club，地址：Plaça Reial, 17

佛朗明哥舞篇：依照夜間安全區域排列

- El Tablao de Carmen Amaya，地址：西班牙村內部
- Tablao Flamenco Cordobés，地址：La Rambla, 35
- Sala Tarantos，地址：Plaça Reial, 17

賞玩篇

- 大部分博物館和美術館在星期一修館，安排行程前可先上官網查詢最新開放時間和票價。
- 喜歡藝術、美術館和博物館的人可以考慮巴塞隆納的藝術套票（ArTicket）：http://www.articketbcn.org/。

■ 世界遺產

聯合國教科文組織官網：http://whc.unesco.org/en/list

加泰隆尼亞的世界遺產有：
1. 高第建築
   - 文森之家
   - 聖家堂的誕生立面和聖壇地下室
   - 巴特由之家
   - 桂爾紡織村教堂
   - 桂爾公園
   - 桂爾宮
   - 米拉之家
2. 波布雷特修道
3. 加泰隆尼亞音樂廳和聖保羅醫院
4. 伊比利半島地中海盆地的史前岩洞壁畫
5. 塔拉戈考古遺址
   塔拉戈納城內：
   - 羅馬城牆
   - 省議會
   - 羅馬劇場
   - 地方議會
   - 羅馬競技場
   - 羅馬賽車場
   - 羅馬和古天主教徒墳墓
   塔拉戈納城近郊：
   - 引水橋（Acueducto o Puente de las Ferreras /Acueducto Pont de les Ferreres o Puente del Diablo）
   - 愛斯其必歐家塔（Torre de Escipiones）
   - 羅馬採石場（La Pedrera del Médol）
   - 愛爾斯穆恩豪宅（Villa Romana de Els Munts）
   - 森特西耶斯陵墓（Mausoleo de Centcelles）
   - 巴列凱旋門（Arco de Bará）
6. 博伊谷地的仿羅馬式教堂建築群

非物質人類文化遺產
1. 疊人塔
2. 地中海飲食
3. 貝爾加的煙火節
4. 夏至火節

■ 生態保護區

蒙森尼自然公園（Parque Natural del

Montseny）

最佳觀景點

1. 觀光纜車電車
   - ◆ 蒙居意克纜車
   - ◆ 空中纜車
   - ◆ 提比達波山纜車
   - ◆ 藍色電車
2. 眺望點
   - ◆ 科伊賽羅拉塔（Torre Collserola），地址：Carretera de Vallvidrera al Tibidabo 08017 Barcelona
   - ◆ 市長瞭望台（Mirador del Alcalde），地址：Carretera de Montjuic, s/n. Plaça del Mirador-Parc de Montjuïc
   - ◆ 桂爾公園的三十字架丘陵（Turó de les tres creus），地址：桂爾公園內
   - ◆ 鬥牛場購物中心（Centro Comercial Arenas de Barcelona）頂樓
   - ◆ Maremagnum購物中心頂樓
3. 觀景餐廳、咖啡廳
   遠眺城市
   - ◆ Restaurante El Corte Inglés plaza catalunya，地址：加泰隆尼亞廣場旁的百貨公司El Corte Inglés頂樓
   - ◆ Visual，地址：Avda. Roma, 2
   - ◆ Restaurante Oleum MNAC，地址：在加泰尼亞藝術博物館（MNAC）二樓
   - ◆ El Xalet，地址：Avinguda de Miramar, 31
   - ◆ Mirablau，地址：C/Manuel Arnús, 2
   遠眺海景
   - ◆ Marina Moncho's，地址：C/Marina, 19-21 Đu9670?
   - ◆ El Xiringuito de Escribà，地址：Avda.del Litoral, 42
   - ◆ Restaurante 1881 per Sagardi，地址：加隆尼亞歷史博物館（亦稱海洋宮 Palau de Mar）頂樓
   - ◆ Torre d'Alta Mar，地址：Passeig de JoanÝe Borbó, 88
   - ◆ Barceloneta，地址：C/Escar, 22
4. 高空酒吧（Rooftop Bar或Sky Bar）
   不少巴塞隆納旅館的頂樓設有高空酒吧，基本上，因為聖家堂非常高大，幾乎每個高空酒吧都可以遠眺聖家堂。有些高空酒吧因其特殊位置而有不同美景。
   鳥瞰聖家堂
   - ◆ Sercotel Rosellón
   - ◆ Hotel The Hoxton
   鳥瞰加泰隆尼亞廣場
   - ◆ Hotel Iberostar

鳥瞰格拉西亞大道、巴特由之家
- ◆ Hotel Majestic
- ◆ Hotel Mandarin Oriental

鳥瞰格拉西亞大道、米拉之家
- ◆ Monument Hotel
- ◆ Hotel Condes de Barcelona
- ◆ Sir Victor Hotel

鳥瞰擴建區
- ◆ Hotel Casa Fuster
- ◆ Hotel Royal Passeig de Gràcia
- ◆ Gallery Hotel
- ◆ Hotel The One Barcelona
- ◆ El Palace Hotel
- ◆ Hotel Claris
- ◆ Almanac Barcelona
- ◆ NH Collection Barcelona Gran Hotel Calderón
- ◆ Axel Hotel Barcelona

鳥瞰西班牙廣場
- ◆ Hotel Catalonia Barcelona Plaza
- ◆ Crowne Plaza Hotel

鳥瞰聖卡德琳娜市場、老城區
- ◆ Hotel Barcelona Edition

鳥瞰蘭布拉大道
- ◆ Hotel 1898
- ◆ Hotel SERHS Rivoli Rambla Barcelona

鳥瞰老城區
- ◆ Hotel Ohla Barcelona
- ◆ Grand Hotel Central Barcelona
- ◆ Hotel Barceló Raval

鳥瞰港口
- ◆ SHotel Duquesa de Cardona Barcelona
- ◆ Hotel Serras
- ◆ Eurstars Grand Marina

當代建築

普立茲克建築獎得主的作品
- ◆ 1983年貝聿銘設計的巴塞隆納世貿中心（World Trade Center Barcelona）
- ◆ 1984年Richard Meier設計的巴塞隆納當代藝術博物館（MACBA，Museu d'Art Contemporani de Barcelona），是Richard Meier在西班牙的唯一建築
- ◆ 1989年Frank Gehry設計的公共藝術「魚」
- ◆ 1992年Álvaro Siza Vieira設計的巴塞隆納氣象中心（Centro Meteorológico de Barcelona）
- ◆ 1996年Rafael Moneo設計的L'auditori音樂廳、Edificio L'illa Diagonal購物中心－辦公大樓、Torre Puig辦公大樓、改建古建築為Hotel Mercer旅館

- 1999年Norman Foster設計的科伊賽羅拉通訊塔（Torre de Collserola）
- 2001年Jacques Herzog & Pierre de Meuron設計的世界文化論壇大樓（Edificio Fórum）
- 2007年Richard Rogers設計的Hotel Hesperia Tower飯店（現改名為 Hyatt Regency Barcelona Tower）、改建鬥牛場為Las Arenas購物中心
- 2008年Jean Nouvel設計的Torre Agbar辦公大樓、Renaissance Barcelona Fira Hotel旅館、Parque del Centro del Poblenou公園
- 2013年伊東豐雄設計的巴塞隆納國際會展新會場（Fira Barcelona Gran Vía）、Hotel Porta Fira旅館、Suites Avenue Barcelona公寓式旅館
- 2017年RCR Arquitectes設計的Edificio de oficinas Plaça Europa 31辦公大樓、Biblioteca Sant Antoni - Joan Oliver圖書館、Casal de Ancianos老人中心以及Jardines Cándida Pérez公園
- 2019年磯崎新設計的Palau Sant Jordi（奧運多功能場館）、Caixaforum入口、Distrito D38 Zona Franca（Ciutat de l'Aigua）辦公大樓

購物篇

營業時間

西班牙商店的開門時間和其他歐洲國家不同，營業時間分早上和下午，早上從9:30或10:00開始，至下午1:30或2:00，之後便是午休時間，下午從4:30或5:00再開門營業，直到晚上8:00或8:30為止。大型購物中心和百貨公司沒有午休時間，從早上10:00一直開到晚上9:30或10:00。國訂假日和星期日巴塞隆納的商店均關門休息，只有耶誕節前或打折的第一個星期日等特定日子才有營業。

打折

西班牙冬季和夏季各有一次清倉打折，冬季打折從1月7日至2月底，夏季打折從7月1日至8月底。

巴塞隆納的市集

巴塞隆納有不少市集，這是其中幾個位於較市中心、規模較大或較重要的市集。

古董、舊貨市集

- Mercat dels Encants Fira de Bellcaire，源於13世紀的古董、舊貨市集
  地址： C Castillejos 158
  網站：http://encantsbcn.com/es
  時間：每週一、三、五、六，從9:00到20:00
- Mercat Gòtic Antiguitats de Plaça Nova，古董市集
  地址：Pl Nova 1
  網站：http://www.mercatgoticbcn.com/
  時間：上網查詢
- Fira Brocanters Moll de les Drassanes，古董市集
  地址：Moll Drassanes 1
  時間：每週六、日，從11:00到21:00
- Mercat Dominical de Sant Antoni，二手黑膠、漫畫、海報市集
  地址：C Comte d'Urgell 11
  網站：http://www.dominicaldesantantoni.com/
  時間：每週日，從8:30到14:30
- Mercat de Numismàtica i Filatèlia de Plaça Reial，古郵票錢幣市集
  地址：Pl Reial 1
  時間：每週日，從9:00到14:30

手工藝市集

- La Feria de Artesania de Portal de l'Àngel，不定期的手工藝市集，各行各業手工藝者在此擺攤。
  地址：Av. Portal de l'Àngel
- Fira Nova Artesania de Rambles，手工藝市集
  地址：C la Rambla 1
  時間：10月－5月：週末、假日、假日前夕10:00-21:00；6月－9月：星期五、週末、假日、假日前夕10:00-21:00
- Fira d'Artesans Moll de Dipòsit，手工藝市集
  地址：Pl Pau Vila 1
  時間：7月、8月每天，其他月份每週六、日、假日，從11:00到20:30
- Fira de Productes Tradicionals Catalans de Plaça del Pi，手工藝市集
  地址：Pl Pi 1
  時間：每月最後一個週六和週日，從10:00到22:00

農牧產品市集

- Fira del Col·lectiu d'Artesans d'Alimentació de Plaça del Pi，農牧產品市集
  地址：Pl Pi 1
  時間：每月第一和第三個週五、六、日，從11:00到21:00

藝術市集

- Mostra d'Art Pintors del Pi，藝術市集
  地址：Pl Sant Josep Oriol 1
  網站：http://www.pintorspibarcelona.com/
  時間：每週六從11:00到20:00，每週日從11:00到14:00
- Mostra d'Art de Park Guell，藝術市集
  地址：C Olot 7
  時間：每週六、日從10:00到14:00
- Mostra de Pintors Afeccionats de la Pl Sagrada

Família，藝術市集
地址：Pl Sagrada Família 1
時間：每週六、日從10:00到15:00

聖誕節市集

◆Fira de Santa Llúcia，源於1786年，位於主教座堂前的聖誕市集。
地址：Pl Nova 1
網站：http://en.firadesantallucia.cat/
時間：每年11月底到聖誕節前
◆Fira de Nadal de la Sagrada Familia，聖家堂旁的聖誕市集
地址：Pl Sagrada Família 1
時間：每年11月底到聖誕節前
◆Fira de Reis de la Gran Via，聖誕市集
地址：Gran Via，介於Calàbria街和Muntaner街之間
網站：http://www.firareisgranviabcn.com/nuevo/
時間：每年聖誕節前到隔年的三王節

復活節市集

◆Feria del Ramo en la rambla de Catalunya，Rambla de Catalunya聖枝主日市集（賣棕樹枝）
地址：Rambla de Catalunya，介於Aragó街跟Diputació街之間
時間：每年聖枝主日前
◆Feria de Ramos en la Sagrada Família，聖家堂旁的聖枝主日市集（賣棕樹枝）
地址：Pl Sagrada Família
時間：每年聖枝主日前

購物中心（Centro comercial）

巴塞隆納有幾個大型購物中心，越郊區的規模越大，裡面有商店、大型超市、美容院、電影院、餐廳、咖啡廳等，結合購物、娛樂、飲食、休閒等設施。

◆Maremagnum：https://maremagnum.klepierre.es/
◆Centre Comercial Glòries：http://glories.com/
◆Centre Comercial Arenas de Barcelona：http://www.arenasdebarcelona.com/
◆Diagonal Mar Centre：https://www.diagonalmarcentre.es/
◆SOM Multiespai：https://sommultiespai.com/
◆L'illa Diagonal：https://www.lilla.com/
◆La Maquinista：http://lamaquinista.com/
◆Gran Via 2：http://www.granvia2.com

哪裡最熱鬧

巴塞隆納的購物區以加泰隆尼亞廣場往南和往北延伸，往南是老城區，往北是擴建區，以天使門大道和格拉西亞大道為縱軸，對角線大道

為橫軸，形成購物區。

把El Corte Ingles百貨公司翻成「英國宮」是錯誤的，El是陽性冠詞，Corte有兩個解釋：
◆當陽性名詞，是「剪裁」、「切口」、「刀切的傷口」等。
◆當陰性名詞，是「宮庭」、「王室」等。
Inglés是「英國的」，是陽性形容詞，所以El Corte Inglés是「英式剪裁」或「英國剪裁」，再誇張點，可以翻譯成「英國裁縫」或「英國裁縫師」；如果叫「英國宮」，西班牙文應是La Corte Inglesa，以La（陰性冠詞）為冠詞，Inglesa（陰性形容詞）為形容詞。

可以買什麼

吃的
橄欖（Aceitunas）、橄欖油（Aceite de Oliva）、紅酒（Vino Tinto）、氣泡酒（Cava）、杏仁巧克力（Catànies）、耶誕節應景甜點如Turrón、Mazapán、Polvorón、Mantecado、阿瑪特耶巧克力（Chocolate Amatller）、Birba 天然手工餅乾、Trias天然手工餅乾、無花果餅（Pan de higo）、無花果乾（Higo seco）、榲桲醬（Dulce de membrillo）、Escribà甜點店的創意甜點或巧克力、巧克力師傅Enric Rovira的地磚圖案巧克力、泡濃稠巧克力的巧克力塊／巧克力屑／巧克力粉（Chocolate a la piedra）、普通巧克力粉（Cola Cao或Nesquik）、巧克力醬（Nutella或Nocilla）、La Colmena和Papabubble這兩家店的糖果、花草茶 & 草藥茶例如菊花茶／薄荷／Tila（椴樹花）跟Valeriana（纈草）、甘草糖（pastillas de regaliz）或是Juanola潤喉糖、海鮮燉飯調味包（Sazonador para Paella）、海鮮燉飯平底鍋（Paella）、各式乾燥菇類／菇類罐頭、各式香料例如大蒜粉（Ajo En Polvo）、羅勒（Albahaca）、八角（Anís）、番紅花（Azafrán）、杜松子亦稱歐刺柏種子（Bayas de Enebro）、肉桂（Canela）、豆蔻（Cardamomo）、芫荽（Cilantro）、丁香（Clavos）、小茴香（Comino）、龍蒿（Estragón）、細混香辛料（Finas Hierbas）、留蘭香亦稱綠薄荷（Hierbabuena）、普羅旺斯香料（Hierbas Provenzales）、月桂樹葉（Laurel）、墨角蘭（Mejorana）、肉荳蔻（Nuez Moscada）、牛至亦稱奧勒岡葉（Orégano）、香芹亦稱巴西里、洋香菜、洋芫荽（Perejil）、甜紅椒粉（Pimentón Dulce）、辣紅椒粉（Pimentón Picante）、白胡椒（Pimienta Blanca）、牙買加胡椒（Pimienta De Jamaica）、四川花椒（Pimienta De Sichuán）、黑胡椒（Pimienta

Negra）、紅胡椒（Pimienta roja）、綠胡椒（Pimienta Verde）、迷迭香（Romero）、百里香（Tomillo）等。

穿戴的
- 皮鞋品牌：Camper、CallagHan、Jaime Mascaró、Looky、Martinelli、Panama Jack/Havana Joe、Pikolinos、Pons Quintana、Yanko
- 服裝設計師：Adolfo Domínguez、Ágatha Ruiz de la Prada、Antonio Miró、Custo Barcelona、Roberto Verino、Victorio y Lucchino
- 皮件品牌：Acosta、Farrutx、Lottusse、Loewe、Lupo、Miguel Bellido
- 首飾品牌：Masriera、Majorica、Tous 設計師和品牌請參考：http://www.fashionfromspain.com/

用的
- Perfumería Gal護唇膏
- 橄欖油護膚品

其他
Lladró的雅緻瓷偶、橄欖木製品、陶瓷工藝品、西班牙村的手工刺繡和玻璃工藝等。

如何退稅

退稅條件
1. 如果你不住在歐盟境內，可以退稅；拿歐盟國家學生簽證或居留證的人無法退稅。
2. 在有Tax Free標誌的同一家商店買超過90.15歐元。
3. 在歐盟境內的當場消費如飲食、住宿、交通等不能退稅，只有不是當場消費的如衣服、皮包、手錶、珠寶等可以退稅。
4. 如果你沒在同一家商店買超過90.15歐元，但同行有人在同一家商店也買東西，可以加起來合辦退稅。
5. 全西班牙的El Corte Ingles百貨公司算是「同一家商店」，所以在各地El Corte Ingles買的東西，可以加起來辦退稅。同理，全西班牙的Zara也算是「同一家商店」。

什麼時候可以退稅
1. 退稅者「出境」、退稅物品「出境」才可以退稅，「出境」是指「離開歐盟」。
2. 出境當天才能蓋退稅章。
3. 如果還要去歐盟的其他國家玩，不算出境，所以不能退稅蓋章。
4. 如果直接從西班牙飛非歐盟國家，在其他歐盟國只是轉機（沒有出機場，沒有領行

李），而且行李從西班牙直掛非歐盟國家，就可以在西班牙機場退稅。
5. 旅遊好幾個歐盟國家的人可以把各國的退稅單在最後一個國家退稅，退的金額已直接打在退稅單上，是依照各個國家的稅率而定，和退稅機場無關。

退稅步驟
1. 在商店辦退稅單，上面會標明退稅金額。如果是商家打DIVA電子退稅單，直接請他們輸入你的email，機器掃描蓋章後，馬上會收到email通知，非常方便。如果要退到信用卡，也要填寫信用卡號碼。
2. 不同商店會給觀光客不同退稅公司的退稅單，例如Global Blue、Innova Tax Free、Premier Tax Free、Innova TaxFree、Travel Tax Free等，有些退稅公司有App，可以查詢你的退稅單。
3. 退稅單一定要在出境機場的退稅處蓋章或掃描才有效。
4. 如果是電子退稅單，上面有寫DIVA，就直接找DIVA的機器，由機器掃描蓋章。
5. 如果不是電子退稅單，就需要海關人工蓋章，要把機票、退稅單、護照和退稅物品準備好，警察有權利檢查退稅物品，貴重東西還要由警察護送出關才行。
6. 掃描蓋章後，有些退稅公司在機場設有櫃台，可以直接在機場退稅公司的櫃檯領取現金。如果你不知道退稅公司是否在你出境的機場設櫃，可以在開退稅單時直接要求退到信用卡。
7. 遇到機場銀行電腦連線出問題，或是沒時間排隊，可把掃描蓋章過的退稅單填上信用卡號碼，投入退稅蓋章處出口的郵筒，直接退到信用卡。
8. 透過退稅公司的App可以追蹤你的退稅單，通常郵寄退稅單三星期後可以退到信用卡。

通訊篇

在巴塞隆納要打電話、上網、寄信怎麼辦？
- 從巴塞隆納打電話回台灣要撥：00+886+沒有0的區域號碼（如果是台北就是2）+電話號碼。
- 國內電話：西班牙的電話號碼無論手機或是座機都是9碼，直接撥打即可。
- 台灣手機門號可使用漫遊服務，也可在西班牙買手機上網預付卡（Prepago），利用手機打電話聯絡，上網導航。
- 巴塞隆納市政府有提供免費上網點，請參考：https://ajuntament.barcelona.cat/

barcelonawifi/en/welcome.html。
◆ 寄明信片之前要先在郵局（Correos）或香菸公賣店（Tabacs）買郵票。

應變篇

倘不幸遭竊，善後處理之道：
1. 到警局報案，申請遺失證明。加泰隆尼亞廣場的警察局有英文翻譯，方便旅客申報財務證件遺失。
2. 信用卡、手機、旅行支票等遺失或被竊，馬上申報作廢。

3. 馬上聯絡台灣駐西班牙代表處（駐西班牙台北經濟文化辦事處） Oficina Económica y Cultural de Taipei, Madrid, España
◆ 館址：C/Rosario Pino 14-16, Piso 18 Dcha. 28020 Madrid, España
◆ 電話：+34 91 571 47 29
◆ 緊急聯絡電話：+34 639 384 883
◆ E-Mail: esp@mofa.gov.tw
◆ 上班時間：週一至週五上午9:00-下午17:00

附錄
◆◆◆
旅遊資訊

〔圖片版權出處〕

圖片提供與授權使用的單位與個人，謹此致謝
◆ 巴塞隆納市政府（© Ajuntament de Barcelona，地圖由市政府提供，並授權添加標示）：P.82, 102, 123, 145, 170, 188, 248, 260, 270, 282
◆ 桂爾紡織村（© Colonia Güell-Cripta Gaudí）：P.295, 296
◆ 加泰隆尼亞銀行基金會–米拉之家（© Fundación Catalunya-La Pedrera）：P.200, 201, 213
◆ 密斯·凡德羅基金會（© Pepo Segura-Fundació Mies van der Rohe）：P.274
◆ 加泰隆尼亞地圖學院（© Institut Cartogràfic de Catalunya）：P.294, 312
◆ 聖家堂（© de las fotografías/imágenes: Junta Constructora del Templo de la Sagrada Família. Todos los derechos reservados）：P.216, 224, 238, 239
◆ 巴塞隆納疊人塔協會（© La Colla dels Castellers de Barcelona）：P.15, 45
◆ 巴塞隆納當代藝術博物館（© MACBA Museu d'Art Contemporani de Barcelona）：P.148
◆ 巴塞隆納市政府城市環保服務局（© Medi Ambient i Serveis Urbans de L' Ajuntament de Barcelona）：P.126, 252, 253, 254, 255, 256, 257
◆ 波布雷特修道院（© Monestir de Poblet）：P.310, 311, 313, 314
◆ 城市歷史博物館（© MUHBA Museu d'Història de Barcelona-Pere Vivas）：P.84, 283
◆ 畢卡索美術館（© Museu Picasso – Institut de Cultura de Barcelona）：P.137
◆ 加泰隆尼亞音樂廳（© Palau de la Música Catalana-Antoni Bofill）：P.140, 141
◆ Pastelería Escribà甜點店（© Pastelería Escribà）：P.43
◆ 攝影師Rafael Caballero（© Rafael Caballero）：P.47, 119, 126, 128, 152, 160, 161, 176, 177, 183, 194, 195, 196, 199, 201, 203, 204, 205, 206, 208, 252, 268, 269, 288, 309
◆ 攝影師Pep Daudé（©Pep Daudé）：P.228
◆ 攝影師Roser Salvadó（©Roser Salvadó）：P.219, 220, 222
◆ 繪圖者Mb（© Mb）：P.16. 80, 168, 210

協助聯絡的單位與個人，謹此致謝
◆ 加泰隆尼亞自治區旅游發展署（Agència Catalana de Turisme）
◆ 巴塞隆納市政府圖像管理和印刷服務攝影和檔案主管（Joan Soto-Responsable de Fotografia i Documentació Direcció d'Imatge i Serveis Editorials）
◆ 製作人Roser Salvadó
◆ 巴塞隆納旅遊局（Turisme de Barcelona）

版權聲明
上述機構和攝影師提供的圖片僅供本書介紹之用，版權仍屬原作者所有，特此聲明。

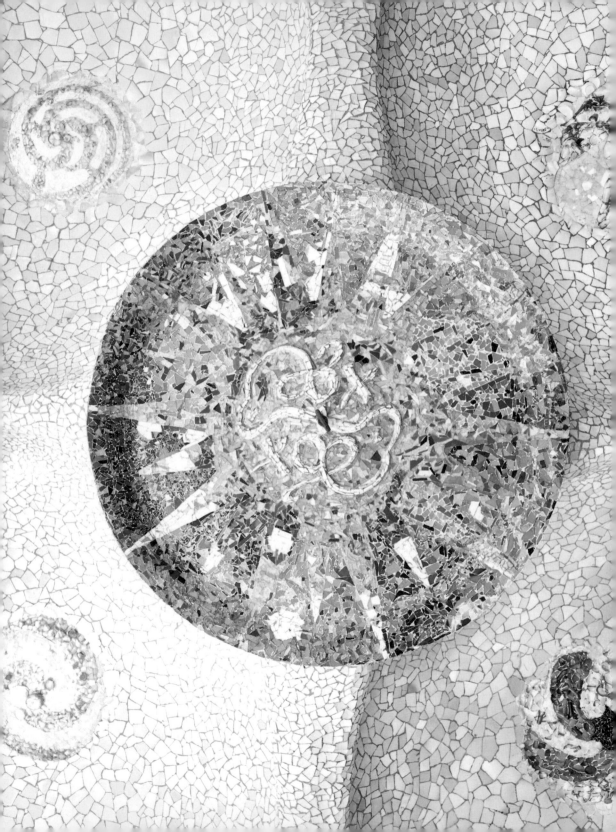